本书获西北政法大学多学科协调发展专项资金、陕西省社科界2014年度重大理论与现实问题研究项目（2014Z003）资助

陕甘宁边区社会建设研究

Shan Gan Ning Bianqu Shehui Jianshe Yanjiu

汪小宁 著

中国社会科学出版社

图书在版编目（CIP）数据

陕甘宁边区社会建设研究 ／ 汪小宁著 . —北京：中国社会
科学出版社，2015.4
ISBN 978 – 7 – 5161 – 5824 – 1

Ⅰ.①陕…　Ⅱ.①汪　…　Ⅲ.①陕甘宁抗日根据地—社会
发展—研究　Ⅳ.①K269.507

中国版本图书馆 CIP 数据核字（2015）第 060944 号

出 版 人	赵剑英	
责任编辑	杨晓芳	
责任校对	许晓徐	
责任印制	王 超	

出　　　版　中国社会科学出版社
社　　　址　北京鼓楼西大街甲 158 号（邮编 100720）
网　　　址　http：//www.csspw.cn
　　　　　　中文域名：中国社科网　　010 – 64070619
发 行 部　010 – 84083685
门 市 部　010 – 84029450
经　　　销　新华书店及其他书店

印刷装订　三河市君旺印务有限公司
版　　　次　2015 年 4 月第 1 版
印　　　次　2015 年 4 月第 1 次印刷

开　　　本　710×1000　1/16
印　　　张　16.5
插　　　页　2
字　　　数　238 千字
定　　　价　52.00 元

凡购买中国社会科学出版社图书，如有质量问题请与本社联系调换
电话：010 – 84083683

目　录

绪 论

一 本课题研究的意义

在近代半殖民地半封建的中国社会，社会形势复杂，各类型矛盾交错、社会斗争十分尖锐。自二十世纪二三十年代以来，包括中国共产党在内的各种政治力量、政府机构、高等学校及民间学术团体与个人都进行过大量的社会调查，以期实现了解中国社会、改造中国社会的目的。风云际会数十年后，历史选择了中国共产党，中国共产党最终完成了对中国社会的改造。不谈所谓历史必然的天命主义思想，排除成王败寇的机会主义论调，追寻隐匿在这段历史后面的灰线蛇踪，了解当时中国共产党在社会建设方面到底做了什么以及怎么做的，既是历史唯物主义精神的内在要求，也契合当前党和政府在新社会形势下对社会建设问题的关注，有助于为当下党和政府开展社会建设工作提供有益借鉴，从而成为本书选题的理由。在此，笔者试图以抗日根据地的典范区——陕甘宁边区为个案，因此书稿定题为《陕甘宁边区社会建设研究》。

经过抗日战争和解放战争两个阶段，共产党在陕甘宁边区地位巩固，政策连贯完善，且对其他根据地具有重要的示范意义。所谓"宝塔山上的明灯"，既然指引了当时中国社会的走向，自然是考察中国共产党领导下广大根据地建设的重要"窗户和观测筒"。①但社会建设作为中共领导陕甘宁边区建设的重要方面，在目前可查及的文献中，系统的理论研究不是很多，有关期刊论文及硕士论文，篇幅有限，对当时社会建设的指导思想、实践模式以及基本特征等方面尚未给予应有的关注。因此，有必要在这些方面做进一步系统而深入的研究。为此，本书在探讨陕甘宁边区社会建设的历史条件的基础上，重点论述陕甘宁边区社会建设的主要内容和基本特征，总结陕甘宁边区社会建设的主要成就及基本经验。

研究陕甘宁边区社会建设有着重要的现实意义和理论意义。首先来看其现实意义。

（一）现实意义

1. 全面深刻了解中国共产党的历史发展和近代中国社会的变迁

近年来，学界对陕甘宁边区经济建设和政治建设的研究成果十分丰富，但从整体上考察和研究陕甘宁边区社会建设的成果明显不足。这方面的论著仅见栗洪武著的《延安干部教育模式研究》（中国社会科学出版社 2009 年版）一书中第二章第三节的《陕甘宁边区社会建设方略》与黄正林、王瑛、高朋涛等的几篇关于陕甘宁边区社会建设研究的期刊论文和学位论文。② 正如黄正林教授在《20 世纪 80 年代以来陕甘宁边区史研究综述》一文中指出的，自 20 世纪 80 年代以来，学术界越来越重视陕甘宁边区的研究，并取得了丰硕的研究成果，推动了陕甘宁边区历史的研究，但已有的学术成果，主要集中于边区经济史、政治史和军事史，而对边区文化史与社会史的研究相对较为薄弱。因此，加强党关

---

① 孙照海：《陕甘宁边区见闻史料汇编》第 1 册，国家图书馆出版社 2010 年版，第 236 页。

② 黄正林的《论抗战时期陕甘宁边区的社会变迁》（《抗日战争研究》2001 年第 3 期），黄正林的《1937—1945 年陕甘宁边区的乡村社会改造》（《抗日战争研究》2006 年第 2 期）。除这些期刊论文外，学位论文主要有：王瑛的硕士论文《抗日战争时期陕甘宁边区社会建设研究》（吉林大学，2011 年），高朋涛的硕士论文《陕甘宁边区社会建设研究（1937—1950）》（西北大学，2009 年），赵文博的硕士论文《抗日战争时期陕甘宁革命根据地的社会建设》（哈尔滨工业大学，2008 年），邓玲珍的硕士论文《抗战时期中国共产党与陕甘宁边区的社会变迁》（华中师范大学，2008 年），黄玲的硕士论文《1942—1945 年陕甘宁边区模范村建设研究》（西北大学，2010 年）。

于陕甘宁边区社会建设的理论和实践的专题研究，有利于全面深刻地了解中国共产党的历史发展和近代中国社会的变迁，为加快当代中国社会的变革和发展提供重要借鉴。

2. 增强群众对党领导社会建设事业的信心

陕甘宁边区政府从 1937 年 9 月建立到 1950 年 1 月撤销，历时 12 年。抗日民族战争和解放革命战争时期，陕甘宁边区政府的中心任务无疑是军事政治建设。但是，作为党中央所在地和全国根据地样板的陕甘宁边区政府，同样为陕甘宁边区的社会建设事业做出了重要贡献。虽然当时并没有明确提出社会建设的概念，这些社会建设理念大都是散见于党的文献、法规和毛泽东等人的讲话中，没有形成社会建设系统的理论表述，但是，陕甘宁边区社会建设的实践总体上是依照党和边区政府的社会建设理念进行的，主要围绕以下任务：减租减息，兼顾各阶级利益，正确处理各阶级关系，综合平衡社会关系；保障和改善人民生产生活，重构乡村政权；普及教育，开发民智，提高民众自主意识；整顿社会秩序，营造一个和谐安定的社会生产生活环境；提倡科学，反对封建迷信，移风易俗，净化社会风气；灾荒救济，建立义仓，安置移难民，优抚抗工属，保障边区弱势群体的合法权益，在民众可承受的范围内，初步构建了保障对象和保障内容都非常广泛的社会保障体系，从整体上改造了陕甘宁边区的乡村社会。总之，陕甘宁边区社会建设关注教育文化及医疗卫生等民生问题，关心底层人民疾苦，力争使人民过上公平正义和富裕民主的生活，这些都构成了陕甘宁边区社会建设的重要内容，为取得抗战胜利和解放战争的胜利打下了坚实的社会基础，是中国共产党人践行执政为民理念的重要体现。在实践中探索并涌现了一批先进典型模范村，形成了各具特色的发展类型，给边区农村带来了巨大活力，进一步创造和丰富了中国共产党关于社会建设的理论和经验。因此，有必要搜集整理陕甘宁边区社会建设的资料，系统梳理陕甘宁边区社会建设的理论，提炼典型的社会建设模式，总结社会建设的基本经验，彰显中国共产党执政为民的价值理念。这对于深刻认识党的领导，增强群众对党的信任和对党领导的中国特色社会主义社会建设事业的信心，有着重要的意义。

3. 为推进中国特色社会主义社会建设提供借鉴和启示

陕甘宁边区的社会建设，是以毛泽东为核心的党中央在经济文化较为落后的陕甘宁边区充分动员社会力量尤其是底层民众力量而开展的以改善民生为重点的建设实践。在此期间，中国共产党与农村力量进行了拒斥、衔接、磨合等极其复杂的互动，成功处理了革命和建设的复杂关系，艰辛探索了农村力量对中国共产党社会政策的选择、认识、接受、消化等过程的规律，努力改造了陕甘宁边区落后的社会结构、社会体制及各种社会陋习，正确认识和推行了新的社会政策，落实了高度关注民生和增进人民福利的社会建设理念和思想，使边区呈现出城乡人民安居乐业的良好局面，涌现出了边区人民拥护党的领导，积极发展生产、踊跃上交爱国公粮、送子弟上前线和拥军优属支援抗战等大量模范事迹。这些现象背后蕴含着许多成功的社会建设和社会管理的办法与经验，但至今没有一部陕甘宁边区社会建设研究的专著和博士论文问世。有待学术界进一步做全面深入的经验总结和理论深化，加强陕甘宁边区社会建设的基础性研究。因此，以当前党和国家高度关注社会建设问题为动因，以新的视角站在抗战特定的历史背景下，了解中国共产党对陕甘宁边区社会构想的初步实践和当时边区人民群众生活的基本状况，充分认识陕甘宁边区社会建设的历史根源及其重要性、复杂性和系统性，社会建设与中国共产党局部执政地位的确立、巩固、发展壮大和成功转型等问题，分析陕甘宁边区社会建设的特点及发展路径，总结其经验教训，揭示陕甘宁边区社会建设的成就及其在中国社会建设史上的历史地位，这对于坚持为人民服务的社会建设原则和正确方向，贯彻落实以人为本的科学发展观，构建社会主义和谐社会，有效指导社会主义和谐社会建设的实践，推进中国特色社会主义社会建设，具有重大的启发意义和积极的现实意义。

（二）理论意义

1. 丰富发展了马克思主义社会建设思想

以马克思主义理论学科为基础展开陕甘宁边区社会建设的研究，从宏观上进一步丰富和发展了马克思主义理论学科的内容，从微观上丰富发展了马克思主义社会建设理论。中国共产党人结合中国实际运用马克思社会建设理论、原则和方法解决中国社会问题是马克思主义社会建设思想中国化的过程，同时，中国共产党人在中国的社会实践中生成新的社会建设的理论、原则和方法，也是其中国化的过程。中国共产党人是如何继承发展马克思恩格斯列宁的社会建设思想、方法和原则的，如何秉承其社会建设理念的，需要放到马克思主义的整个发展历程中，从马克思主义发展史的角度，结合中国社会发展的各个阶段面临的时代课题，总结和思考马克思社会建设思想和中国化马克思主义社会建设思想一脉相承及发展创新的关系，揭示中国社会建设和社会管理发展与完善的规律。以毛泽东为核心的中国共产党人通过广泛深入的社会建设，自觉地把马克思主义社会建设理论和中国实际情况相结合，不断总结陕甘宁边区及各根据地的新鲜工作经验，进行理论概括，形成了陕甘宁边区社会建设理论，实现了马克思主义社会建设理论中国化的重大突破。在改革开放的今天，总结和借鉴陕甘宁边区社会建设的成功经验，有助于加强对马克思主义经典作家社会建设理论的研究，进一步丰富和发展马克思主义社会建设思想的内涵，拓宽马克思主义社会建设思想研究的新领域，深化对社会建设特点与规律的认识，推动马克思主义社会建设的理论创新，为马克思主义做出进一步的理论贡献。

2. 弥补陕甘宁边区史研究中社会建设基础理论研究相对薄弱的缺陷

从目前研究成果的历时段分布来看，新中国成立尤其是改革开放以来党的社会建设的理论与实践的研究成果相对较多，已成为学者们研究的重点，这自然与党在此期间提出并践行了很多有关社会建设的思想和政策措施有很大关系。新中国成立后到改革开放前主要集中于新中国成立初期，但对党在新中国成立前的社会建设思想的研究缺乏全面深度的关注、思考和探讨，这可能与党在陕甘宁边区社会建设的思想处于初步形成时期有关。因此从学理上对党在新中国成立前如陕甘宁边区社会建设的理论和实践的系统研究尚有较大开拓空间，应加强对这一时期的基础性研究。

因此，研究陕甘宁边区社会建设，有利于全面深刻了解中国共产党的历史发展和近代中国社会的变迁，增强群众对党领导的社会建设事业的信心，为加快当代中国社会的变革和发展提供重要借鉴，对推进中国特色社会主义社会建设，具有重大的启发意义和积极的现实意义。同时，研究陕甘宁边区社会建设能够丰富发展马克思主义社会建设思想，弥补陕甘宁边区史研究中社会建设研究相对薄弱的缺憾，加强党的社会建设思想的基础性研究，具有重要的理论意义。

二　社会建设的含义和内容

（一）社会建设的含义

自从 2004 年党的十六届四中全会提出"加强社会建设和管理，推进社会管理体制创新"的要求以来，社会建设问题引起了理论界的广泛关注，学者们首先诠释了作为新提法的社会建设的内涵。主要研究成果有：郑杭生的《社会学视野中的社会建设与社会管理》（《中国人民大学学报》2006 年第 2 期），陆学艺的《关于社会建设的理论和实践》（《理论前沿》2008 年第 11 期），景天魁的《社会建设的科学构思和周密布局》（《江苏社会科学》2008 年第 1 期），孙显元的《总体社会、主体社会和社会建设》（《安徽师范大学学报（人文社会科学版）》2006年第 2 期），张永光的《关于社会建设概念体系的研究》（《湖北社会科学》2007 年第 9 期），何怀远的《和谐社会建设中的"社会"概念和"社会建设理念"》（《南京政治学院学报》2006 年第 3 期）等。

这些论文主要是从关于社会的概念与所涵盖的范围理解社会建设的。如郑杭生认为社会建设有广义和狭义之分，广义的社会建设，包括政治、经济、文化和社会各子系统在内的整个社会建设。狭义的社会建设，指与政治、经济、文化各子系统相并列的社会子系统建设。二者的区分是相对的，广义的社会建设内在地包含了狭义的社会建设。狭义的社会建设离不开作为大环境的广义的社会建设的支撑。这一观点在学术界影响较大，也较被学界认可，如青连斌、卜宪群、文军和严振书①等也认为社会本身有广义和狭义之分。孙显元从总体社会和主体社会来分析社会建设。总体社会建设包括经济、政治、文化和社会在内，即广义的社会建设，包括主体社会的建设。主体社会的建设，其核心是作为社会主体的人的建设。

景天魁、陆学艺、贾建芳等学者则将社会分为广义、中义和狭义，广义的社会是相对于自然界而言的，指人类社会，即大社会，中义的社会是相对于经济而言的，是经济领域之外的社会，狭义的社会是专属意义上的社会，是与经济、政治、文化等相并列的社会，即小社会。何怀远对社会概念的界定也持三分法：在认同"大社会"、"小社会"内涵的同时，提出了新概念——关系性社会，所谓关系性社会是指政治、经济、文化之间的关系、结构、功能或整体性的总称。同时认为三者的区分是相对的，三者之间有很紧密的关系。

学者们详细列举了社会建设的各种概念，对社会建设的认识主要分为二分法和三分法，不管是二分法还是三分法，大多数学者们基本就以下问题达成了共识：社会主义和谐社会和全面建设小康社会中的社会是广义的社会，即"大社会"，党的十七大报告提出的四位一体的中国特色社会主义的总体布局中的"社会建设"指的是狭义的社会，即"小社会"概念。笔者认为中国特色社会主义的总体布局中的"社会建设"即"小社会"概念，对于界定本书社会建设概念的内涵具有指导意义。

---

① 青连斌：《十七大精神深度解读：社会建设篇》，人民出版社 2008 年版；卜宪群：《关于中国古代社会建设问题的一点思考》，《社会科学管理与评论》2005 年第 2 期；文军、黄锐：《社会建设的民生本位与制度创新》，《上海城市管理》2010 年第 1 期；严振书：《转型期社会建设基本概念解读》，《重庆邮电大学学报·社会科学版》2010 年第 3 期。

即指政治建设、经济建设、文化建设之外的社会建设，如包括社会保障建设、社会事业建设和社会管理体制建设与创新。因此，取这个定义是比较贴切的。

（二）社会建设的内容

有关社会建设内容的研究，陆学艺认为，社会建设包括实体建设和制度建设。其中实体建设包括社会组织、社会事业、社会环境和社区建设等；制度建设包括社会结构的调整与构建、社会利益关系协调机制、社会流动机制、社会保障制度、社会管理体制、社会安全体制建设等。[①] 邹农俭认为，社会建设的基本内容包括社会体制、社会结构、社会组织、社会事业、社会保障、社会公平、社会秩序、社会福利建设等。[②] 李强通过解读党的十七大报告，认为社会建设的内容主要包括教育、就业、保障体系、收入分配、医疗卫生体制、社会管理六大方面。[③] 任春华认为，社会建设主要涉及社会体制机制、社会组织、社会结构、社会基础设施、社会管理建设等方面。[④] 青连斌认为，社会建设主要包括社会事业、社会制度体制机制建设和社会结构建设三个方面。[⑤] 梁树发认为社会建设主要包括社会价值整合、社会制度、社会组织和社会事业建设四个方面。[⑥] 李新市认为社会建设主要由社会组织建设、社会中介服务组织建设、社会自治组织建设、社会保障体系建设和社区建设五大部分构成。[⑦] 严书翰认为社会建设内容主要包括社会结构的变动和构建、利益关系的协调和机制保障、社会有序流动、社会事业的发展、社会组织建设、社区建设、社会保障制度建设和社会管理体制

① 陆学艺：《关于社会建设的理论和实践》，《理论前沿》2008 年第 11 期。
② 邹农俭：《从以经济建设为中心到以社会建设为中心》，《社会科学》2007 年第 1 期。
③ 李强：《和谐社会与社会建设》，《中国特色社会主义研究》2007 年第 6 期。
④ 任春华：《关于社会建设的理论思考》，《学习与探索》2008 年第 3 期。
⑤ 青连斌：《人力加强社会建设》，《理论前沿》2005 年第 7 期。
⑥ 梁树发：《关于社会主义村会建设的几个问题》，《东岳论丛》2005 年第 6 期。
⑦ 李新市：《又见宏图添重彩——学习胡锦涛社会建设思想》，《广西青年干部学院学报》2006 年第 10 期。

的建设和完善八个方面的内容。① 吴忠民认为社会建设包括社会结构建设，协调社会利益关系建设，社会政策的制定和实施，社会公正的维护和促进等。② 胡云超认为社会建设主要包括社会事业建设、社会基本制度建设、社会公平与公正、社会秩序与规范和社会管理。③ 青连斌从广义和狭义的角度出发，认为狭义的社会建设包括社会制度和体制机制建设、社会事业建设、社会结构建设和社会管理。④ 潘叔明认为社会建设包括社会保障、社会事业、社会管理、社会服务、社会指标五大体系。⑤

　　学者们详细列举了社会建设的各种概念和主要内容，但由于在不同时期不同地域社会建设的任务有别，学者们研究兴趣、学术观点和研究方法的不同，导致他们关于社会建设的具体内容的认知不一，分歧较大。需要注意的是，学者们都认同社会建设的重点内容是民生建设这一观点。同时，都认为民生建设具体内容主要涉及教育、就业、医疗、收入分配、社会保障等方面。代表性成果有：郑杭生的《社会建设：改善民生与公平正义》（《中国社会科学院院报》2007 年第 11 期）、李迎生的《关注民生问题　推进社会建设》（《教学与研究》2008 年第 1 期）、魏礼群的《加快推进以改善民生为重点的社会建设》（《党建研究》2007 年第 12 期）、邓伟志和童潇的《社会建设与民生社会学：访著名社会学家、上海大学邓伟志教授》（《甘肃社会科学》2010 年第 5 期）等。

　　根据这些学者对社会建设内容的概况，社会建设主要包括社会结构的优化与调整、社会利益协调机制的建立与健全、社会保障制度的建设、社会事业建设、社会管理体制建设与创新、社会组织的培育与发展、社区建设与发展等内容。而明确社会建设的含义和内容是研究本书

---

① 严书翰：《新中国社会建设的历程和理论》，《党的文献》2011 年第 2 期。

② 吴忠民：《论和谐社会建设的基本内容》，《中共中央党校学报》2007 年第 2 期。

③ 胡云超：《新起点·新航程·新路标——党的十七大报告关键词解读》，《解放日报》2007 年 10 月 24 日。

④ 青连斌：《十七大精神深度解读：社会建设篇》，人民出版社 2008 年版。

⑤ 潘叔明：《社会建设应包括五大体系》，《福建日报》2005 年 10 月 11 日。

的首要条件。

三 陕甘宁边区社会建设研究概况

本书以陕甘宁边区社会建设为主题进行研究，这就需要对"社会建设研究"和"陕甘宁边区研究"两方面的研究现状进行综述，以便从总体上把握本书。

（一）有关社会建设的研究

本书首先对社会建设研究现状进行综述，以便从总体上把握社会建设研究的源流、变迁和趋势。

笔者首先统计分析了目前学术界关于社会建设的期刊论文，截至2013 年 9 月，在"读秀中文学术搜索"期刊中精确搜索标题为"社会建设"的相关中文期刊论文 8243 篇，从发表论文篇数的年代或年份分布来看，其情况如下：2013（290）、2012（715）、2011（861）、2010（831）、2009（969）、2008（1135）、2007（1475）、2000—2006（1839）、1990—1999（13）、1980—1989（13）、1954—1963（5）、其他（97）；在"读秀"学位论文中精确搜索标题为"社会建设"的中文学位论文 365 篇，发表的年代或年份分布为 2013（5）、2012（55）、2011（58）、2010（60）、2009（60）、2008（44）、2007（44）、2000—2006（38）、1974—1983（1）。

从年代或年份发表社会建设的相关论文篇数的统计可以看出：学术界对社会建设的研究是在进入 21 世纪以来开始更多地关注，尤其是从2007 年以后对其关注快速增加。这正好与 2004 年党的十六届四中全会提出"构建社会主义和谐社会"的新命题，2006 年党的十六届六中全会正式提出了社会建设的命题，2007 年党的十七大报告正式确认四位一体的社会主义总体布局的政治潮流相契合。时下社会建设也成为广大民众的日常用语了。可见，社会建设的概念首先是官方用语，继而引起了学术界的广泛关注，催生成学术用语，经过网络媒体的宣传成为大众

用语，经历了"国家用语"——"学术用语"——"大众用语"的发
展轨迹。之后政府和广大民众对社会建设问题的关注度持续走高，进一
步促进了学术界从社会学、管理学、政治学、历史学、哲学、马克思主
义、党史等不同学科和视角对社会建设展开了广泛深入的研究。学界主
要围绕社会建设历史背景、主要内涵、主要内容、理论渊源等问题进行
了探讨，取得了一系列的重要成果。如关于社会建设理论来源的研究，
学者们基本上都认同这样的观点：西方社会建设理论为中国社会建设提
供了借鉴，中国历史上社会建设思想为其提供传统文化的借鉴与支撑，
马克思主义社会建设的思想为其提供了科学的理论指导。

发达国家在社会现代化的过程中，为应对各种社会问题，逐步形成
了社会建设的理论成果，我国学者尤其是社会学学者们对此进行了较为
详细的介绍和系统的总结，试图从新的视角对我国社会建设展开研究，
借此为我国社会建设提供借鉴经验。主要研究成果有：李培林和苏国勋
等的《和谐社会构建与西方社会学社会建设理论》（《社会》2005 年第
6 期），刘少杰和王建民的《现代社会的建构与反思——西方社会建设
理论的来龙去脉》（《学习与探索》2006 年第 3 期），周晓虹的《现代
社会的批判与重建：社会学的诞生与西方社会建设理论的缘起》（《南
京社会科学》2009 年第 1 期），唐铁汉和李军鹏的《西方社会建设的基
本理论及其演变》（《新视野》2006 年第 1 期），应星的《国外社会建
设理论述评》（《高校理论战线》2005 年第 11 期）等。可以看出，中
国学者们比较注意从西方社会建设和社会管理的理论和实践研究出发，
或从宏观层面直观介绍和总结了社会团结理论、社会有机体论、社会整
合理论、社会冲突理论、市民社会理论、社会正义理论、社会治理理
论、社会福利理论和风险社会理论等理论，或从微观层面阐述了社会资
本理论、社会质量理论等理论，来阐释中国社会建设实践，为推进中国
社会建设的有效展开提供积极借鉴及经验教训。在某种程度上可以说西
方社会建设理论只是一种分析工具，如何使西方社会建设理论中国化和
本土化，运用其分析研究解决进而指导我国社会建设，大多数学者对此

尚缺乏深入挖掘和系统分析。不过已有部分学者没有停留于直观介绍西方社会建设理论,而是开始转向了从中观层面上对中国发达地区社会建设问题进行研究,讨论了苏南社会建设和社会治理问题及福建社会体制改革与社会建设问题,研究了北京社会建设的起点和定位问题,考察了深圳社会建设新模式等。其成果如陈国辅的《苏南社会建设和社会治理》(《江南论坛》2010 年第 10 期)、韩俊的《上海社会建设问题研究》(《社会学》2010 年第 3 期)、杨立勋的《深圳社会建设新模式的探索之路》(《开放导报》2011 年第 1 期),马福云的《社会建设的北京模式:起点与定位》(《国家行政学院学报》2011 年第 1 期)。这些具体研究紧密结合各地社会建设的实地情况,注重社会建设理论的可验证性,初步探索了主要是发达地区各具特色的社会建设模式,这不仅拓展深化了社会建设研究的领域,而且有效克服了单纯理论研究或者理论脱离实际两张皮的局限性,有利于推动学术界对社会建设问题的具体深入研究,也为其他地区尤其是与其条件相似地区的社会建设提供了参考框架和经验。同时,可以看出,学者们今后在中国其他地区特别是中西部较落后地区展开社会建设研究尚有很大空间。

目前学术界对中国历史上的社会建设思想研究尚少,介绍较为笼统。其代表性观点是卜宪群的《关于中国古代社会建设问题的一点思考》(《社会科学管理与评论》2005 年第 2 期),该文认为中国古代社会建设思想主要包括和谐、民本、民生及礼用和贵等思想,指出其在重建社会秩序中的重要作用,揭示中国古代社会建设经验对当代中国社会建设有重要借鉴意义。其他研究成果有:王利华的《"三才"理论:中国古代社会建设的思想纲领》(《新华文摘》2009 年第 5 期),夏学銮的《我国历史上的社会建设理论研究》(《学习与实践》2007 年第 7 期)等。

围绕本书课题,笔者主要对有关马克思主义社会建设和中国共产党社会建设的研究成果做以下简要回顾和述评。

1. 有关马克思主义社会建设思想的研究

马克思主义社会建设思想是马克思主义的一个重要组成部分,目前学术界对马克思主义经典作家及后继者如毛泽东、邓小平、江泽民和胡锦涛等的社会建设思想历程和实践历程进行了较为详细的概况研究。其代表性研究成果有：贾建芳的《马克思恩格斯的社会和谐思想》（《马克思主义研究》2005 年第 3 期）、杨奎的《马克思和恩格斯关于社会建设与社会管理的科学探索》（《马克思主义研究》2006 年第 1 期）、李曙新和徐修德的《马克思主义创始人的社会建设思想论要》（《求实》2010 年第 6 期）、刘松明的《马克思"市民社会"视域中的社会建设》（《社会主义研究》2009 年第 2 期）等。

可见，学者们关于马克思恩格斯社会建设思想的论述大多集中于：从马克思的唯物辩证法和唯物史观中解析有关社会建设思想和方法及方法论，体现在关于社会发展本质、特征、动力、条件、发展趋势及规律、社会有机整体性等方面的探讨，关于市民社会的思考、公平正义的理念、社会保障思想的阐述、未来社会基本特征的科学构想和社会建设的初步思考等方面。但对马恩原著中关于社会建设思想的文本研究尚缺乏的深入挖掘和细致分析，仅见宋严的《文本维度下马克思社会建设思想及其意义》（《湖北社会科学》2010 年第 12 期）。

对于列宁的社会建设思想，袁方阐发了俄国社会主义社会建设和社会管理的根本任务、主要力量、领导力量等思想。[①] 孙玉健从方法论的角度更关注列宁的国家观与社会建设思想之间的有机统一关系。[②]

学者们除了回顾和总结了马克思主义经典作家社会建设思想和成功经验之外，还集中论述了毛泽东、邓小平、江泽民、胡锦涛四位党和国家领袖关于社会建设的思想。代表性成果有：蒋国海的《毛泽东的社会建设思想新论》（《当代世界与社会主义》2009 年第 1 期），庄萍的《论毛泽东的社会建设方针及其启示》（《高等教育与学术研究》2009 年第 8 期），陈辉的《毛泽东论社会主义社会建设和管理》（《东岳论丛》2005 年第 6 期），贾鹏的《论毛泽东的社会建设思想》（硕士学位

---

① 袁方：《列宁论社会主义社会建设和管理》，《东岳论丛》2005 年第 6 期。
② 孙玉健：《列宁的国家观与社会管理思想的有机统一》，《湖北社会科学》2006 年第 1 期。

论文，河北师范大学，2007 年）等；韦继辉的《邓小平论社会主义社会建设和管理》（《东岳论丛》2005 年第 6 期），张晨辉的《邓小平社会建设思想研究》（硕士学位论文，扬州大学，2010 年），陈杰的《邓小平社会建设思想研究》（硕士学位论文，河南大学，2011 年）；卢卫红的《江泽民论社会主义社会建设和管理》（《东岳论丛》2005 年第 6 期）；张永光和谭桂娟的《论胡锦涛关于社会建设理论研究的方法论》（《南昌大学学报（人文社会科学版）》2010 年第 4 期），蔡孝恒和张亮的《胡锦涛以改善民生为重点的社会建设思想述论》（《探索》2008 年第 2 期）等。

可见，以马克思主义理论学科为基础展开社会建设研究的成果丰富，进一步丰富和发展了马克思主义理论学科的内容。

2. 有关中国共产党社会建设理论和实践的研究

十六届四中全会社会建设命题一提出，研究者们就很重视研究中国共产党的社会建设理论和实践。从纵向上看，对于中国共产党社会建设思想的研究或从党发展的不同时期（包括新中国成立前、新中国成立后至改革开放前和改革开放以来三个时期）或从整体上探讨党的社会建设的理论历程和实践历程。

（1）有关新中国成立前党的社会建设的研究

针对革命根据地和抗日根据地落后的社会结构及社会陋习，中国共产党改造各种社会弊端，推行新的社会政策，积极展开社会建设，极大地改善了广大人民群众的生活，为新中国的社会建设奠定了基础。杜俊华和刘玉萍的《试论中央苏区的社会建设》（《江西社会科学》2006 年第 12 期）一文从社会史的角度，综合运用历史学、社会学和政治学等多学科的理论和方法，探讨了中央苏区社会建设的背景、管理机构和主要内容，分析了其历史意义和历史作用。黄国华的《苏维埃时期中国共产党社会建设思想初探》① 一文使用狭义社会建设的概念，概述了苏

---

① 刘景全等：《政党与近现代中国社会研究》，天津人民出版社 2008 年版，第 375—387 页。

维埃时期社会管理、资源整合、社会保障与移风易俗等社会建设的内容，首次研究了苏维埃时期党的社会建设管理机构的设置与社会职责，探讨了社会资源整合的内容及其途径，简明扼要地指出了研究苏维埃时期党的社会建设思想的学理意义。文茂琼的《川陕革命根据地社会建设研究》（《党史文苑（下半月学术版）》2010 年第 12 期）一文，主要阐述了川陕苏维埃政府对辖区内的生产、公共设施、社会陋习、文化教育医疗卫生等进行社会事业建设和发展及其历史作用如何。严振书和程元恒的《中国共产党成立初期社会建设构想探微》（《中共青岛市委党校·青岛行政学院学报》2009 年第 7 期）一文从广义的社会建设概念出发，概述了党在成立之初从政治经济文化方面提出的社会建设构想及其启示。

王瑛的《抗日战争时期陕甘宁边区社会建设研究》和高朋涛的《陕甘宁边区社会建设研究（1937—1950）》两篇硕士论文都采用狭义社会建设的内涵，介绍了抗战前陕甘宁边区社会建设情况，总结了边区社会建设的历史经验和启示，都涉及了陕甘宁边区社会建设即人民生活的改善、社会习俗的变革、教育卫生事业的发展、社会保障制度的建立四个方面的内容，但后者还包括一些移民垦荒、完善法律体系和防奸除奸等边区社会建设的内容，并论述了边区社会建设的指导思想、目标和特点。

赵文博的硕士论文《抗日战争时期陕甘宁革命根据地的社会建设》采用广义的社会建设概念，论述了党在陕甘宁革命根据地在政治、法制、经济、文化方面采取的一系列有利于社会建设的措施，总结了党进行社会建设的作用与意义。王世禹的硕士论文《论延安时期中国共产党的社会建设思想》也采用广义的社会建设概念，在概括了党的社会建设思想的理论来源和分析了延安时期社会建设的历史背景后，从推行民主政治、完善法律法规、发展边区教育和注重改善民生四个方面论述了党的社会建设的主要内容，总结了延安时期党的社会建设的现实启示。

（2）有关新中国成立后至改革开放前党的社会建设的研究

这一时期的相关研究主要集中于新中国成立初期，探讨党的社会建设的经验和启示，如杜俊华的《新中国建立初期中国共产党社会建设的经验及启示》（《甘肃社会科学》2009 第 6 期）。

（3）有关改革开放以来党的社会建设的研究

这一时期的相关研究成果主要集中于探讨党的社会建设的发展历程、主要特点、主要内容和基本经验等方面。如余永庆的《中国共产党社会建设思想发展历程和基本经验》（《新西部（下旬·理论版）》2011 年第 5 期），徐家良、于爱国的《改革开放以来中国社会建设的主要内容研究》（《北京行政学院学报》2009 年第 3 期），洪大用的《改革开放以来中国社会建设的基本经验》（《思想理论教育导刊》2008 年第 12 期），杜会平的《改革开放以来中国共产党社会建设思想研究》（硕士学位论文，陕西师范大学，2009 年），何芳的《改革开放以来党的社会建设理论与政策的历史考察》（硕士学位论文，湖南大学，2010 年），马力昉的《改革开放以来中国共产党社会建设思想研究》（博士学位论文，中共中央党校，2010 年）等。

胡映兰的《党的社会建设思想与实践浅议》（《社会主义研究》2010 年第 6 期）一文从理论与实践相结合的角度分析了在新时期党的社会建设理论形成与现实基础的逻辑关系及其意义。

需要注意的是，除了分别对新中国成立初期和改革开放以来党的社会建设思想分阶段研究之外，还有学者研究了新中国成立 60 余年党的社会建设的主要内容、一脉相承的关系、基本经验和启示等内容。如杨小军的《中国共产党社会建设思想的历史演进及其基本经验》（《内蒙古社会科学（汉文版）》2011 年第 4 期）一文概述了新中国成立以来中国共产党社会建设思想的主要内容、一脉相承的关系和基本经验。谭元敏的《中国共产党"社会建设"思想的发展》（《边疆经济与文化》2008 年第 7 期）一文论述了新中国成立以来中国共产党的几代领导人各自的社会建设思想及其继承与发展的关系。张瑞的《中国共产党社

会建设的基本经验》（《中共中央党校学报》2010 年第 5 期）一文系统
总结了新中国成立以来中国共产党社会建设的八条历史经验。王扬的
《中国共产党社会主义社会建设思想的形成和发展》（《中央社会主义学
院学报》2007 年第 3 期）一文探索新中国成立后党的几代中央领导集
体创立一系列社会主义社会建设思想原则、创新发展中国特色社会主义
社会建设思想、初步形成并继续发展社会主义社会建设理论和纲领的历
程，分析了它们之间一脉相承、内容接续的关系和各具特色的鲜明特
点。谭桂娟的《中国共产党引领社会建设的历史经验》（《中共云南省
委党校学报》2010 年第 5 期），总结了新中国成立 60 余年，中国共产
党进行社会建设的实践经验。严书翰的《中国共产党社会建设的历史
经验》（《中共云南省委党校学报》2006 年第 1 期），总结了新中国成
立以来进行社会建设的历史经验和启示。杨晓梅的《中国共产党领导
社会建设的理论历程及实践》（《新疆社会科学》2011 年第 3 期），回
顾了新中国成立以来党的社会建设理论从重视单纯的经济增长，到重视
经济社会文化综合发展，再到重视人与社会的持续全面和谐发展的曲折
历程，探讨了新时期党推进社会建设的思路。葛福东和荣昕的《中国
化马克思主义社会建设思想的形成与发展》（《内蒙古民族大学学报》
2009 年第 6 期）一文以马克思主义中国化的历史进程为视角阐述了新
中国成立后党的社会建设的形成和发展过程。

（4）有关从整体上探讨党的社会建设的研究

相关的研究成果主要从党的社会建设的理论发展历程、基本经验和
启示等方面进行了探讨。张瑞的《论中国共产党社会建设思想的发展
历程》（《当代世界与社会主义》2010 年第 4 期）一文从社会有机整体
性的视角考察了中国共产党社会建设思想的五个发展阶段，得出了如下
结论：各阶段党的社会建设的思想如内容、措施、重点、目标和原则等
逐步走向丰富、深入、明确。刘景泉、张健和伍绍勤的《中国共产党
领导社会建设的实践和基本经验》（《南开大学学报（哲学社会科学
版）》2011 年第 2 期）一文总结了中国共产党 90 年来领导社会建设的

实践与成就及其基本经验。卫小将和孙平的《中国特色社会主义社会
建设理论的形成与发展：论党的社会建设思想的发展演变》（《探索》
2011 年第 3 期）一文论述了党在各个时期的社会建设理论的发展演变
历程。潘嘉的博士论文《中国共产党社会建设思想研究》系统总结了
党在各个时期社会建设思想的发展历程、基本内容、基本经验等。

3. 存在问题及今后研究方向

从社会建设问题研究现状可以看出，这一相关研究有以下几个特点
及不足之处。

（1）缺乏深入挖掘马克思主义经典文献及党的文献中关于社会建
设的思想

关于马克思恩格斯等经典作家社会建设思想的研究，大多从唯物辩
证法和唯物史观中解析有关社会建设思想和方法及方法论，探讨社会发
展本质、特征、动力、条件、发展趋势及规律、社会有机整体性等问
题，但对马克思主义经典文献及党的文献中的社会建设思想缺乏深入挖
掘和分析研究。今后要深入解读原著，突破当前研究的局限性，不断推
进社会建设的理论创新。

（2）缺乏从马克思主义发展史的角度研究社会建设的理论

中国共产党人结合中国实际运用马克思社会建设理论、原则和方法
解决中国社会问题是马克思主义社会建设思想中国化的过程，同时，中
国共产党人在中国的社会实践中生成新的社会建设的理论、原则和方
法，也是中国化的过程。中国共产党人是如何继承发展马克思恩格斯列
宁的社会建设思想、方法和原则的，如何秉承其社会建设理念的，需要
放置于马克思主义的整个发展历程中，结合马克思主义社会发展的各个
阶段面临的时代课题，总结和思考马克思社会建设思想和中国化马克思
主义社会建设思想一脉相承及发展创新关系，揭示中国社会建设和社会
管理发展完善的规律。而目前这方面的研究成果较少，今后需要加强。

（3）基础性研究不够

从目前研究成果的历时段分布来看，新中国成立以来尤其是改革开

放以来党的社会建设的理论与实践的研究成果相对较多，已成为学者们研究的重点，这自然与党在此期间提出并践行了很多有关社会建设的思想和政策措施有很大关系。新中国成立后到改革开放前主要集中于新中国成立初期，但对党在新中国成立前的社会建设思想的研究缺乏全面深度的关注、思考和探讨，这可能与当时主要处于战争年代及党在陕甘宁边区社会建设的思想尚处于初步形成时期有关。从学理上对党在新中国成立前如陕甘宁边区社会建设的系统研究尚有较大开拓空间。

（二）有关陕甘宁边区社会建设的研究

笔者还对"陕甘宁边区"进行了搜索，以把握学术界对陕甘宁边区有关社会建设的研究进展，搜索结果表明：截至 2013 年 9 月，在"读秀"图书中精确搜索题名为"陕甘宁边区"的中文图书为 2413 册。搜索题名为"陕甘宁边区社会建设"的专著没有，只有栗洪武著《延安干部教育模式研究》一书出现了"陕甘宁边区社会建设方略"一节。相对于多达近两千册陕甘宁边区文献专著的数量来说，直接涉及陕甘宁边区社会建设的只有一本专著中的一节，微乎其微，很不够分量。但仔细查阅这些大量的文献著作，不难发现基本都是把陕甘宁边区社会建设融入其政治、经济、文化建设等方面的内容和论述之中。论及陕甘宁边区社会建设相关内容的文献专著主要有：陕西省档案馆、陕西省社会科学院合编：《陕甘宁边区政府文件选编》，档案出版社 1986—1991 年陆续出版；甘肃省社会科学院历史研究室编：《陕甘宁革命根据地史料选辑》，甘肃人民出版社 1981—1985 年陆续出版；陕甘宁边区财政经济史编写组和陕西省档案馆合编：《抗日战争时期陕甘宁边区财政经济史料摘编（共 9 编）》，陕西人民出版社 1981 年版；中央档案馆和陕西省档案馆合编：《中共中央西北局文件汇集》，1994 年内部版；陕西师范大学教育科学研究所编：《陕甘宁边区教育资料》，教育科学出版社 1981年版；西北五省区编纂领导小组和中央档案馆合编：《陕甘宁边区抗日民主根据地》（回忆录卷及文献卷上下册），中共党史资料出版社 1990年版；延安地区民政局编：《陕甘宁边区民政工作资料选编》，陕西人民出版社 1992 年版；胡民新、李忠全等编著：《陕甘宁边区民政工作史》，西北大学出版社 1995 年版；卢希谦、李忠全主编：《陕甘宁边区医药卫生史稿》，陕西人民出版社 1994 年版；刘凤阁主编：《陕甘宁边区·陇东的文教卫生事业》（内部资料）；武衡主编：《抗日战争时期解放区科学技术发展史》，中国学术出版社 1984 年版；李智勇：《陕甘宁边区政权形态与社会发展（1937—1945）》，中国社会科学出版社 2001 年版；黄正林：《陕甘宁边区乡村的经济与社会》，人民出版社 2005 年版；等等。

可见，有关陕甘宁边区社会建设的内容是散见于这些文献著作中，目前尚缺乏系统的整理研究工作，这正是陕甘宁边区社会建设研究领域的一项重要课题。

截至 2013 年 9 月，在"读秀中文学术搜索"期刊中精确搜索标题为"陕甘宁边区"的相关中文期刊论文 1801 篇，中文学位论文 226 篇，中文会议论文 65 篇，出现了比较活跃的研究局面。

在这些学术论文论著中，主要涉及研究陕甘宁边区的政治、法律、文化、科学教育、医药卫生等内容，其中与陕甘宁边区社会建设相关的论文有 230 多篇，其中期刊论文 210 多篇，硕士学位论文 20 多篇。有几篇专门研究抗日战争时期陕甘宁边区社会建设、社会变迁的硕士论文和期刊论文，没有博士论文，在研究中国共产党社会建设思想的几篇博士论文中，对抗战时期陕甘宁边区社会建设的内容也有所涉及。相关论文论著主要从陕甘宁边区的文化教育医疗卫生、禁毒治匪和"二流子"改造等社会问题、社会保障、社会利益协调机制、社会管理、社团发展、社会生活等方面展开研究论证，这为今后进一步深入研究陕甘宁边区社会建设问题奠定了坚实的基础。下面将对这些相关研究成果做一简要回顾和述评。

1. 陕甘宁边区文化教育医疗卫生等社会事业建设研究

有关陕甘宁边区文化教育的研究。陕甘宁边区政府在中国共产党的领导下，坚持开展了教育医疗卫生等社会事业建设，成效显著，有力地保证了抗日战争和解放战争的胜利。学术界对此进行了较深入的探讨，取得了重要的研究成果。

李耀萍的《抗战时期陕甘宁边区教育的建设与成就》(《人文杂志》1995 年第 6 期) 一文，指出了陕甘宁边区教育从国防教育转向新民主主义教育，概述了边区实行教育与生产劳动相结合、重视思想政治教育、重视自然科学研究和教育科学研究、重视教材建设、重视师范教育等新民主主义教育方针，形成了以高等学校、中等学校和小学教育为主干，结合在职干部教育、社会教育、部队教育及幼儿教育等为分支的新民主主义教育体系，为边区的建设和抗战培养了大批干部，极大地提高了人民群众的文化水平和政治觉悟。张天华的《抗日战争时期陕甘宁边区教育的特点》(《西华大学学报（哲学社会科学版）》1987 年第 2 期)，简述了陕甘宁边区已形成的干部教育、社会教育、学校教育三大教育类别，概况了陕甘宁边区实行抗战教育政策，形成了教育为长期战争服务，教育与实际结合，教育与生产劳动相结合的特点。刘椿的《抗战时期陕甘宁边区的国民教育》(《史学集刊》2006 年第 1 期) 一文，探讨了陕甘宁边区的教育经历了由强迫教育到尊重群众的自愿与需要，由包办到民办公助的曲折过程，这一极具鲜明时代特色的教育体制培养了大批专门人才，提高了陕甘宁边区群众的文化程度，消除了群众中的文盲、迷信思想、不卫生的习惯，解决了群众生产和生活中的实际问题，极大地推动了边区教育事业的发展，促进了边区经济社会的进步。杨洪的《陕甘宁边区的文化教育建设及历史作用》(《西北大学学报》2006 年第 9 期) 一文，阐述了陕甘宁边区新文化建设的政策和特征、边区学校教育体系及其成就和文化教育建设的历史作用等问题。魏彩苹的《民生视角下的抗战时期陕甘宁边区文化教育事业》(《延安职业技术学院学报》2010 年第 6 期) 一文从民生视角探讨了抗战时期陕甘宁边区的新民主主义教育方针、形式和成效等问题。喻志桃的硕士论文《抗战时期陕甘宁边区文化建设研究》一文，阐述了陕甘宁边区文化建设的重要性、主要内容和成果、作用及其经验和现实启示。尚微的博士论文《抗日战争时期陕甘宁边区国民教育研究》一文，主要利用了陕甘宁边区的相关档案史料和报章材料，以实证的方法，对抗日战争时期陕甘宁边区的国民教育体系、特点和形式等方面进行了研究。

以上这些学者侧重于从整体上探讨陕甘宁边区文化教育的内容体系、主要特点、方针、表现形式、成就及其历史经验和现实启示，也有些学者从陕甘宁边区社会教育、在职干部教育等文化教育的某一具体方面进行研究。如张秦英和刘汉华的《陕甘宁边区社会教育的特点》［《西北大学学报（哲学社会科学版）》1985 年第 3 期］，刘庆礼的《略论抗战时期陕甘宁边区的社会教育》（《传承》2010 年第 1 期），张鹏飞和陈遇春的《陕甘宁边区的社会教育基本经验和当代价值：基于建设学习型社会的视角》（《新西部（下旬·理论版）》2011 年第 6 期），谢飞的《抗战时期陕甘宁边区社会教育与和谐社会建设》（《内蒙古农业大学学报（社会科学版）》2010 年第 3 期），赵燕的《试论抗战时期陕甘宁边区的社会教育及其对构建农村和谐社会的启示》（《漯河职业技术学院学报》2010 年第 1 期），谢飞的《抗战时期陕甘宁边区社会教育研究》（硕士学位论文，兰州大学，2010 年），李绵和张安民的《陕甘宁边区的在职干部教育》（《陕西师范大学学报（哲学社会科学版）》1982 年第 2 期），刘建德和梁严冰的《论抗战时期陕甘宁边区的干部教育》（《云南行政学院学报》2008 年第 3 期）。

有关陕甘宁边区医疗卫生的研究。陕甘宁边区政府制定了卫生防疫的各项方针政策，构建了卫生医疗体系和军民医疗保障体制，健全卫生组织，大力开展群众性卫生防疫运动，宣传卫生科学知识，增强了边区民众的卫生观念，有力地保护了边区人民的身体健康，促进了边区社会建设的健康发展。温金童、王斐和王天丹等论述了陕甘宁边区卫生防疫的成因、方针政策、防治措施、防治成效等问题。

2. 陕甘宁边区的匪乱、吸毒、"二流子"等社会问题研究

陕甘宁边区的匪乱、吸毒、"二流子"等社会问题，给边区人民的生活生产带来了严重灾难，治理和预防这些社会问题有利于维护边区人

民正常的社会生产生活秩序。有些学者从整体上对此进行了研究：雷甲平的《抗日战争时期陕甘宁边区的主要社会问题及其治理》（《抗日战争研究》2009 年第 1 期）一文，主要探讨了陕甘宁边区婚姻及妇女、烟毒、匪乱、"二流子"等社会问题的状况及危害、边区政府的治理措施及其社会成效。黄正林和文月琴的《抗战时期陕甘宁边区对乡村社会问题的治理》（《河北大学学报（哲学社会科学版)》2005 年第 3 期）一文，除论述了陕甘宁边区乡村最突出的土匪、鸦片和"二流子"三大社会问题外，还分析了陕甘宁边区政府乡村社会问题治理的实质，创新性地得出了这样一个结论：陕甘宁边区政府乡村社会问题治理的过程，就是对全部社会资源有效控制的过程，实质上就是摧毁乡村社会传统的权力网络，使乡村权力转向中共领导的抗日民主政权的过程。付建成和肖育雷的《论抗战时期陕甘宁边区乡村治理的特点》（《中国延安干部学院学报》2009 年第 1 期）一文，从陕甘宁边区乡村治理主体上分析了其治理特点及其历史意义。魏彩苹的《民生视角下的抗战时期陕甘宁边区的社会环境整治》（《延安职业技术学院学报》2011 年第 1 期）一文，陈述了陕甘宁边区剿除匪患、改造"二流子"、禁除烟毒、废除各种陈规陋习、解放妇女等举措及其对移风易俗、净化社会风气、整肃社会环境、促进边区和谐的重要意义。

以上这些学者侧重于从整体上探讨陕甘宁边区社会问题的表现、危害、成因、治理成效及其历史经验和现实启示，也有些学者从陕甘宁边区社会问题的某一具体方面，如禁毒、匪患、"二流子"改造等方面展开研究。

3. 陕甘宁边区社会保障研究

杨志文在《陕甘宁边区社会保障政策初探》（《中共党史研究》1997 年第 6 期）一文中，首次将陕甘宁边区社会保障政策的历史变迁划分为三个阶段，总结了社会保障政策的基本内容（包括社会优抚政策、社会救济政策、社会保险和社会福利政策)，概括了陕甘宁边区社会保障从总体上来看处于低水平、低层次的特点，剖析了边区社会保障政策的社会历史作用。张丹的《抗日战争时期陕甘宁边区的社会保障》（《江西社会科学》2000 年第 11 期），增加了陕甘宁边区社会保障机构的设置、政府的直接救济和组织群众生产自救两种救济方式等新的内容。柴观珍和魏翔的《陕甘宁边区社会保障建设及启示》（《世纪桥》2008 年第 20 期），除探索了陕甘宁边区社会保障机构、社会保障内容、作用及现实意义等外，还细化分析了陕甘宁边区政府颁布的有关社会保障的政策法令条例，生成了新的研究视点。胡国胜和董娟的《论抗日战争时期陕甘宁边区政府的社会保障建设》（《河南广播电视大学学报》2009 年第 4 期），主要阐述了边区政府的赈灾救济的内容和方式、军人军属及老人妇女儿童权利的保护、卫生防疫体系的发展等。郭伟峰在其硕士论文《陕甘宁边区乡村社会保障研究》中主要着眼于陕甘宁边区社会保障的内容和绩效评价。杭志勇在其硕士论文《抗战时期陕甘宁边区社会保障研究》中，除了从陕甘宁边区社会保障工作的具体内容、主要成效方面进行研究外，也探讨了其提出的背景和社会保障机构的设置问题。黄正林在《1937—1945 年陕甘宁边区的乡村社会改造》（《抗日战争研究》2006 年第 2 期）一文中，从灾荒救济、建立义仓、安置移民和难民等方面介绍了陕甘宁边区社会保障内容，但没有提及边区抗工属、烈属等群体的社会优抚。

可见，这些学者侧重于从整体上探讨陕甘宁边区社会保障政策的演变、社会保障机构的设置、社会保障的具体内容、社会保障的历史作用及成效等，但对边区社会保障理念尚缺乏研究。也有些学者从陕甘宁边区社会保障的某一具体方面，如灾民、难民和移民社会救助、抗工属社会优抚等方面展开研究，这些具体研究中有关边区社会救助和社会优抚以及和成效方面的内容涉及较多，对边区社会保险、社会福利的研究相对比较薄弱。因此，陕甘宁边区社会保障体系建设研究需要进一步深化。

4. 陕甘宁边区社会利益协调机制研究

宋炜的《中国共产党解决抗日根据地社会矛盾的利益调节机制——以陕甘宁边区为个案》（《广西社会科学》2006 年第 12 期）一文，论述了抗战时期中国共产党创造性解决抗日根据地多元社会矛盾的重要意义，探讨了其妥善处理不同阶级阶层之间、政府与民众之间、党派团体之间分歧或冲突的利益调节机制、具体措施、社会成效和启示意义。任春峰的《陕甘宁边区阶层利益矛盾调节的启示》（《上海党史与党建》2008 年第 11 期）一文，创造性地从社会心理学的视角初步探讨了陕甘宁边区调节各阶级阶层政治经济利益矛盾的成功实践及其启示。孟亚伟的硕士论文《抗战时期陕甘宁边区调节社会利益矛盾研究》一文，分析了抗战时期陕甘宁边区调节社会利益矛盾的客观条件，论述了陕甘宁边区处理和调节九大社会利益矛盾的对策和措施及其启示。宋炜的硕士论文《陕甘宁边区农村经济利益关系的调整与启示》一文从公共政策学的视角，考察了陕甘宁边区农村经济政策的制定依据、目标与执行，分析了边区农村经济政策的实施结果及其社会政治效应，探讨了边区政府调整农村经济利益关系的历史经验和启示。索海峰的硕士论文《抗战时期陕甘宁边区政府解决多元化纠纷研究》一文从法律与社会、民间与政府互动的视角考察了陕甘宁地区传统纠纷的类型与特点及其解决纠纷的方式与弊端，概述了陕甘宁边区政府解决纠纷的必要性、制度构建、特点、经验与启示等。

除了以上学者从不同视角探讨了陕甘宁边区政府利益协调机制的举措、成效、经验启示等问题，还有学者从陕甘宁边区社会和谐入手，也涉及了边区的利益协调问题，如宋炜的《论抗战时期陕甘宁边区和谐社会的构建》（《理论导刊》2005 年第 9 期），张秀丽的《陕甘宁边区构建和谐社会的实践与历史经验》（《党史文苑》2006 年第 12 期），白学锋、罗凯和吴友拴的《抗战时期陕甘宁边区政府初步构建和谐社会的尝试》（《卫生职业教育》2010 年第 2 期），王子丽和吴赋光的《延安时期陕甘宁边区和谐治理的实效及启示》（《内江师范学院学报》2010 年第 1 期），李耀萍的《陕甘宁边区和谐社会的观察与思考》（《西北大学学报（哲学社会科学版）》2007 年第 1 期），李金龙、张娟和王元宝的《社会和谐：改革开放纵深发展的量尺：以抗战时期陕甘宁边区建设为例》（《武汉大学学报（哲学社会科学版）》2008 年第 6 期），裴巧燕的《抗日战争时期陕甘宁边区构建和谐社会研究》（硕士学位论文，延安大学，2008 年）等。这些论者在论述陕甘宁边区社会和谐主题时或从其措施或从实践经验和启示等不同角度都涉及了建立社会各阶层之间的利益和谐关系及协调机制问题。

5. 陕甘宁边区社会管理研究

赵铁锁和任春峰的《党在局部执政时期的社会管理探析：以"示范区"抗战时期陕甘宁边区为例》（《中国特色社会主义研究》2011 年第 4 期）一文分析了陕甘宁边区社会管理面临的主要难题，论述了边区在协调社会关系、规范社会行为、实行社会保障等社会管理方面的主要举措和成效及其经验启示。梁煜璋的《从党史中汲取加强和创新社会管理的智慧和力量》（《今日海南》2011 年第 5 期）一文，简述了延安时期党中央和毛主席加强和创新社会管理的思路和办法。这两篇论文都没有提及陕甘宁边区社会管理的方向、目标和理念等深层次问题。

6. 陕甘宁边区社团发展研究

目前查阅到的仅见张帆和杨洪的《陕甘宁边区社团发展述论》（《牡丹江大学学报》2010 年第 2 期）一篇论文，该文探讨了陕甘宁边区社团的生成环境、发展概况与特点、功能与作用等问题。

7. 陕甘宁边区社会生活研究

黄正林的《抗日战争时期陕甘宁边区的社会生活》（《中共党史研究》2008 年第 6 期）一文从社会史的角度主要论述了陕甘宁边区的穿衣、吃饭、娱乐活动三个方面的社会生活情况，总结了边区物质生活的艰苦性、精神生活的丰富性、各阶层之间如农民和干部、不同级别的干部之间生活的差异性及社会生活强烈的时代性等特征。

（三）关于陕甘宁边区社会建设研究的思考

可见，学术界尤其是马克思主义理论研究者和党史工作者表现出了较大的主动性和理论自觉性，已经对陕甘宁边区社会建设的研究取得了众多成果，但仍存在不足之处，具体表现为：

1. 整体性研究有待加强

已有的研究大多局限于对陕甘宁边区社会建设的某一具体方面的论述,如文化教育医疗卫生、禁毒治匪和"二流子"改造等社会问题、社会保障、社会利益协调机制、社会管理、社团发展、社会生活等内容。这些研究成果疏于把陕甘宁边区社会建设作为一个有机整体进行综合研究,缺乏从整体上探讨陕甘宁边区社会阶级和阶层、社会组织、社会关系、社会生活及其方式、社会习俗、社会心理及社会意识形态等社会发展演变过程。而社会生活各个领域是相互沟通和渗透的,某一领域发生的历史现象往往要到另一个领域寻找原因,因此系统地研究社会史十分必要。正如马克思在《马志尼和拿破仑》中所说的:"现代历史著述方面的一切真正进步,都是当历史学家从政治形式的外表深入到社会生活的深处时才取得的。"① 因此,应从学理需要将这些分散的零星的陕甘宁边区社会建设的研究资料和成果进行归纳整理,展开更为集中、概况和系统全面的深入研究,充分认识陕甘宁边区社会建设的重要性、复杂性和系统性,厘清陕甘宁边区社会建设的发展路径和经验教训等问题。

2. 分题研究的不均衡性有待克服

资料表明,现有的研究主要集中于陕甘宁边区社会事业建设和社会保障建设方面,其研究成果层出不穷,但是史料来源和研究主题多有重复。而对其社会关系、社会管理和组织建设等问题的研究则相对薄弱,今后应加强这些方面的研究,实现陕甘宁边区社会建设各方面研究的均衡性。

3. 研究方法有待创新

陕甘宁边区的社会建设是以毛泽东为首的中国共产党倡导和带动全党充分利用动员整个社会力量尤其是底层民众力量,在与农村力量进行了拒斥、衔接、磨合等极其复杂的互动过程后展开的。陕甘宁边区的社

---

① 马克思、恩格斯:《马克思恩格斯全集》第 12 卷,人民出版社 1962 年版,第 450 页。

会建设与边区军民的生产、生活息息相关，因而，边区民众社会生活状况是考量边区政府社会建设成效的根本标准。已有的研究较少关注普通民众对边区社会政策实施效果的反映，而如何把广大普通民众吃、穿、住等日常生活与当时重大的政治经济文化现象连接起来，把下层群众活动同上层人物活动连接起来，[①] 突出人民群众在陕甘宁边区社会建设中的反馈推动作用，同时彰显中国共产党能够根据实际情况，善于调整政策和不断自我修正的强大包容性、开放性的创新理念及优秀品质，应是以后研究所要注意的。如仅从某一学科如历史学或政治学的方法来研究陕甘宁边区社会建设，忽视其跨学科性，必然难以考察陕甘宁边区社会建设的全貌。因此，应进一步融合社会学、政治学、历史学、人口学等多种交叉学科的研究方法，推进研究方法上的创新。

4. 研究视角有待转换

已有的相关研究对中国共产党外如国民党、民主人士及其他群体有关陕甘宁边区社会建设的认识、感受和反映的挖掘很不够，很少有对陕甘宁边区的社会建设与其他边区、与国统区的社会建设进行对比研究，加强这方面的研究一方面开拓了陕甘宁边区社会建设研究领域的新视角，同时将会增强陕甘宁边区社会建设研究成就的客观性和可信度。

四　研究思路与研究目标

涉及陕甘宁边区社会建设研究的大型档案文献资料主要有：由陕西省档案馆和陕西省社会科学院联合编撰，档案出版社于 1986—1991 年陆续出版的 14 辑《陕甘宁边区政府文件选编》，其收录了 1937 年 9 月至 1950 年 1 月以陕甘宁边区政府名义发表的重要文件，全面反映了陕甘宁边区经济、政治、军事、文化教育和社会等方面的内容；由甘肃省社会科学院历史研究室编，甘肃人民出版社于 1980 年至 1985 年陆续出

---

① 张静如等编：《中国现代社会史》上册，湖南人民出版社 2004 年版，第 3 页。

版的《陕甘宁革命根据地史料选辑》，共 5 辑；陕甘宁边区财政经济史编写组和陕西省档案馆合编的《抗日战争时期陕甘宁边区财政经济史料摘编》，共 9 编，陕西人民出版社于 1981 年出版；中央档案馆和陕西省档案馆合编的《中共中央西北局文件汇集》；西北五省区编纂领导小组和中央档案馆合编的《陕甘宁边区抗日民主根据地》（回忆录卷及文献卷上下册），中共党史资料出版社于 1990 年出版；宋金寿、李忠全主编，陕西人民出版社于 1990 年出版的《陕甘宁边区政权建设史》；李建国著，甘肃人民出版社于 2009 年出版的《陕甘宁革命根据地史》；雷云峰编著，西安地图出版社于 1994 年出版的《陕甘宁边区史》；中共中央党校党史教学编辑组 1984 年编印的《陕甘宁边区参议会》（内部资料）；中国科学院历史研究所第三所编辑，科学出版社于 1958 年出版的《陕甘宁边区参议会文献汇辑》。这些文献全面系统地反映了边区政治建设、经济建设、军事建设、文化教育等方面的内容，从各自层面均涉及了科教文卫、妇婴健康、边区政府成立前后人民生活变化情况、社会保障等与群众生活息息相关的社会建设的内容。

由延安地区民政局编，陕西人民出版社于 1992 年出版的《陕甘宁边区民政工作资料选编》；胡民新、李忠全等编著，西北大学出版社于 1995 年出版的《陕甘宁边区民政工作史》，这两本文献容纳了拥军拥政、抚恤、赈灾救济、优待移难民、干部管理、民政管理、土地管理、团体登记、婚姻登记、养老安置等部分，选编了中共中央、西北局、陕甘宁边区政府及其有关领导人对边区民政工作的重要指令、文件决定、法令纲领、规程条例、报刊的重要社论等资料，涉及了边区社会保障等方面的社会建设问题。卢希谦、李忠全主编，陕西人民出版社于 1994 年出版的《陕甘宁边区医药卫生史稿》；刘凤阁主编的《陕甘宁边区·陇东的文教卫生事业》（内部资料）；武衡主编，中国学术出版社于 1984 年出版的《抗日战争时期解放区科学技术发展史》；陕西省妇联编的《陕甘宁边区妇女运动文献资料续集》；陕西省档案馆编的《陕甘宁边区政府查禁烟毒史料选》（上下册）等，这些专题性文献主要包括卫生文教、妇女运动、查禁烟毒等各种社会问题和进行社会管理等内容。这些资料忠实记载了陕甘宁边区的社会风貌和社会生存发展图景及党的社会政策等方面的基本情况，凝聚了中国共产党人对陕甘宁边区经济社会状况和阶级关系社会结构等问题的分析和对策建议及人文关怀和价值取向，体现了中国共产党人直面现实社会问题的社会责任感和价值理念。是研究陕甘宁边区社会建设问题的重要参考资料，也是认识新中国成立后中国社会问题的基础史料，具有重要的史料价值。也为新中国成立后的社会重建及其当代社会建设提供了重要借鉴。

李智勇著的《陕甘宁边区政权形态与社会发展（1937—1945）》和黄正林著的《陕甘宁边区社会经济史（1937—1945）》及《陕甘宁边区乡村的经济与社会》等专著对陕甘宁边区社会建设的内容都有所论述。本书以这些原始的文献材料为依据，综合运用历史学、哲学、社会学等有关理论和方法，主要采取了历史分析法和文献资料法等，对陕甘宁边区的社会建设展开比较系统深入的研究。

（一）研究思路

本书在全面客观地考察陕甘宁边区社会建设的历史条件基础上，深入探讨了陕甘宁边区社会建设的主要内容及基本特征，论证了陕甘宁边区社会建设的主要成就及其历史局限，总结了陕甘宁边区社会建设的基本经验与现实启示，以期全面把握中国共产党社会建设的历史进程，更深入体察中国共产党在局部执政时期为广大人民谋利益的社会建设理念和理解当代中国社会建设的历史渊源，为当代中国社会建设提供指导和借鉴。具体来讲，全书除绪论外，由五章构成。首先是绪论部分，主要对本书的选题缘由及研究意义、相关概念、研究综述、研究的主要档案文献资料来源、研究思路和研究方案、研究方法、创新与不足等进行了简要介绍和说明。第一章主要考察陕甘宁边区社会建设的历史条件。抗战时期，党中央在政治经济文化社会等各方面都很落后的陕甘宁边区，以马克思主义社会建设思想和中国传统文化中包含的社会建设思想作为思想基础和传统文化来源，以在苏区等局部地区具有开创性的社会建设实践为经验来源，开展社会建设，力图改造陕甘宁边区落后的社会面貌。第二章论述了陕甘宁边区社会建设的内容。包括理念层面、制度层面和实体层面。理念层面的社会建设确立社会建设的价值共识性，为制度层面和实体层面的社会建设提供导向作用。制度层面的社会建设提供了社会建设的规则性，体现社会建设的价值理念，并且统一社会行动模式。实体层面的社会建设体现社会建设的现实性，实现社会资源合理配置功能，展现和落实理念层面和制度层面的社会建设。第三章探讨了陕甘宁边区社会建设的基本特征。在陕甘宁边区社会建设实践中，边区社会建设呈现出以民为本的社会建设宗旨、以乡村为单位的社会建设类型和全面灵活的社会建设方式等特征，在整体上显示了边区社会建设的独特性。第四章客观评价了陕甘宁边区社会建设的主要成就与历史局限。在党和边区政府的正确领导下，边区克服了各种困难，取得了成绩斐然的社会建设成就。当然，不可避免的是边区社会建设也存在其一定历史局限性。第五章总结了陕甘宁边区社会建设的基本经验与现实启示。陕甘宁边区在社会建设的过程中积累了丰富而宝贵的经验，这些基本经验为当前我国社会建设提供了有益的现实启示。

（二）研究目标

1. 对陕甘宁边区社会建设进行整体性研究

以往有关陕甘宁边区社会建设的研究不够系统和全面，特别是对当时社会建设的指导思想、实践模式以及基本特征等方面尚未给予应有的关注。因此，本书有必要在这些方面做进一步系统而深入的研究。本书在探讨陕甘宁边区社会建设的历史条件的基础上，深入论述了陕甘宁边区社会建设的主要内容和基本特征，总结了陕甘宁边区社会建设的主要成就及基本经验，对陕甘宁边区社会建设进行了全方位的整体性研究。

2. 从三个层面论述陕甘宁边区社会建设的主要内容

论著从理念层面、制度层面、实体层面三个层面论述了陕甘宁边区社会建设的主要内容，并探讨了三者之间的关系。理念层面的社会建设主要包括共享性的社会建设观念体系、共同理想和价值取向，确立社会建设的价值共识性，为其他层面的社会建设提供导向作用；制度层面的社会建设主要包括社会利益协调机制建设和社会保障体制建设等方面，提供社会建设的规则性，体现社会建设的价值理念，并且统一社会行动模式；实体层面的社会建设主要包括社会事业建设、社会组织建设和社会环境建设等方面，体现社会建设的现实性，实现社会资源合理配置功能，展现和落实理念层面和制度层面的社会建设。可见，这三者之间紧密相关，体现了陕甘宁边区社会建设内容的有机整体性构成关系。

3. 探索陕甘宁边区社会建设的基本特征

关于陕甘宁边区社会建设基本特征的论述，不是一般性"大而化"的说教，而是在符合历史原委的基础上总结提炼出以民为本的社会建设宗旨、以乡村为单位推进社会建设、执行全面灵活的社会建设方式三大特征。

第一章

陕甘宁边区社会建设的历史条件

第一节　陕甘宁边区社会建设的历史背景

1935 年 10 月，中央红军主力长征到达陕北后，建立了中华苏维埃人民共和国中央政府西北办事处，使陕北成为革命的中心根据地。西安事变后，中国共产党坚持国内和平，团结抗日，将陕甘宁苏区改为陕甘宁边区，使之成为国民政府统辖下的一个地方政府。[①] 1937 年 9 月 6日，根据国共两党关于国共合作的协议，成立了陕甘宁边区政府。陕甘宁边区位于陕西北部、甘肃东部和宁夏东南部。当时边区所辖的范围包括陕西省的绥德、米脂、葭县（今佳县）、吴堡、清涧、神府、延长、延川、延安、甘泉、富县、旬邑、淳化、靖边、定边、安定（今子长）、安塞、保安（今志丹）；甘肃省的庆阳、合水、环县、镇原、正宁、宁县；宁夏的盐池、豫旺 26 个县。经蒋介石承认及国民政府行政

---

① 陕甘宁边区财政经济史编写组：《抗日战争时期陕甘宁边区财政经济史料摘编》第 1 编，陕西人民出版社 1981 年版，第 8 页。

院例会正式通过，指定上述各县归边区政府直接管辖，并为八路军募补区。① 边区总面积为 129608 平方公里，人口为 200 万。但抗战以来，国民政府不肯履行诺言，不承认边区的合法地位。1938 年开始制造摩擦，增调大军重重包围边区，对边区实行封锁，并不断侵占边境土地，1941 年 11 月，国民党军队多次重兵侵犯边区，边府辖区一度失去陇东与关中等边境地区一部分土地。为了领导方便，国民政府将边区的县（市）做了调整，包括直属县（市）：延安市、延安、鄜县、甘泉、固临、延川、延长、安塞、安定、志丹、靖边、神府，共 12 县（市）；关中分区：新正、新宁、赤水、淳耀、同宜耀，共 5 县；绥德分区：绥德、米脂、清涧、吴堡、葭县，共 5 县；陇东分区：庆阳、合水、镇原、曲子、环县、华池，共 6 县；三边分区：定边、盐池，共 2 县。总共合计 30 个县市，266 个区，1549 个乡。除被侵占地区外，到 1944 年，陕甘宁边区人口约 150 万，面积为 98960 平方公里。② 人口的密度是每平方公里 15.2 人，而当时全国人口密度为每平方公里 39.54 人，陕西省人口密度为每平方公里 60.5 人。③ 陕甘宁边区真可谓地广人稀，而且多为山地，实为山多地少。自然环境非常恶劣，旱灾、水灾等各种自然灾害十分频繁，所以，民间流传有"十年九灾"的说法。由于地处黄土高原，土质疏松，森林植被覆盖率低下，一遇干旱，就会造成赤地千里，不生寸草的旱灾惨象。遇上雨涝，就会泛滥成灾，庄稼颗粒无收。因此，边区人民是靠天吃饭的，基本过着"衣不蔽体，食不果腹"的凄惨生活。当地有一首民谣唱道："男人走口外，女人挖野菜，糠菜半年粮，孩子饿断肠。"

土地革命前，陕甘宁边区政治极其黑暗，经济、文化教育、卫生医药异常落后，广大人民生活极为艰苦。军阀争夺、匪患猖獗、烟毒遍

---

① 陕甘宁边区财政经济史编写组：《抗日战争时期陕甘宁边区财政经济史料摘编》第 1 编，陕西人民出版社 1981 年版，第 9 页。

② 同上书，第 10 页。

③ 陕甘宁边区财政经济史编写组：《抗日战争时期陕甘宁边区财政经济史料摘编》第 2 编，陕西人民出版社 1981 年版，第 8 页。

地、苛政如虎、民生凋敝是对当时社会状况的真实写照。抗战时期，党中央就在这样一个各方面都很落后的地区，以马克思主义社会建设思想和中国传统社会建设思想作为理论基础和理论来源，以在苏区等局部地区开展的包括文化教育事业建设、卫生事业建设、社会保障建设及社会陋习改造建设等具有开创性的社会建设为经验来源，开展社会建设，有效地改造了陕甘宁边区落后的社会面貌。

一 政治背景

土地革命以前①，陕北遭受帝国主义及其封建军阀惨无人道的蹂躏。许多德意帝国主义教堂横行不法，蔑视我国主权；各地驻军对人民生杀予夺，为所欲为，而土劣恶霸复为军阀做爪牙，倚势作恶，鱼肉良民；加以土匪遍地，岁无宁日，人民的人权、财权毫无保障；农民没有土地，辗转呻吟于暴政、苛捐杂税、地租苛重和高利贷等重重压迫之下，因而破家荡产，纷纷逃亡，土地荒废，生产衰落。② 抗战前民国二十余年，陕西都是军阀主持陕政，他们贪污腐败，榨取民脂民膏，寄希望于他们实现政治民主、经济民生和解除民众疾苦，无异于对牛弹琴。陕西农民把这二十余年的痛苦经验总结为"把狗喂成熊"。边区人民政治上遭受帝国主义和封建势力暗无天日的统治。

以固临县的黑暗统治为例。固临县的县衙门和区公所是直接榨取人民血汗的机器，是压迫人民的工具。曾经在光绪年间直到土地革命前两年还在分县衙门当班头的68岁老人路真先生说："哪个为官不为挣钱……衙门老爷平常没事，就靠收款过活，分县老爷成天就想有人来打官司，师爷写状子先要钱，上了状子不送钱是不行的，送来了钱除了老爷的外就是班头和差人分的。如果下乡传人，三两二两烟土向老百姓要那更不

---

① 陕甘宁苏区土地革命是指1935年，土地革命前指的是1935年前，下文所指同。
② 陕甘宁边区财政经济史编写组：《抗日战争时期陕甘宁边区财政经济史料摘编》第9编，陕西人民出版社1981年版，第3页。

必说了。老实说，从前我的一多半的产业就是这样挣起来的。"另一个
66 岁老人，前清秀才路荡先生说："不要提起了，那时候当官的哪有好
人！要不是，为什么革命'红'的时候，老百姓把当官的一直吊在榆
树上，教他死！真是恨之入骨。"①

再比如，子长县玉家湾村的豪绅地主和富农，利用占据较多的土地
和政治上的某些权力，与当地较大的豪绅地主及军阀相勾结，私设公
堂，欺压拷打群众。②

二　经济基础

土地革命前，陕甘宁边区经济非常落后，农村经济发展滞缓，已呈
枯竭状态。边区除绥米等处人口稠密，其余地区都是人口稀少，缺乏劳
动力。可以说是地广人稀，生产技术异常落后，交通极为不便，大车路
很少，交通依靠小毛驴。在这种情况下，边区人民还要深受军阀官府、
豪绅、地主的残酷压榨和剥削，民不聊生。

（一）土地、牧畜集中在地主手里，残酷压榨农民

土地革命前，陕甘宁边区封建地主经济占据统治地位。地主阶级垄
断了土地，以及农具、牲畜、肥料和种子等生产工具，大多数农民没有
土地和生产工具，只好向地主租种土地，地主阶级依靠土地剥削农民增
加自己的财富，而不愿拿出本钱从改良农作法、水利、工具等方面去增
加土地的产量和社会的财富。广大贫苦农民因为自己没有或者缺少土
地，而租种的土地缺乏佃权的保障，也就无力或者不愿意去改良农作
法。这种经济关系严重妨碍了农业生产力的发展。③

从 1884 年即光绪十年到 1935 年 50 余年里，陕甘宁边区土地租额

①　中共湘乡市委宣传部等编：《李卓然文集》上册，湖南人民出版社 2000 年版，第 305 页。
②　陕甘宁边区财政经济史编写组：《抗日战争时期陕甘宁边区财政经济史料摘编》第 9 编，陕西人民出版社 1981 年版，第 6 页。
③　陕甘宁边区财政经济史编写组：《抗日战争时期陕甘宁边区财政经济史料摘编》第 1 编，陕西人民出版社 1981 年版，第 5 页。

从每垧 1.67 斗上升到 3.2 斗，按照当时平年一垧地生产 5 斗计算，租额占到产量的比例从 33% 上升到 64%。也就是说，分配地租地主至少占 2/3 以上。地主通过持续提高地租残酷地剥削压迫农民，使很多农民过着家徒四壁、衣食无着的贫困生活。若遇灾荒，也须尽量先缴纳地租，如缴纳不足，则扣"顶手"。此种"顶手"乃农民租地主田地时，先交若干钱于地主，"顶手"交得多者，则稍少收其地租。普通每亩须交二三元（地主又以此钱放高利贷）。佃租字约上写明："不论雨霜天旱，租谷不得短少升合，如若短少，准于'顶手'项下扣除。并交租之谷物'须晒干车净'。"[1]

根据《对玉家湾村在苏维埃时期土地斗争的调查》[2]，1934 年玉家湾村共有 47 户，340 人，劳动力 76 个，23 头牛，20 头驴，马和骡各一匹，304 只羊，1752 垧半土地。玉家湾村豪绅、地主和富农人数占全村总人口的 21%，所占土地量占全村总耕地面积的 74%；占全村人口 79% 的贫、雇农和中农，占有土地只达全村土地总面积的 26%，其中雇农却无寸地，贫农每人平均一垧稍多一点，中农按人计算才不过 4 垧。必须指出，中贫农土地在数量占有上不仅很少，质量上更不及豪绅地富占有的土地为好。因为前者多是远山陡坡地，后者则大部分是平川地和缓坡地。豪绅地主和富农就有 997 垧土地以出租或伙种方式使本村或邻近村庄的贫雇农民耕种着。一些贫雇农为赚些零钱，宁愿荒芜着自己的庄稼，为别人做短工。[3]

再以延安市裴庄乡为例，裴庄乡位于延安市中心西三十里，全乡以裴庄为中心，加上崾岘湾、玉皇庙沟、何家塔、庙嘴沟四个村子，共五个村子，151 户，537 人。革命前，裴庄乡土地高度集中在地主手中，如裴庄村耕地 300 垧，冯有福一家就占了 250 垧，占全村耕地面积的

---

① 陕甘宁边区财政经济史编写组：《抗日战争时期陕甘宁边区财政经济史料摘编》第 9 编，陕西人民出版社 1981 年版，第 9 页。

② 玉家湾村属原安定县，即今子长县。调查者不详。

③ 陕甘宁边区财政经济史编写组：《抗日战争时期陕甘宁边区财政经济史料摘编》第 9 编，陕西人民出版社 1981 年版，第 6 页。

83.3%，1935 年裴庄的周围三千余垧山地全集中到盐店子大地主李汉华手中，年可收租至少八十余石，这样，使得广大的农民失去了耕地，变成佃户和雇工。如裴庄村 23 户中，16 户佃农，4 户自耕农，1 户地主，2 户"二流子"，农民收入的 20% 以上落到地主腰包中去，因此耕地面积不断缩减，山地无人种。①

（二）苛捐杂税名目繁多，使农民的负担繁重不堪

陕西农村苛捐杂税很重，平均每年每亩摊派一元至五元不等，其中正赋为五角至七角，杂税有城工费、河水费、登记费、保防团费、开拔费、粮林费、村捐、牲口税、印花税、庙捐、借粮杂税、专款、门牌捐、联保办公费、保甲长薪水、路灯捐、房捐、材料捐、麦米存、壮丁费、义勇壮丁费、支差费、自卫工作队费、受训费、畜屠税、柴秤税、头光税、血税、斗税以及各种牙税等，名目繁多，不胜枚举。真是缴不胜缴，纳不胜纳。② 使农民的负担繁重不堪。据统计，苛捐杂税达八十多种，利息每月每元高到一角五分。农民终岁收入，不够温饱，若遇天灾人祸，则流亡失所，死于沟渠。③ 以 1934 年固临县临镇区的苛捐杂税为例：维持费三月一次，每次 850 元，全年 3400 元；团费一月一次，每次 90 元，全年 1080 元；灯捐六月一次，每次 80 元，全年 160 元；白地款一年一次，全年约 700 元；烟款每亩 25 元，全区 210 亩，附加 30 亩，全年 6000 元；借款 1200 元；印花税每月 70 元，全年 840 元；棉衣费 150 元；牙税，每只牲口卖家出三分，买家出五分；屠税，每杀一猪六毛，羊三毛；全区一年约纳粮款 15500 余元。1934 年临镇区缴纳粮约合 1941 年的市斗 7700 余石，超过边区救国公粮征额最多的 1941 年固临县五个区的救国公粮总数 7000 石。④

---

① 陕甘宁边区财政经济史编写组：《抗日战争时期陕甘宁边区财政经济史料摘编》第 9 编，陕西人民出版社 1981 年版，第 12 页。

② 同上书，第 14 页。

③ 陕西省档案馆等编：《陕甘宁边区政府文件选编》第 3 辑，档案出版社 1987 年版，第 188 页。

④ 中共湘乡市委宣传部等编：《李卓然文集》上册，湖南人民出版社 2000 年版，第 306—307 页。

陕西官府横征暴敛，人民被逼迫四处逃荒，《中央日报》记者视察陕西时感慨道："民众之疾苦，记者所目睹者，以陕西为最甚，而民之负担，就记者个人所见所闻，实以陕西为最重。以最疾苦之民众，任最繁重之负担，今年如此，明年复如此，一般人民担无可担，负不胜负，安得不出于逃亡一途。所谓'民逃四荒'之惨剧，乃官府横征暴敛所逼，实属无可讳言之事实。记者沿途无日不见陕人夫携妻，母携子，肩负其生活所必需之简单物品，仆仆道上，面有忧色，询之，则皆家中颇有田亩，可称小康者，盖不胜捐税指派之累，羁押捕打之苦，将其田契贴诸城隍庙或县政府前，扶老携幼，离乡以去。其去也无一定之目的地，惟求不为官府所捕而已。"① 军阀们要榨取农民，就一定要假手于劣绅土豪们，而土劣本身，多系富农或系富农之豢养者，故派捐派款，中农、贫农实较富农负担为重，故有"小户抬大户"之习谚。② 子长县玉家湾村的军阀官府征收烟亩税、军饷捐、地亩税、富户捐、牲畜税、架子税、印总税、白地税等纷多繁杂的苛捐杂税。这些足以反映出当时农民负担的苛捐杂税极其繁重的状况。

（三）高利贷异常凶恶

由于地主军阀的残酷剥削及自然灾害和战争的影响，导致陕甘宁边区农村经济凋敝，农民生活贫困不堪，农民要么被迫背井离乡，要么遭受重利盘剥的高利贷的压迫。饥寒交迫的贫苦农民，为着急需，时常在三月间便以极低廉的估价，把还没有长成的农作物，预先售与商人，这叫作"卖青"。到了年底，农民又带着饥饿的肚子向地主借粮，于是又遇到凶恶的高利贷。农村中高利贷的利率从四、五、八至十几分不等，有所谓"十付七"者，即借时预扣十分之三，有"大加一"者，即月

---

① 陕甘宁边区财政经济史编写组：《抗日战争时期陕甘宁边区财政经济史料摘编》第 9 编，陕西人民出版社 1981 年版，第 4 页。

② 同上书，第 4—5 页。

利十分，有"银子租"者，即借洋十元，三个月后还本并加上三四斗麦子，有"驴打滚"、"连根倒"、"牛犊账"等，即利上加利的意思，四个月甚或一个半月后便本利相等，这样使农民一落到高利贷手里，就被抽筋剥皮得一直到破产！①

以土地革命前子长县玉家湾村高利贷为例，富农放债200元左右（银洋）月利3%—5%，全年利息93.6—156元，可贫雇农负债竟达1542.5元左右。这些债主超出本村范围，如绥德的债主占1000多元，月利仍是三至五分，即全年偿付利息数额达到545.2—925.2元，占贫雇农全年总收入的45%—85%。②（详见附录一）

三　文化卫生资源

陕甘宁边区成立前文化教育异常落后，除绥德、米脂国民教育略有基础外，其他地区可以说是一块文化教育的荒地。学校稀少，全边区小学初级、高级学校仅有120处，知识分子凤毛麟角，识字者极稀少。边区一般的县份一百人中很难找到两个识字的。而像盐池县和华池县两百人中仅有一人识字。很多穷苦农民几辈人都不识字。③ 平均起来，识字者只占全边区人口1%。全边区的中学生是屈指可数的。社会教育根本没有。所有这些情况便利了封建迷信及封建文化的残存，④ 严重妨碍了边区群众身心健康，阻碍了文化知识的传播和发展。

革命前，陕甘宁边区人民大多不讲究卫生。人畜同室，头、脸、身体、衣服，常年不洗，猩红热、斑疹、脑膜炎和天花等流行病盛行。一年中能夺去很多人的生命。老百姓除跳巫拜佛外，从不知道卫生医药为

---

① 陕甘宁边区财政经济史编写组：《抗日战争时期陕甘宁边区财政经济史料摘编》第9编，陕西人民出版社1981年版，第18页。

② 同上书，第10页。

③ 陕西省档案馆等编：《陕甘宁边区政府文件选编》第8辑，档案出版社1988年版，第481页。

④ 同上书，第458页。

何事。① 边区缺医少药，卫生落后，边区一些地区婴孩死亡率高达60%，成人达3%。全边区仅有中医好坏千余人，兽医五十余人，在机关部队的西医二百余人，中药铺及保健药社四百余个。② 边区落后的医药卫生条件，使人民经常遭受疾病死亡的威胁。

四 社会状况

陕甘宁边区各种社会问题严重，破坏了社会秩序。1936 年延安市内仅有 1096 户居民共 4841 人，而这其中就有烟民 1500 人，5 个官办大烟馆，15 家赌场。可以说是烟毒泛滥，赌博成风，还有娼妓 54 人，巫神 60 多人。以老赌棍高映成、娼妓老冯婆、烟鬼李二等为首的一批地痞流氓，长期勾结在一起从事抢劫、贩毒吸毒、卖淫、赌博等罪恶活动，严重影响了边区的经济建设，摧残了人民的身心健康，扰乱社会秩序，败坏了社会风纪，造成了非常严重的社会问题。③

"二流子"的大量存在，影响了经济发展，败坏社会风习，破坏了农村治安。"二流子"，是对陕北农村不务正业，不事生产，以鸦片、赌博、偷盗、阴阳、巫神、土娼等为活，搬弄是非，装神弄鬼，为非作歹的各种人的统称。此前，他们被村民们称为"爬鬼"、"地痞"、"牛毛"（流氓）、"二流答瓜"。④ 他们有好吃懒动、赌博吸烟、游手好闲、挑拨是非、造谣生事、偷谷盗糜、敲诈钱财、宣传迷信、不务正业等顽劣的习惯，成为社会的寄生虫和祸害，败坏社会风习，甚至拐骗抢劫、欺善助恶、勾结坏人，加入汉奸特务组织，破坏农村治安。⑤ 1935 年前

---

① 陕西省档案馆等编：《陕甘宁边区政府文件选编》第 3 辑，档案出版社 1987 年版，第234 页。

② 陕西省档案馆等编：《陕甘宁边区政府文件选编》第 8 辑，档案出版社 1988 年版，第458 页。

③ 胡民新等编著：《陕甘宁边区民政工作史》，西北大学出版社 1995 年版，第 301 页。

④ 朱鸿召：《延安日常生活中的历史（1937—1947）》，广西师范大学出版社 2007 年版，第58 页。

⑤ ［美］福尔曼：《北行漫记》，陶岱译，解放军文艺出版社 2002 年版，第 67 页。

陕甘宁边区估计有七万名左右的"二流子"。据延安市的调查，1937年前延安市人口不到三千，而地痞流氓将近五百，占到人口数的16%，1937年延安县人口为三万左右，地痞流氓为1692人，占人口比率5%。[1] 因而延安有了"延安府，柳根水，十有九个洋烟鬼"的民谣。[2]

封建思想非常浓厚。陕甘宁边区地方偏僻，风气闭塞，民间陋习大量存在，封建迷信活动猖獗。婚丧礼仪中封建迷信的成分比比皆是。例如，定娃娃亲的风气很盛行，一般在孩子几岁时，便通过"父母之命，媒妁之言"给孩子定亲，称之"问媳妇"。定亲时要下彩礼，名曰"占钱"，其意是某家闺女被某家的儿子占下了。结婚时，新媳妇离娘家前都要哭，特别是不满意婚事的女儿，娘家的人就给她说："要认命哩，婚姻是前世注定的，千里姻缘一线牵，月下老人早就安排好了。"又如丧葬风俗，老人在将要断气时，须由儿女背出"望天"，以表示临终恋天之意。老人过世后，要在门外挂百岁纸，是为了招魂消灾。送葬时，棺材盖上要放一只老公鸡，叫"引路鸡"。儿女们要穿白衣，戴白帽，腰间勒一条麻绳，意为代老人赎罪受苦。送葬队伍前还要有一杆引魂幡，送往由"殡师"事先选择好的坟地安葬。[3]

封建迷信活动猖獗，巫神、神汉、阴阳、算命先生到处都有，巫神称霸。他们利用边区众多的寺庙伺机活动，诈骗钱财。求神、抽签、占卜等迷信活动相当普遍，比如延安称四月八日为"子孙圣母娘娘诞辰"，延安清凉寺（也叫太和山）道观每年都有盛大庙会，与会者络绎不绝，大多数是为求儿求女，祈祷保佑平安；建房打窑、红白事也请阴阳先生看风水选地、择日子；有病者请巫神、神汉"救治"。[4] 全边区

---

① 中国人民大学中共党史系资料室：《中共党史教学参考资料（本系专业课用）》抗日战争时期下册，1981年编印，第189页。
② 同上书，第189页。
③ 胡民新等编著：《陕甘宁边区民政工作史》，西北大学出版社1995年版，第300页。
④ 同上书，第301页。

共有巫神两千余人，利用迷信，招摇撞骗。① 还有产妇生产时坐灰 3 天的恶习，有"睡下生，血会归心得血迷"的愚昧说法。② 民间冠婚丧嫁礼节奢侈，造成极大浪费，使贫的丧埋不起，富的也受困难。修房建筑请示阴阳先生择日期，如在此期间，家中有人生病，就说动土不对或造谣神鬼。可见，人民当中信神信鬼的封建迷信思想非常浓厚，根深蒂固。

　　民间陋习大量存在。边区建立之前民间存在着大量的童养婚、招养婚、转房婚和买卖婚姻等极为落后复杂的婚姻形态，尤其盛行买卖婚姻。据靖边县志记载，光绪年间以前，陕北地区的婚姻是不论财的，而且以"婚礼旧俗不争财"为美。光绪以后，陕北婚俗为之大变，有钱有权之家不讲财礼，贫困人家先议财礼。如横山、绥德和米脂一带尤为兴盛。20 世纪 20 年代左右，出现高达 20 石米麦或一百多元银洋的财礼。许多穷苦家的男子因为支付不起高昂的彩礼，或做"站年汉"为女方家做工，用数年的劳作换取一个妻子或终身不能娶。这种落后的婚姻状况和婚姻形态必然导致了封建落后的婚姻习俗。男女无婚姻自由，仅凭"父母之命、媒妁之言"即行订婚结婚。男尊女卑的传统观念严重，有钱人家的男子可以娶妻纳妾，甚至蓄婢纳妾，一夫多妻；妇女被视为商品，任意买卖，形成诸如"童养媳"、"童养婿"、"换亲"、"卖妻"等许多陋习，同时，早婚现象普遍，一般男子 17—18 岁，女子 15—17 岁，也有更早的年龄就结婚。③ 甚至有贩卖妇女和抢婚等行为。另外，妇女缠足穿耳的现象很普遍。这些陈规陋习的大量存在，既危害了人民的身心健康，加重了人民的经济负担，又败坏了社会风气。

　　土地革命前，陕甘宁边区人民在政治、经济、文化及社会等方面都遭受着残酷的压榨剥削，过着极其艰苦的生活，工农大众吃没有蔬菜的

---

① 陕西省档案馆等编：《陕甘宁边区政府文件选编》第 8 辑，档案出版社 1988 年版，第 458 页。

② 武衡主编：《抗日战争时期解放区科学技术发展史资料》，中国学术出版社 1989 年版，第 195—196 页。

③ 胡新民等：《陕甘宁边区民政工作史》，西北大学出版社 1995 年版，第 241 页。

稀饭，穿褴褛的衣服，甚至冬天穿不上棉衣，一家人住在一个窑洞里，睡在一个炕上，全部家具财产用两个毛驴可以载完，有了病只能听天由命，一遇天灾人祸则流离饥饿，为匪为盗。蓬头垢面，终身不洗澡的人是很多的。[①] 农民终岁所入，不够完纳租、捐、息，加上"三年一旱、五年再旱"的灾荒，农民只有卖身、卖子女或者冻饿死。革命后赶跑了帝国主义和军阀等封建势力，取消了租、债和捐税。但农民忙于反"围剿"打仗，无暇生产。农民们冬天还穿着破单裤，没有毯子。居民把所有贡献给军队，剩下的不过是几升小米、苞谷，或者几头羊。如果跑到农民家一看，一间破窑，两只破缸，缸里什么也没有；炕就是一堆土，靠煤火过夜。[②]

《对玉家湾村在苏维埃时期土地斗争的调查》中，屡屡听到贫困农民的诉苦，当地流行这样一句俗语："地富囤粮如山堆，穷人斗无三升粮。"1929—1932 年间陕西荒旱饥馑时，很多人是衣难蔽体，食不见米，杜梨、棉渣、片烟叶、黑豆叶、榆树皮等野菜草根，被视为"珍品食物"，可这种"珍品"食而久之，使无数人渐由肚胀、脸黄、肌肉浮肿而毙命了。这些豪绅地主和富农以地租、高利贷和苛捐杂税等为剥削农民的主要方式，过着比较富裕的寄生虫生活。而贫雇农则少吃缺穿，负债累累，民不聊生。

陕甘宁边区政府从 1937 年 9 月建立到 1950 年 1 月撤销，历时十二余年。在此期间，以延安为中心的陕甘宁边区一直是党中央所在地，也是以毛泽东为核心的党中央领导中国革命取得胜利的指挥中心，党中央的许多重大战略决策和措施都在陕甘宁边区制定，且率先在此实施，从而把一个自然环境恶劣、交通闭塞、政治经济文化落后的地区，建设成当时海内外进步人士所向往的"圣地"。这堪称当时全国社会建设的标

---

① 陕甘宁边区财政经济史编写组：《抗日战争时期陕甘宁边区财政经济史料摘编》第 9 编，陕西人民出版社 1981 年版，第 2 页。

② 陕西省档案馆等编：《陕甘宁边区政府文件选编》第 3 辑，档案出版社 1987 年版，第 188 页。

杆，为新中国的社会建设积累了宝贵经验。

第二节　陕甘宁边区社会建设的思想基础和传统文化资源

陕甘宁边区社会建设的思想，是以经典马克思主义社会建设的思想作为思想基础的，同时汲取了中国传统文化中社会建设思想的营养成分，并且实现了对其局限性的积极超越。

一　经典马克思主义社会建设思想

陕甘宁边区的社会建设是以马克思恩格斯列宁的社会建设思想为理论指导，开展社会建设实践的。马克思恩格斯的社会建设思想主要包括马克思恩格斯的公平正义思想、社会保障思想、收入分配思想及劳动就业思想等内容。列宁的社会建设思想主要涵盖了消灭三大差别，建立平等社会关系；重视人民群众的生活福利；反对官僚主义，加强社会管理；优先发展教育事业等方面。

（一）马克思恩格斯的社会建设思想

1. 马克思恩格斯的公平正义思想

首先，马克思恩格斯对造成资本主义社会不平等根源的私有制进行了无情的批判。他们认为私有制是资本主义社会产生剥削压迫等各种非正义非公平现象的根源。在《共产党宣言》中他们就明确地指出："现代的资产阶级私有制是建立在阶级对立上面、建立在一些人对另一些人的剥削上面的产品生产和占有的最后而又最完备的表现。"① 要消除资本主义社会的不正义不公平现象，就必须废除资本主义生产资料私有制，创建生产资料公有制的共产主义社会。因为共产主义是对资本主义

---

① 《马克思恩格斯选集》第 1 卷，人民出版社 1995 年版，第 286 页。

私有制的积极扬弃，这就为从根本上实现公平正义提供了前提条件，共产主义社会因而是"通过人并且为了人而对人的本质的真正占有；因此，它是人向自身、向社会的即合乎人性的人的复归，这种复归是完全的，自觉的和在以往发展的全部财富的范围内生成的。这种共产主义，作为完成了的自然主义＝人道主义，而作为完成了的人道主义＝自然主义，它是人和自然界之间、人和人之间的矛盾的真正解决，是存在和本质、对象化和自我确证、自由和必然、个体和类之间的斗争的真正解决"。① 也就是说，只有在生产力高度发达的共产主义社会，才能满足所有社会成员的需要，彻底消除社会成员之间的不平等，建立人与人之间平等的经济政治社会地位，实现人的自由全面发展，实现社会的公平正义。

2. 马克思恩格斯的社会保障思想

为了缓和资本主义社会矛盾，维护资本主义社会稳定，资本主义国家必须采取相应的社会保障政策措施，救济失业工人或赤贫工人，保证劳动力再生产，保障资本主义社会顺利进行生产。这些社会保障资金并不是资产阶级的"慈善"基金，而是扣除了工人阶级自己创造剩余价值的一部分，这就是资本主义社会保障资金的真正来源。通过采取包括社会救济、社会保险、社会福利等方面社会保障措施，一定程度上改变了工人的基本生活状况，缓解了工人阶级与资产阶级之间的矛盾，但并没有从根本上改变工人阶级受剥削受压迫的地位，正如马克思所说，即使工人"吃穿好一些，待遇高一些，特有财产多一些，不会消除奴隶的从属关系和对他们的剥削，同样，也不会消除雇佣工人的从属关系和对他们的剥削"。②

可见，资本主义社会保障并没有真正缩小无产阶级与有产阶级的贫富两极分化，"工人阶级相对地还是像原来一样穷。如果说穷的极端程

---

① 《马克思恩格斯全集》第 3 卷，人民出版社 2002 年版，第 297 页。
② 《马克思恩格斯全集》第 44 卷，人民出版社 2001 年版，第 714 页。

度没有缩小，那么，穷的极端程度就增大了，因为富的极端程度已经增大"。① 因此，资本主义社会保障不会解决资本主义社会的根本矛盾，也就无法真正实现资本主义的社会和谐。

同时，马克思还对未来共产主义社会保障提出了设想。他指出，未来共产主义社会消除了阶级对立，建立了人与人平等的社会关系，为保证所有社会成员平等地享有发展成果，人人都过上富足的物质精神文化生活提供了制度前提。但社会上还会存在一些不能劳动或者已经丧失劳动能力的弱势群体，加之用于防备自然灾害及各种不幸事故等传统社会风险和现代社会风险，因此，必须从社会总产品的分配及再分配中扣除劳动者创造和积累的剩余价值的一部分，作为社会保障资金，不断完善社会保障体系，促进所有社会成员的自由全面发展。

3. 马克思恩格斯的收入分配思想

资本主义生产资料私有制决定了资本主义社会只能实行按资本分配的分配方式，资产阶级凭借其对资本等生产要素的占有，通过雇佣只有劳动力的无产阶级，无偿占有其剩余劳动创造的剩余价值。马克思指出，"消费资料的任何一种分配，都不过是生产条件本身分配的结果；而生产条件的分配，则表现生产方式本身的性质。例如，资本主义生产方式的基础是：生产的物质条件以资本和地产的形式掌握在非劳动者手中，而人民大众所有的只是生产的人身条件，即劳动力。既然生产的要素是这样分配的，那么自然就产生现在这样的消费资料的分配。如果生产的物质条件是劳动者自己的集体财产，那么同样要产生一种和现在不同的消费资料的分配"。② 因此，要改变资本主义社会有产者剥削无产者的极为不公平的收入分配制度，提高工人的收入水平，就必须消灭导致不平等收入分配状况的根源，即资本主义私有制，建立生产资料公有制的共产主义社会。马克思提出在共产主义社会的第一阶段即社会主义社会，由于生产力还不够发达及人们的思想道德水平需要进一步提高等

---

① 《马克思恩格斯全集》第44卷，人民出版社2001年版，第751页。
② 《马克思恩格斯全集》第25卷，人民出版社2001年版，第20页。

原因，只能实行以劳动为尺度的按劳分配制度。马克思指出"生产者的权利是同他们提供的劳动成比例的；平等就在于以同一尺度——劳动——来计量。但是，一个人在体力或智力上胜过另一个人，因此在同一时间内提供较多的劳动，或者能够劳动较长的时间；而劳动，要当作尺度来用，就必须按照它的时间或强度来确定，不然它就不成其为尺度了"。[①]

　　同时，马克思也预见了按劳分配的弊端，即导致人与人结果上的不平等性。为进一步克服社会主义阶段收入分配原则的局限性，就要大力发展生产力，创造出极大丰富的物质财富和精神财富，提高人们的思想道德觉悟，消灭脑体差别和城乡对立，进入共产主义高级阶段，实行各尽所能按需分配的收入分配原则。因为"在劳动已经不仅仅是谋生的手段，而且本身成了生活的第一需要之后；在随着个人的全面发展，他们的生产力也增长起来，而集体财富的一切源泉都充分涌流之后——只有在那个时候，才能完全超出资产阶级权利的狭隘眼界，社会才能在自己的旗帜上写上：各尽所能，按需分配！"[②] 这就是马克思对共产主义社会收入分配制度的设想方案。

　　4. 马克思恩格斯的劳动就业思想

　　在资本主义生产过程中，相对于不变资本来说，资本家投入的可变资本不断减少，造成雇佣劳动者的数量相对减少，成为失业、半失业者。正如马克思所说："资本主义生产最美妙的地方，就在于它不仅不断地再生产出雇佣工人本身，而且总是与资本积累相适应地生产出雇佣工人的相对过剩人口。"[③] 其结果就是进一步加剧工人失业。总之，资本主义社会制度的本性决定了资本家投资的唯一动力就是获取高额利润，造成资本家为投资而投资、为积累而积累，正是这一缘故引起科学技术的不断革命和更新，而每一次技术革命都会导致大量工人失业，引

---

① 同上书，第19页。
② 《马克思恩格斯全集》第25卷，人民出版社2001年版，第20页。
③ 《马克思恩格斯全集》第44卷，人民出版社2001年版，第881页。

发严重的失业问题。正是在这个意义上，马克思得出了资本主义社会制度不可避免引致失业的科学论断。

为消除失业的社会前提条件，就要消灭资本主义社会制度，建立生产资料公有的共产主义社会制度。全体社会在整体计划安排下从事生产，真正实现了生产者与生产资料的结合，正如马克思所说的"生产资料的全国性的集中将成为由自由平等的生产者的各联合体所构成的社会的全国性的基础，这些生产者将按照共同的合理的计划进行社会劳动"①。至此，马克思形成了共产主义社会能够从根本上解决社会就业问题的基本构想。

（二）列宁的社会建设思想

"十月革命"胜利后，列宁从俄国当时的实际出发，确定俄国社会主义建设的方针和政策。在这些方针政策中，包含了诸多有关社会建设的思想。

1. 消灭三大差别，建立平等的社会关系

由于社会分工和私有制的发展，产生了工农、城乡、脑体三大社会差别。为消灭这三大差别，必须大力发展社会生产力。在列宁看来，实现电气化是发展生产力的技术基础，是保证社会主义胜利的前提条件。

2. 重视人民群众的生活福利

列宁指出，为保证人民群众的基本生活，在提高劳动生产率的同时，最重要的是建立更好的社会制度。在这个新的社会主义社会中，人人应该劳动、共享劳动成果，机器和技术改进是减轻全体人民的劳动负担和让全体人民致富的，而不是为少数人发财的。

为促进就业，列宁提出设立劳动介绍所，负责为失业者安排工作。为解决劳动人民的住房问题，需要加强政府的社会管理职能。同时，列宁也指出只有当社会得到充分改造时，生产力高度发达，城乡差别彻底

_____

① 《马克思恩格斯选集》第 3 卷，人民出版社 1995 年版，第 130 页。

消除，国家消亡时，住宅问题才能获得真正解决，即实行免费分配住宅。

3. 反对官僚主义，加强社会管理

在苏维埃政权建设初期，列宁就充分意识到官僚主义对社会主义建设事业的危害性，明确指出要把官僚主义当成苏维埃政权内部最大的敌人。为克服官僚主义，列宁制定了发展社会化大生产；实行党政分开，转变工作作风；普及教育，提高人民科学文化水平；加强法制建设；发展社会主义民主；加强党的建设等一系列措施，以加强党同人民群众的联系。

4. 优先发展教育事业

列宁十分重视发展教育事业，为解决苏俄教育投资经费不足的问题，列宁要求削减海军舰只修建开支，增加教育经费。① 提高教师的物质生活待遇，充分发挥教师在教育工作中传播文化知识的重要作用。同时，通过建立合作社、成立扫盲非常委员会与识字学校、兴办学校等，提高苏俄人民群众的文化教育水平。为尽快把贫穷落后的俄国变成富裕的国家，列宁主张教育同生产劳动应紧密相结合，反对教育与生活实践相脱节，提出共产主义青年团必须把学习与劳动结合起来，才能真正成为共产主义者。

马克思、恩格斯和列宁的社会建设思想为陕甘宁边区开展社会建设实践的理论基础，有效地指导了边区的社会建设。当然，由于时代任务和历史的局限，马克思、恩格斯和列宁等马克思主义创始人的主要精力是在革命问题上，对建设尤其是社会建设问题的关注度有限，有关社会建设的思想和论述存在着片面性，不够全面系统，需要后人对此进一步做全面深入的研究。

二　中国传统文化中的社会建设思想

中国传统文化中包含了丰富的社会建设思想，这些思想为陕甘宁边

---

① 《列宁全集》第43卷，人民出版社1987年版，第304—305页。

区社会建设提供了传统文化资源,主要包括以"和谐"作为社会建设的基本目标、以"民本"作为社会建设的价值理念和以"礼"作为社会建设的重要途径等内容。

在中国古代历史上,虽然没有"社会建设"的概念,但是仍然存在着有关社会建设的内容。如涉及救荒活民的"荒政";"孤独园"、"居养院"、"慈幼局"等赡老恤孤的"善政";"学宫"、"病坊"等教育医疗机构;"乡"、"亭"、"里"、"社"、"保"等基层社会管理组织等。这些实践后面隐含着古人独到的社会建设理念。在《周礼》中,针对儿童保育、养老、灾荒贫困和公共卫生等主要社会问题,提出了慈幼、养老、振穷、恤贫、宽疾和安富等有关社会建设的方案,成为汉代以后历朝政府制定社会政策的依据及社会建设的蓝本。[1] 在其后几千年的文化传承中,这些理念在实践中又不断发展,内容非常丰富。鉴于篇幅所限,笔者只从中国传统社会建设的基本目标、基本理念和重要途径三个方面予以简单介绍。

(一)以"和谐"作为社会建设的基本目标

"天人合一"、"人和"和"天下大同"是古人对人与自然和谐、人与人和谐及整体社会和谐追求的表现。孔子在《礼记·礼运》中提出了他对"大同社会"设计的美好蓝图。这就是为知识界耳熟能详并且脍炙人口的这样一段话:"大道之行也,天下为公。选贤任能,讲信修睦。故人不独亲其亲,不独子其子;使老有所终,壮有所用,幼有所长,鳏、寡、孤、独、废疾者皆有所养……是故谋闭而不兴,盗窃乱贼而不作。故外户而不闭,是谓大同。"[2] 孟子提出了"老吾老,以及人之老;幼吾幼,以及人之幼"[3] 的社会理想。墨子提出"天下之人皆相爱,强不执弱,众不劫寡,富不侮贫,贵不敖贱,诈不欺愚"。[4] 及

---

① 方奈何:《中国古代之社会事业》,《社会服务季刊》1942年创刊号,第27—33页。
② 孙希旦撰:《礼记集解》上,中华书局1989年版,第83页。
③ 杨伯峻译注:《孟子译注》,中华书局1984年版,第16页。
④ 周才珠、齐瑞端译注:《墨子全译》,贵州人民出版社1995年版,第128页。

"兼相爱，交相利"、"尚贤"、"尚同"、"节用"和"非攻"等实现社会和谐的具体途径。这些思想充分体现了古人追求和谐社会的美好理想及其实现途径方法。

为实现社会"和谐"的目标，首先就要处理好人与人之间的社会关系。如孔子提出"君子和而不同，小人同而不和"① 主见。为强调"人和"在包括战争及社会生活中的重要性，孟子提出了"天时不如地利，地利不如人和"② 的见解。道家提出"无为而治"和"与世无争"的治世及处理人际关系的主张。老子指出坚持"无欲"、"无为"和"无争"即"三无"原则，是解决社会矛盾、实现社会和谐及人际关系和谐的真正出路。

贫富差距和贫富对立是造成中国古代社会矛盾和社会冲突的重要原因，为维护社会秩序和统治阶级的地位，解决贫富差距造成的社会矛盾，孔子首先认识到了平均分配社会财富的重要性，因为它是缓和贫富差距造成的对立情绪及实现"安贫"的重要途径。孔子强调说："丘也闻，有国有家者，不患寡而患不均，不患贫而患不安。盖均无贫，和无寡，安无倾。"③ 这段话虽然有其阶级局限性，但说明孔子等人已经意识到了社会财富分配不公是造成社会冲突的重要原因，这对解决今天中国社会贫富两级分化的问题仍然具有很重要的历史借鉴意义。

（二）以"民本"作为社会建设的价值理念

民本思想在中国具有源远流长的历史，是中国古代统治者和古圣先贤们一直没有停止思考和讨论的主题。早在商周时期就产生了"民惟邦本，本固邦宁"的民本思想，体现了当时统治者已经认识到了人民对王朝兴衰成败和社会发展的决定性作用。

孟子提出了"得民心者得天下"的政见。他指出："得天下有道：得其民，斯得天下矣。得其民有道：得其心，斯得民矣。得其心有道：

---

① 杨伯峻译注：《论语译注》，中华书局1980年版，第76页。
② 杨伯峻译注：《孟子译注》，中华书局1984年版，第86页。
③ 杨伯峻译注：《论语译注》，中华书局1980年版，第172页。

所欲与之聚之，所恶勿施尔也。"① 他说："民为贵，社稷次之，君为
轻。"② 这些思想对后世产生了深远影响。为阐明人民在王朝兴衰成败
和维护统治者统治中的重要性，荀子把君与民的关系形象地比喻为舟与
水的关系，他指出："君者，舟也。庶人者，水也。水则载舟，水则覆
舟。"③ 明代学者崔铣在《读易余言》中说："山以地为基，君以民为
本。厚其地则山保其高，厚其民则君安其宅。夫民以戴君，亦以叛君。
得之如田以饱腹，失之如反裘而负薪，于乎难之哉！"④ 宋代思想家胡
瑗则说："盖国以民为本，本既不立，则国何由而治哉？"所有这些有
关君与民关系的论述都鲜明地体现出中国古代思想家对民本思想的充分
肯定，指出只有做到爱民和亲民，君王才能实现兴国安邦的国家社会治
理目标。而君王爱民亲民的首要表现就是，满足人民的基本物质生活，
保障人民安居乐业，过上丰衣足食的生活，这样才能安定民心和维持社
会稳定。正如管子所说："仓廪实则知礼节，衣食足则知荣辱。"⑤ 亦如
孟子强调的"民之为道也，有恒产者有恒心，无恒产者无恒心"。⑥

当然，古代思想家提出的民本思想具有其固有的局限性，就是其爱
民亲民的理念和保障民生的诸多措施都是作为维护统治阶级的统治手
段，而不是根本目的，根本目的是为了兴国安邦。也就是说，中国传统
的民本思想只是作为一种工具理性，而不是价值理性。但无论如何，统
治阶级都得承认人民在王朝兴衰成败和社会发展中有重要作用这一事
实。因此，历代统治者都会采取一些发展社会生产力，改善人民生活的
措施，缓和社会矛盾和冲突，维护社会稳定。正因为如此，源远流长的
民本思想在陕甘宁边区乃至今天仍然显示出其重要的价值。在陕甘宁边
区，作为局部执政的中国共产党汲取了中国古代民本思想的营养成分，

---

①　杨伯峻译注：《孟子译注》，中华书局 1984 年版，第 171 页。
②　同上书，第 328 页。
③　蒋南华等：《荀子全译》，杨寒清注译，贵州人民出版社 1995 年版，第 623 页。
④　夏学銮：《我国历史上的社会建设理论研究》，《学习与实践》2007 年第 7 期。
⑤　房玄龄注：《管子》，上海古籍出版社 1989 年版，第 9 页。
⑥　杨伯峻译注：《孟子译注》，中华书局 1984 年版，第 117 页。

并且实现了对其局限性的根本超越，积极践行作为价值理性的民本思想。

（三）以"礼"作为社会建设的重要途径

为维护统治阶级的地位，中国历代统治者和思想家们都很重视"礼"的社会功能。西周时期的礼乐制度实际就是通过"礼"来规定具有森严的等级次序的社会关系，规范社会秩序，进行社会管理。

《礼记》中规定："夫礼者，所以定亲疏、决嫌疑、别同异、明是非也……道德仁义非礼不成，教训正俗非礼不备，分争辨讼非礼不决，君臣上下、父子兄弟非礼不定，宦学事师非礼不亲。班朝治军、莅官行法，非礼威严不行，祷祠祭祀、供给鬼神，非礼不诚不庄。是以君子恭敬撙节退让以明礼。"①《礼记》中还有提出"临财毋苟得，临难毋苟免，很毋求胜，分毋求多"的要求。这些思想都是说明"礼"就是处理各种社会关系及待人接物的行为规范，这种规范在人际关系中发挥着重要作用。

在中国古代，礼不仅是用于规范人际关系的，也是用于治理国家的。提出以礼治国论。在《礼记·礼运》中指出："是故，礼者君之大柄也。""国之有礼，如器之有柄，能执此柄，则国可治矣。"② 因此，孔子在《论语·为政》中提出了"道之以德，齐之以礼，有耻且格"这一深刻见解，强调作为仪式规范的礼在治国安邦上的巨大意义。管子提出了"礼、义、廉、耻"的治国理政的四维之道，指出一维绝则倾，二维绝则危，三维绝则覆，四维绝则灭。欧阳修对此做了进一步解释，提出："国有四维，礼义廉耻；四维不张，国乃灭亡。"可以看出，中国古代思想家非常强调非正式的社会控制手段，即以礼为手段来调节人与人的社会关系，维持社会秩序，保证社会和谐，实现国家的长治久安。

在中国传统文化社会建设思想中，以"和谐"作为社会建设的基本目标，以"民本"作为社会建设的价值理念，以"礼"作为社会建

---

① 夏学銮：《我国历史上的社会建设理论研究》，《学习与实践》2007 年第 7 期。
② 同上。

设的重要途径。尽管这些思想有其历史局限性，但在维护中国传统社会稳定，促进社会发展方面已然发挥了重要作用。在陕甘宁边区社会建设中依然提供强大的思想文化支撑。

在近代中国，由于各种社会问题层出不穷，如因张勋复辟而引发的对民主政治建设缺失的反思，为教育民众学习宪政和民主集会程序，孙中山提出了社会建设概念。为推进中国政治现代化进程，黄公觉创办了题为"社会建设"的杂志，主要研究宪政问题。不过，当时的地方宪政运动中都无法回避如学校、卫生、慈善公益、救助贫困、慈幼养老、劳工救济等各项社会建设的内容。但由于国民政府及地方政府急于为自己敛财，加之民族危机的加深，其社会建设成效甚微。

可见，中国人在古代和近代都对社会建设的思想进行了艰苦卓绝的探索，这为陕甘宁边区和新中国的社会建设提供了思想基础和传统文化资源。

第三节　陕甘宁边区社会建设的经验来源

中国共产党成立初期，虽然没有明确提出社会建设的概念，但践行社会建设的实践是一以贯之的。根据不同时期政治任务和阶级关系的具体变化，中国共产党提出了相应的社会建设主张，并在局部地区进行了一些具有开创性的社会建设实践。为保护农民、工人和其他弱势群体的合法权益，通过了《农民运动决议案》、《工会运动问题决议案》、《妇女运动决议案》和《关于济难运动的决议案》等一系列文件决议案。但由于中国共产党当时还没有自己独立的政权基础，因此这些社会建设的思想和主张在实践中几乎无法落实，其成效甚微。1931年11月，中国共产党创建了中华苏维埃共和国，成立了中华苏维埃共和国临时中央政府，创立了全国性政权；极大地解放了生产力，促进了苏区经济发展，提高了生产力水平；开展文化教育，宣传赤色革命文化；成立了农会、贫农团、工会、妇女代表会、儿童团、少先队、共青团、互济会和"红军之友"社等革命社会团体，壮大了保卫革命的社会力量，肃清了苏区土匪等反革命力量，改善了人民生活，为苏区社会建设奠定了坚实的政治基础、经济基础、文化基础和社会组织基础。1934 年中华苏维埃共和国临时中央政府颁布了《中华苏维埃共和国宪法大纲》，该宪法大纲规定了苏维埃政权的性质是工农民主专政政权；提出没收地主阶级土地给贫雇农和中农；在革命战争允许的条件下，施行免费教育；制定劳动法，规定八小时工作制和最低工资标准。建立社会保险制度及失业津贴制度；提倡婚姻自由，保护妇女参加经济政治文化生活的权益等。[1] 1934 年 1 月，毛泽东在第二次全国苏维埃代表大会上指出："群众的穿衣问题，吃饭问题，住房问题，柴米油盐问题，疾病卫生问题，婚姻问题。总之，一切群众的实际生活问题，都是我们应当注意的问题。"[2] 可见，苏区社会建设涉及从宏观的土地分配制度、选举制度等社会制度到微观的文化教育、工人劳动保护、群众的穿衣吃饭住房疾病卫生、婚姻问题及妇女解放等方面的内容。在这一大纲和毛泽东讲话的指导下，苏区开展起了包括发展文化教育事业、推动卫生事业建设、加强社会保障建设及改造社会陋习等内容的社会建设。苏区社会建设是中国共产党在局部执政时期的第一次实践，其所积累的实践经验成为陕甘宁边区社会建设得以有效开展的重要经验来源，对陕甘宁边区及新中国的社会建设都具有重要的借鉴意义。

一　发展文化教育事业

赣南闽西等地文化异常落后，文盲占人口的 80% 以上，妇女几乎

---

① 厦门大学法律系等编：《中华苏维埃共和国法律文件选编》，江西人民出版社 1984 年版，第 10—12 页。

② 《毛泽东选集》第 1 卷，人民出版社 1991 年版，第 136—138 页。

100%不识字。① 为改变苏区文化落后面貌，中国共产党贯彻以共产主义精神教育广大劳苦民众，使文化教育为革命战争与阶级斗争服务，使教育与劳动联系起来的文化教育方针。初步构建由义务教育、干部教育和社会教育组成的文化教育体系，形成了以推行义务教育，发展社会教育，努力扫除文盲及创造领导革命的高级干部为苏区的文化教育中心任务。② 这就解决了苏区文化教育的方向任务问题。1931年11月中华苏维埃共和国临时中央政府颁布了《中华苏维埃共和国宪法大纲》，大纲第12条规定在苏区施行免费教育，工农群众享受国家免费教育的权利。为落实这一条例，制定了《中华苏维埃共和国小学校制度暂行条例》。同时，还出台了《教育行政纲要》、《小学教员优待条例》、《消灭文盲协会新章程》以及初级高级师范学校简章等法规。这些条例决议极大地加强了苏区文化教育的立法工作。有力地促进了其文化教育事业的进一步发展，取得了巨大成就。如根据闽、粤、赣三省共2931乡的统计，合计建立3052所列宁小学，89710名学生。有6462所补习夜校，94517名学生。还有32399个识字组，达15万多组员。③ 这就大大提高了苏区人民的文化水平，不仅丰富了人民的精神文化生活，而且培养提高了人民群众的了阶级觉悟，保证了土地革命的胜利。

二 推动卫生事业建设

由于气候潮湿，赣南闽西等地伤寒、天花、痢疾和鼠疫等疾病尤为流行。但由于当地经济文化落后，群众缺乏卫生知识，迷信思想严重，生病时不请医生治病，而请巫婆焚香祷告，严重威胁了苏区人民生命健康。为改变苏区落后的卫生状况，保护人民生命健康，为推动苏区卫生

① 赖华林等：《论中央苏区的文化建设》，《江西社会科学》2003年第8期。

② 江西省档案馆等编：《中央革命根据地史料选编》下，江西人民出版社1983年版，第331页。

③ 江西省档案馆等编：《中央革命根据地史料选编》下，江西人民出版社1983年版，第329页。

建设事业的发展，使卫生工作走上正式轨道，中华苏维埃共和国首先出台了相关的法律条例。如《苏维埃区暂行防疫条例》、《卫生运动纲要》与《关于预防传染病问题》等条例纲要文件。这些条例纲要部署了苏区卫生工作，制定了卫生建设的主要内容、主要目标及主要措施。其次建立了苏区卫生管理机构。1931 年年底规定在区县省执行委员会之下设立卫生部。1932 年规定内务部分管卫生工作，下设卫生管理局，主要负责预防和制止瘟疫及传染病，公共卫生服务等业务。① 1933 年 3 月苏维埃中央政府要求在城乡及机关部队中成立卫生运动委员会与卫生小组。主要负责红军部队中伤病员的救治工作、地方人民群众的看病问题及卫生防疫工作。这为苏区卫生建设提供了组织机构保障。再次，逐步创办了苏区医疗卫生组织。在苏区医疗卫生事业的逐步发展中，建立了"后方医院"、"群众医院"、"工农医院"、"公共诊疗所"、"贫民看病所"、"红色药店" 及 "药业合作社"② 等医疗卫生组织，为苏区广大人民群众的生命健康及疾病防治提供了有力保障。最后，开展卫生防疫运动。为减少及消灭疾病，苏区倡导群众卫生运动，号召户、组、村、乡、县之间开展卫生运动竞赛，并奖励优胜者。通过采取这些措施和苏区人民的努力，苏区卫生建设取得了显著成效，苏区人民逐渐养成了良好的卫生习惯，健康状况明显改善，发病率急剧下降。如 1932 年闽浙赣苏区人民的发病率比前一年减少了 90%。

三　加强社会保障建设

为保障苏区工农群众的合法权益，中华苏维埃共和国临时中央政府相继颁布了工人劳动保护、工农红军及其家属优待和伤亡抚恤等社会保

① 同上书，第 170 页。
② 顾鑫伟等：《试论中央苏区医疗卫生管理体制建立与完善》，《赣南医学院学报》2006 年第 10 期。

障法令。在 1931 年颁布的《中华苏维埃共和国劳动法》中确定了社会保险的实施内容，有养老保险、工伤保险、医疗保险、失业保险及生育保险五种社会保险。设立劳动部，在劳动部下设劳动保护局和失业工人介绍局及经济评判局等机构，并设置分别由中央、省和县等负责劳动法执行的监督机构，即劳动保护局、劳动保护所、劳动保护科。随后，又相继出台了《中国工农红军优待条例决议》、《执行红军优待条例的各种办法》、《赤卫军及政府工作人员勇敢参战而受伤残废及死亡的抚恤问题的决议案》、《城市红军家属优待办法》、《优待红军家属的决定》以及《优待红军家属礼拜六条例》等法令。这为苏区社会保障建设提供了法律依据，使苏区社会保障事业逐步走上了法治轨道。为加强苏区社会保障事业，苏区逐渐建立起社会保障机构。规定在人民委员会下设立内务部，在省县区市内务部下设立优待红军科、卫生科、社会保障科、民事行政科、义务劳动科等。[1] 成立红军抚恤委员会，抚恤优待牺牲和残废战士及其家属。通过采取这些措施不仅使红军及其家属在物质上精神上得到了帮助和鼓励，而且增强了军民关系，极大地促进了苏区社会保障事业的发展。

四　改造社会陋习

中华苏维埃共和国成立之前，苏区对封建恶习陋俗已进行了初步的改造，取得了一定的成果，苏区开始出现清明、和谐的景象。这为之后的苏区社会风俗改造奠定了良好基础。中华苏维埃共和国成立临时中央政府对苏区的社会陋习进行了较为深入的改造，极力废除封建陋习，取得了一定的成效。具体表现为破除封建迷信和解放妇女等方面。

革命前以赣南闽西为首的苏区风气闭塞，文化非常落后，寺庙林立，封建迷信盛行，人们相信神灵，信奉占卜、风水、面相和鬼神，如

---

① 厦门大学法律系等编：《中华苏维埃共和国法律文件选编》，江西人民出版社 1984 年版，第 66 页。

建房或者丧葬要先请阴阳先生择定时日方位，[①] 这严重影响着人民的生产生活。为此，苏区采取了很多措施，一是通过文化教育苏区人民，使他们认识到宗教的实质是统治阶级压迫人民的工具，[②] 根本无法解除人民群众的痛苦，解除痛苦获得解放的唯一途径就是斗争。二是利用政府强制管理手段牵手少先队和儿童团等社会力量的方法，一方面做好群众的宣传教育工作，另一方面发动群众打击惩戒取缔各种封建迷信活动。1934 年 3 月瑞金县裁判部处死了壬田区封建迷信活动顽固骨干分子李永昌等三人。这些措施有力打击了苏区封建迷信活动，维护了社会稳定。

苏区的妇女解放在社会风俗改造方面表现得很充分。为废除包办买卖婚姻陋习，倡导男女婚姻自由原则，保护妇女儿童基本权益，中华苏维埃共和国临时中央政府颁布了《中华苏维埃共和国婚姻条例》和《中华苏维埃共和国婚姻法》等条例，明确规定禁止童养媳。实行一夫一妻制，禁止一夫多妻与一妻多夫。[③] 这以立法的形式废除了苏区旧婚姻陋习，有力地促进了现代婚姻家庭制度的建立。

为解放苏区妇女，解除套在她们身上的三从四德和男尊女卑等精神枷锁，肃清守节守贞的封建礼教及道德观念，废除穿耳、缠足、束胸等封建陋习，苏维埃政府对广大妇女开展了文化教育，使她们认识到男女应该平等。号召妇女积极投身到各项建设中去，妇女们积极响应。如上杭才溪乡 80% 以上的妇女参加劳动生产，占全体劳动者 50% 以上。根据 1932 年毛泽东在兴国县长冈乡的调查，长冈乡 16 岁至 45 岁的共计733 人，除去当红军及外出做工的 320 人，在乡的是 413 人，其中男子只有 87 人，其余 326 人为女子。可见，妇女是长冈乡生产的主力。除号召妇女参加经济建设之外，苏区党也支持和鼓励妇女参与政治生活及军事建设。这一方面有力地维护了妇女的经济政治社会合法权益，另一

---

① 杜俊华等：《试论中央苏区的社会建设》，《江西社会科学》，2006 年第 12 期。

② 江西省档案馆等编：《湘赣革命根据地史料选编》上，江西人民出版社 1984 年版，第544 页。

③ 厦门大学法律系等编：《中华苏维埃共和国法律文件选编》，江西人民出版社 1984 年版，第 235 页。

方面极大地促进了苏区新的社会风尚的确立。

　　总之，在中国共产党的正确领导和苏区人民的共同努力下，苏区社会建设取得了良好的成效。土地革命后，一方面，苏区阶级关系发生了重大变化。地主阶级基本被消灭了，工农阶级成为苏区社会的主要力量，在农村中农与贫农成为主导力量。另一方面，废除了苛捐杂税，减轻了人民的生活负担。这极大地解放了生产力，促进了经济发展，增加了人民的收入，人民群众的物质生活得到了改善，基本的衣食住行问题有了基本保障。随着苏区人民物质生活的改善及苏维埃政府颁布的一系列提高文化教育卫生水平的政策措施，消除了各种丑恶社会现象，建立了新的社会秩序和社会制度，培育了新的社会文明风尚，极大地丰富了人民群众的精神生活，使整个苏区的社会面貌焕然一新。另外，苏区通过采取禁烟禁毒、改造游民和土匪等社会管理手段，不仅稳定了社会秩序，壮大了社会建设力量，而且密切了党群关系，提高了党的威信。

第二章

陕甘宁边区社会建设的主要内容

在中国共产党和陕甘宁边区政府的指导下，边区积极开展了社会建设的探索。要探讨陕甘宁边区社会建设的内容，首先要确定社会建设的内容。根据学者们对其的概括，参考严振书在《社会建设概念研究述评》一文中关于社会建设主要包括精神层面、制度层面和实体层面三个层面的观点，笔者以功能主义的分析方法，从理念层面、制度层面和实体层面分别探讨陕甘宁边区社会建设的主要内容。理念层面的社会建设主要包括共享性的社会建设观念体系、共同理想和价值取向，确立社会建设的价值共识性，为其他层面的社会建设提供导向作用；制度层面的社会建设主要包括社会利益协调机制建设、社会保障体制建设和社会管理体制建设等方面，提供社会建设的规则性，体现社会建设的价值理念，并且统一社会行动模式；实体层面的社会建设主要包括社会事业建设和社会组织建设等方面，体现社会建设的现实性，实现社会资源合理配置功能，展现和落实理念层面和制度层面的社会建设。可见，这三者之间紧密相关，体现了陕甘宁边区社会建设内容的有机整体性构成关系。

第一节　理念层面的社会建设

抗日战争时期，各抗日根据地经常遭受日寇的疯狂"扫荡"，而陕甘宁边区处于相对和平的环境，这就具有进行政治经济文化社会建设的相对优越的条件。在党的抗日民族统一战线政策的指导下，中共中央和陕甘宁边区政府在经济社会条件极端落后的陕甘宁边区，运用行政社会组织各种建设力量，站在广大民众的利益立场上，开展全党全民的社会建设工作。在社会建设中密切联系群众，关系群众疾苦，倾听群众心声，正确深刻地认识实际情况，制定了一整套行之有效的关于社会建设的重要方针政策，执行符合群众利益的社会政策。如废除各地官吏和土劣违法征收的各种捐税，实行减租减息和农贷救济，改善农民生活；实行劳动保险、社会保险，缩短过长的工时和酌量增加工资和改善劳动条件，使工人有工做、有饭吃、有衣穿，改善工人生活；创办各种公益和慈善团体，救济难民、失业、老弱妇孺，资助移民垦荒事业，给贫苦人民免粮免税，实行地方救济，推广义仓运动；提倡男耕女织，发展生产。①

可见，陕甘宁边区社会建设涉及范围广，内容丰富具体。为动员运用各种社会力量完成这些任务，中国共产党首先从理念层面上确立了为人民谋利益的社会建设指导思想。也就是今天所说的共享性社会建设理念。需要指出的是，当时还没有明确提出社会建设的概念，而是把社会建设的具体内容包含在军事、经济、政治和文化建设中，也没有形成较为系统的社会建设理论，而是以论断或论述的形式分散在党和陕甘宁边区政府的讲话报告和纲领决议等文献中。主要包括颁布有关重视社会建设的施政政策；坚持公平合理的社会建设理念和坚持公正廉洁的政务理

---

① 陕西省档案馆等编：《陕甘宁边区政府文件选编》第 8 辑，档案出版社 1988 年版，第 213 页。

念等方面。这既有力地保障了发展生产和改善人民的经济文化社会生活，增进了社会福利，又密切了军民政民关系，安定和巩固了社会秩序。

一 确立社会建设的指导思想

1937 年 7 月中国共产党中央委员会发表了关于国共合作的宣言，该宣言向全国同胞提出总的奋斗目标，其中第三个奋斗目标就是通过救济灾荒，安定民生，发展经济，解除人民痛苦，实现人民幸福愉快的生活。[①] 1938 年毛泽东在《论新阶段》报告中指出实施如优待抗属和残废的抗日军人；救济战区灾难民和失业工人；适当减租减息和增加工资，改善农民工人生活；禁止雇主和工头虐待打骂工人学徒等各项改良民众生活的政策。[②] 1938 年毛泽东在党的六届六中全会上明确提出要建立一个人人有衣穿，有饭吃，有事做，有书读的社会。1939 年 12 月中国共产党陕甘宁边区第二次党代表大会通过了《关于发展边区经济改善人民生活的决议》，该决议指出大力发展经济，逐步改善人民生活。1941 年 11 月毛泽东在陕甘宁边区参议会的演说中指出，陕甘宁边区实行真正的革命三民主义政策，是为全国一切抗日的人民谋利益，是为保证全国人民都要有人身自由的权利、参与政治的权利和保护财产的权利，是为保证各界人民都有说话机会、都有事做、都有饭吃的政策。[③] 1942 年年底毛泽东在陕甘宁边区高干会上讲到，一切空话都是无用的，必须给人民以看得见的物质利益，增加他们的物质福利，并在此基础上提高他们的政治觉悟与文化程度。为此，中国共产党应该不惜风霜劳苦，夜以继日，勤勤恳恳、切切实实地去研究人民中间的生活问题，生产问题，耕牛、农具、种子、肥料、水利、牧草、农贷、移民、开荒、改良农作

---

① 陕甘宁边区财政经济史编写组：《抗日战争时期陕甘宁边区财政经济史料摘编》第 1 编，陕西人民出版社 1981 年版，第 89 页。

② 中央档案馆编：《中共中央文件选集》第 11 册，中共中央党校出版社 1991 年版，第 614 页。

③ 《毛泽东选集》第 3 卷，人民出版社 1991 年版，第 808 页。

法、妇女劳动、"二流子"劳动、按家计划、合作社、变工队、运输队、纺织业、畜牧业、盐业等重要问题，并帮助人民具体地而不是讲空话地去解决这些问题，① 从而激发人民生产和抗战的热情。1945 年 6 月李维汉在边府作风联席座谈会上的讲话，明确指出新民主主义是人民大众的民主，这是新旧民主主义的重要区别。② 1946 年 4 月颁布的《陕甘宁边区宪法原则》明确规定人民有免于经济上偏枯与贫困的权利，可采取减租减息与交租交息，改善工人生活与提高劳动效率，发展经济建设，救济灾荒，扶养老弱贫困等措施；人民有免于愚昧及不健康的权利，可实行免费国民教育和高等教育，优待优等生，普施社会教育，发展卫生教育与医药设备等办法。③ 1946 年 10 月颁布的《中华民国陕甘宁边区自治宪法草案（修正稿）》中第四条到第七条明确规定了陕甘宁边区人民的权利，如在政治上法律上不分民族、阶级、党派、宗教及团体一律平等；有身体、思想、信仰、居住、迁徙、言论、出版、集会、结社、通信、示威、游行等自由；有获得土地之权利；有获得工作之权利，消灭乞丐和失业现象等。④

上述一系列宣言、讲话、报告、决议、草案等充分体现了以毛泽东为核心的中国共产党是为广大人民谋利益的，注重改善民生，重视民生建设，真正执行了民生主义政策，集中体现了中国共产党已经实行了的或正在实行中的民生主义社会建设理念的人民性。之所以重视人民性是由于"我们政权活动的根本目的，是为人民大众，但主要是为农民服务。因此，我们的施政方针、政策制度、方式，就应该适合农村与农民的特点。我们说领导关系，上下左右关系，归根结底是同人民的关系，

---

① 中共中央文献研究室编：《毛泽东文集》第 2 卷，人民出版社 2004 年版，第 467 页。

② 陕西省档案馆等编：《陕甘宁边区政府文件选编》第 9 辑，档案出版社 1990 年版，第 379 页。

③ 陕西省档案馆等编：《陕甘宁边区政府文件选编》第 10 辑，档案出版社 1991 年版，第 42—43 页。

④ 陕西省档案馆等编：《陕甘宁边区政府文件选编》第 11 辑，档案出版社 1991 年版，第 249 页。

主要是同农民的关系。因之，我们的作风，领导方法，归根结底是同人民，主要是同农民的关系问题。上下左右关系，都是这一问题。一切争论、纠纷，最后评判都是人民。看人民赞成与否，看人民经济提高了否，看人民觉悟提高了否"①。可以看出，中国共产党民主政权的实质是改善提高人民的经济政治文化社会生活。作为新社会代表和新中国缩影的陕甘宁边区正是在不断改善民生中开展社会建设的。

二　坚持公平合理的社会建设理念

（一）坚持公平合理的社会救济理念

为保障贫困群众的基本生活，边区政府十分重视对他们的救济工作，但由于边区政府财力有限，能够提供的救济粮款与贫困群众的所需相差较远。为做好贫困群众的救济工作，边区政府制定了行之有效的救济办法和救济原则。1937 年 4 月中央内务部规定了救济办法，要求进行广泛宣传，使群众懂得救济的政治意义，懂得苏维埃是群众真正的保护者；调查清楚应救济的红属工作人员家属、难民人数及其困难程度；纠正平均救济的办法。不分外来与当地的灾难民，先救济 1936 年被摧残的区域，极困难的多给一些，稍困难的少给一些，红属工作人员家属应比普通难民多得一点，要求用一部分款子协同粮食部购买整批粮食救济最无饭吃者，并提出严格防止利用私人感情来救济的毛病。②这样就使真正困难的贫困群体得到了救济，基本做到了公平合理。

1940 年《关于关中分区最近环境及工作情形的报告》指出严防调查不深入及干部中的私情观念，以切实保证救济之粮确实落于穷人之

---

① 陕西省档案馆等编：《陕甘宁边区政府文件选编》第 9 辑，档案出版社 1990 年版，第 387 页。

② 甘肃省社会科学院历史研究室编：《陕甘宁革命根据地史料选辑》第 2 辑，甘肃人民出版社 1983 年版，第 26—27 页。

手。① 1940 年 3 月《陕甘宁边区实施普及教育暂行条例》第五条规定当地县政府对贫苦抗属子女及贫苦子女无力入学者，采用由当地互济会酌量救济，升入高级小学的学生供给一部分或全部伙食等优待办法。② 1941 年 11 月 25 日公布《陕甘宁边区政府三十年度征收救国公粮条例》第十五条规定贫寒之抗日军人之父母妻子、贫寒之抗日残废军人本身及其父母妻子，其收获量不足征粮起征额二百一十斤者免征；鳏寡孤独无依靠者和残废或患病失却劳动力者，其收获量不超过一百八十斤者免征。第十六条规定因遭灾疫或匪患而损失财物或牲畜者，酌量减征或免征。③ 减免了这些弱势群体的救国公粮。

　　1940 年 3 月陕甘宁边区党委政府颁布关于赈济工作的决定，第五条规定不论抗属或干属，外来难民或边区贫民，凡是无法生活的贫苦人民都予以救济，④ 该决定规定了陕甘宁边区赈济工作的基本原则和方法，充分体现了抗工属救济与一般难民贫民救济的平等性。还要求在调查统计后，按人数的多寡及需要救济的程度，分别给予适当的救济。纠正平均分配的救济方式和干部的私情观念及营私舞弊等，真正做到了公平合理。⑤ 1940 年 7 月延安市工作报告指出，经过民主讨论，1940 年 6 月延安市共救济五石二斗四升半米，合四百一十八元洋，其中抗工属最高的救济二斗米，最低一斗，难民中最高的一斗，最低的五升。救济工作做到了公平合理，人民非常满意。⑥ 1941 年 5 月陕甘宁边区政府民政厅颁布《关于赈济灾难民的指示信》，规定此次享受赈济粮款的是饥无食寒无衣，老弱伶仃及无法解决生产工具的灾民难民和移民贫民。并且

---

① 陕西省档案馆等编：《陕甘宁边区政府文件选编》第 2 辑，档案出版社 1987 年版，第 242 页。

② 同上书，第 148—149 页。

③ 陕西省档案馆等编：《陕甘宁边区政府文件选编》第 4 辑，档案出版社 1988 年版，第 281 页。

④ 陕西省档案馆等编：《陕甘宁边区政府文件选编》第 2 辑，档案出版社 1987 年版，第 150 页。

⑤ 同上。

⑥ 同上书，第 342 页。

区分了救济与优待的各自对象，指出享受代耕优待的抗工属不在救济对象范围内，不能享受赈济粮款，特殊困难者可与灾民同等救济。

通过实行以上救济办法和原则，不仅基本保证了救济工作的公平性，解决了贫困群体的生活困难，而且扩大了中国共产党的政治影响。如 1941 年华池县灾荒严重，受灾群众在将要逃走和饿死的关头，得到了政府连续不断的救济。华池县吴旗区二乡有一康姓农家，本府一科长到他们家里，招待得非常好，做了米饭叫他吃。他质问："为什么灾荒这样大你们还这样吃，浪费嘛！"两妇女答说："这是你们的饭，你来应该吃好些，我们哪敢这样吃。"① 从这一事实可以看出政府救济受灾群众，获得了他们的积极拥护和信任，提高了他们的政治觉悟和对中国共产党的认识，扩大了中国共产党的政治影响。

（二）坚持各阶层利益公平的理念

陕甘宁边区在已经分配过土地的地方，废除了封建剥削制度，促进了农村经济的发展，农村阶级成分发生了很大变化。中农和富农激增，1941 年中农成为陕甘宁边区农村的主要成分。② 安定县、延川县和延安的中农由 1935 年的 6%、15%、18% 分别增至 1940 年的 55%、38%、49%。③ 安定县四个行政村贫农和雇农由革命前的 82% 降为革命后的 38%，富农和中农由革命前的 13% 增至 61%。④ 根据陕甘宁边区建设厅的调查，1936 年和 1942 年延安市柳林区四乡农户各阶层及其牛犋变化情况如下，1936 年该乡 108 户共 463 人，雇农、贫农、中农和富农分别为 14、48、44 和 2 户，所占比例分别为 13%、44.4%、40.7% 和 1.9%。共有 121 头牛，3825 亩耕地，除了雇农没有牛和耕地之外，贫农、中农和富农分别有牛犋 40、78、3 头，各阶层每户平均耕地为 28、

---

① 陕西省档案馆等编：《陕甘宁边区政府文件选编》第 4 辑，档案出版社 1988 年版，第 203—204 页。
② 陕甘宁边区财政经济史编写组：《抗日战争时期陕甘宁边区财政经济史料摘编》第 9 编，陕西人民出版社 1981 年版，第 26 页。
③ 同上书，第 121 页。
④ 同上书，第 119 页。

54、25.5 亩。1942 年该乡 125 户共 583 人，雇农、贫农、中农和富农分别为 1、15、94 和 15 户，所占比例分别为 0.8%、12%、75.2% 和 12%。实际上 1936 年的老户都已经上升为中农，这些雇农和贫农大多是新移来的难民。共有 251 头牛，12977 亩耕地。贫农、中农和富农分别有牛犋 7、194、50 头，这些阶层平均耕地分别为 38、114.5、109 亩。[①]（详见附录二）。可以看出，虽因牲口和劳动力多寡不一，富农、中农、贫农仍然有区别，但与革命前相比，贫农减少，中农和富农增加。

面对新的阶层结构，保证各阶层利益公平是坚持公平合理的社会建设理念的重要方面。而合理调整各阶层的负担正是保证各阶层利益公平的重要途径。为此，边区政府制定了农业累进税制，它是按照收入累进征收公粮的办法，起征点是照顾贫农利益，最高点是照顾地主和富农利益的，在调整各阶层的合理负担方面发挥了重要作用。

1941 年前，征收公粮起征点比较高，加之在征收中常采取"摊派"方式，使各阶层公粮负担不均。根据 1940 年谢觉哉写的《征收救国公粮研究》一文的数据，1939 年延安、安定、安塞、盐池、华池、甘泉、固临和延川等地区承担救国公粮户数百分比分别为 27.1%、26.4%、34.2%、15.6%、31.1%、87.2%、75% 和 68.6%，而免征户数百分比分别为 72.9%、73.6%、65.8%、84.4%、68.9%、12.8%、25% 和 31.4%。[②] 这 8 个县都是经过土地革命的地区，居民贫富悬殊不大，但征收户数与免征户数的比例相差达 3 倍以上，盐池县免征户的比例高达 84.4%。这意味着更多的公粮负担摊派在其他农户身上了，这种不公平必然引起负担重者的极大不满。

1941 年制定起征点为五斗，起征率为 5%，最高累进率为 30%；征收 20 万石公粮，负担较大，起征率高，形成下中层重上层轻的不合理

---

① 陕甘宁边区财政经济史编写组：《抗日战争时期陕甘宁边区财政经济史料摘编》第 2 编，陕西人民出版社 1981 年版，第 27 页。

② 陕甘宁边区财政经济史编写组：《抗日战争时期陕甘宁边区财政经济史料摘编》第 6 编，陕西人民出版社 1981 年版，第 119 页。

状况。为照顾贫苦农民的生活，1942 年修订起征点为六斗，起征率为6%，征收 16 万石公粮，形成上下层轻中层仍重的不良状况。1943 年按地区条件制定起征点，绥德为五斗，起征率为 3%，而延属、陇东、关中、三边分区为六斗，起征率为 4%，最高累进率提高到 35%，大致达到了各阶层各地区负担公平合理的目标。

从农业累进税的演变可以看出，边区人民的公粮负担，伴随着蓬勃发展的生产，表现了一种相互适应的新方向，使人民的生活得以富足与提高。[①] 1944 年佳县车会区二乡贺家仓村的公粮征收也明显体现了各阶层公平合理负担公粮，照顾各阶层利益。（详见附录三）

抗战胜利后，为适应老区土地改革已基本完成，农民已获得大体平均土地的新情况，1948 年废除农业累进税，实行以常年产量作为征收标准的农业税，从而刺激了农民生产的热情，鼓励农民勤劳致富，放手发展生产，改善了农民生活。[②]

三　坚持公正廉洁的政务理念

边区政府坚持公正廉洁的政务理念，厉行廉洁政治，坚决反对损害群众利益的行为，严罚贪污腐败干部。

（一）厉行廉洁政治

1939 年陕甘宁边区第一届参议会决议要求实行集体领导，耐心倾听下级的意见，严格反对官僚主义、贪污、腐化倾向，发扬艰苦奋斗的优良传统；要求提拔与培养最能代表群众利益、为群众所爱戴的干部。[③] 1941 年《陕甘宁边区施政纲领》第四条指出，厉行廉洁政治，严

---

① 陕西省档案馆等编：《陕甘宁边区政府文件选编》第 9 辑，档案出版社 1990 年版，第326 页。
② 陕西省档案馆等编：《陕甘宁边区政府文件选编》第 12 辑，档案出版社 1991 年版，第142—143 页。
③ 西北五省区编纂领导小组：《陕甘宁边区抗日民主根据地》文献卷下，中共党史资料出版社 1990 年版，第 46 页。

惩公务人员之贪污行为，禁止任何公务人员假公济私之行为，共产党员有犯法者从重治罪。同时实行俸以养廉原则，保障一切公务人员及其家属必需的物质生活及充分的文化娱乐生活。① 1941 年林伯渠在边区《第二届参议会上作的政府工作报告》中指出，廉洁奉公已成为政府工作人员具有的品质。绝大部分工作人员是忠诚于人民解放的忠仆，他们有着不知疲倦为了人民的利益而埋头苦干的工作热忱。1943 年 1 月任弼时在陕甘宁边区高干会上提出干部决定一切的观点，指出奖励工作积极、肯负责任、有创造能力、有办法克服困难、生活朴素廉洁和为群众所拥护的干部，处罚消极怠工、不负责任、贪污腐化和脱离群众的干部。同时开展反贪污腐化的斗争，洗刷思想上已经蜕化为异己的分子。② 1943 年 2 月 24 日公布的《陕甘宁边区简政实施纲要》提出"坚持廉洁节约作风，严厉反对贪污腐化现象"。③ 除了这些决议纲要报告外，陕甘宁边区政府还制定了一系列公约条例，如 1943 年 5 月颁布《陕甘宁边区政务人员公约》，该公约严格要求政务人员要："公正廉洁、奉公守法。"其中的注释写道："这是我们政务人员应有的品格，要在品行道德上成为模范、为民表率。""不假公济私、不要私情、不贪污、不受贿、不赌博、不腐化、不堕落。"④ 1943 年还颁布了《陕甘宁边区各级政府干部任免暂行条例》、《陕甘宁边区各级政府干部奖惩暂行条例》等。条例规定不得任用贪污腐化者及营私舞弊者为政府干部，如有此行为者必须予以严惩。

这些决议、纲要、公约条例及严厉的惩治措施明确规定了陕甘宁边区政府要厉行廉洁政治，严厉反对贪污腐化现象，有效遏制了边区腐败

① 陕西省档案馆等编：《陕甘宁边区政府文件选编》第 5 辑，档案出版社 1988 年版，第 3 页。

② 陕甘宁边区财政经济史编写组：《抗日战争时期陕甘宁边区财政经济史料摘编》第 1 编，陕西人民出版社 1981 年版，第 43—44 页。

③ 中央档案馆编：《中共中央文件选集》第 13 册，中共中央党校出版社 1991 年版，第 557 页。

④ 中共陕西省委党史研究室：《民主中国的模型——陕甘宁边区政治文明建设》，陕西人民出版社 2005 年版，第 195 页。

现象的滋生蔓延，营造了边区各级政府工作人员执政为民、清正廉洁和以身作则的政治社会环境。①

（二）坚决反对损害群众利益行为

毛泽东在大生产运动中提出："军队、党部、政府的经济活动应与人民的经济活动取得协调，一切损害人民利益引起人民不满的事均不许做。"②

在土地革命战争时期，良好的军民关系和严格的纪律就建立起来了。在抗战时期，军民关系一般是好的，但也有个别军队为了生产自给，发生了伐树木、拆庙宇、毁钟卖铁等侵犯群众利益的事情，还有的部队借用群众工具，妨碍群众生产。延安市保安处保卫营在城内西山开荒，群众认为这样会在下雨时将泥土冲到城内的街上来。③ 后来陕甘宁边区政府解决了这一问题。

妨碍群众利益的现象不仅发生在部队，也发生在部分机关、学校内。如1938年"抗大"三大队在飞机场附近挖掉民众种的菜，作为他们自己的菜园，民众交涉仍未生效。"抗大"管理科不给民众房租，"陕公"租赁民众的房子拨给"抗大"住，民众要房租找不到负责人，彼此互推；个别机关开荒时挖掉民众坟墓，不顾民众风俗习惯，引起民众反对；机关的牲口践踏民众的菜园及青苗，牲口吃坏树，所以1939年延安市政府发动民众植树，民众说："植树是没用的，去年植的树，还不是被马吃掉了吗？"④ 这一质疑反映了群众的极大不满。为解决这些问题，1939年5月8日陕甘宁边区政府给"抗大"、保安处、参谋部等机关发布了《希查明纠正破坏群众利益等事》的便函，要求详细调

---

① 梁星亮、杨洪主编：《中国共产党延安时期政治社会文化史论》，人民出版社2011年版，第85页。

② 《毛泽东军事文集》第2卷，军事科学出版社、中央文献出版社1993年版，第694页。

③ 陕甘宁边区财政经济史编写组：《抗日战争时期陕甘宁边区财政经济史料摘编》第1编，陕西人民出版社1981年版，第150页。

④ 陕西省档案馆等编：《陕甘宁边区政府文件选编》第1辑，档案出版社1986年版，第255—256页。

查，及时纠正，树立政府威信，便于推行今后工作。针对安塞县一、四区各机关任意砍伐群众树木及买粮不按市价付款的行为，1940 年 1 月陕甘宁边区政府颁布《制止各机关杂务人员破坏群众利益的行为》的指令。①

针对个别贪污腐败的干部，进行了严肃处罚。自 1939 年 10 月至1940 年 7 月陕甘宁边区华池县白马区区委书记崔凤鸣私吃群众款八十多元，1939 年冬季从动员毛袜、手套中贪污二十多元，从每月给本区发的办公费私扣贪污七元多。② 对此边区政府做了严肃处理。陕甘宁边区安定县南区五乡支部宣传干事耿海桂，企图叫群众多出公粮，自己不出。群众抗议后他才出了两石。安定县永盛区五乡樊家川、樊玉思，过去是富农，当过永盛区五乡的乡长，企图少出公粮。1939 年秋粮、夏粮合起来共五十余石，还有些经济收入，但本年只交公粮一石八斗。这两人被农民告发到边区政府后都被撤职。③ 这些处罚的依据是根据 1938年 8 月陕甘宁边区政府公布《陕甘宁边区惩治贪污暂行条例》做出的，该条例具体指出了十种贪污罪的表现，并规定根据贪污数目的大小做出轻重不同的惩治。

通过不断整合对边区社会建设的零散思考，边区政府明确了社会建设的基本指导思想，丰富社会建设的基本内容，初步形成了社会建设的理念体系。理念层面的社会建设，为边区社会建设确立了价值共识性，为制度层面社会建设和实体层面社会建设提供了导向性。对顺利完成边区展开的包括减租减息，发展文化医药卫生事业解除人民愚昧疾苦、抚恤残疾、救济移难民灾民、除匪禁烟禁毒、"二流子"改造等风俗改革、敬老慈幼保育儿童、优待抗工属、民众团体建设等制度层面和实体层面的社会建设任务发挥了重要指导作用，对当代中国落实贯彻以人为本的社会建设理念具有深刻的启迪和现实的借鉴意义。

---

① 陕西省档案馆等编：《陕甘宁边区政府文件选编》第 2 辑，档案出版社 1987 年版，第20—21 页。

② 同上书，第 313 页。

③ 同上书，第 32—33 页、第 35 页。

第二节　制度层面的社会建设

制度层面的社会建设主要涉及社会利益协调机制建设、社会保障体制建设和社会管理体制建设等内容。

一　社会利益协调机制建设

陕甘宁边区从人民的政治经济文化社会各方面利益出发，遵循公平正义原则，合理调整各阶层各群体关系，确切照顾社会各阶层各群体利益，激发他们的凝聚力和创造力，有效凝聚社会力量和整合社会资源。

（一）政治上团结各阶层人民

为完成抗战建国的伟大事业，抗日根据地的工作者必须善于团结各党各派及无党无派的各种人才，坚决执行"三三制"的统一战线政权政策。[①]"三三制"的实行扩大了陕甘宁边区各级政府的政治基础，提高了边区政府和党中央的号召力，调动了各阶层阶级的参政议政的积极性，协调了各阶级阶层各群体之间的关系，整合了各种政治力量和社会力量，为陕甘宁边区的社会建设创造了稳定有序的政治环境。

（二）经济上合理协调各阶层利益

1938 年 2 月刘少奇在《关于抗日游击战争中的政策问题》一文中，指出"根据有钱出钱的原则，使有钱人的负担增加一点，贫苦人民的负担减少一些，对于团结全体人民坚持抗日是有利的。但是无限制地增加富人的负担也是不应该的"。[②] 1941 年中共中央政治局批准的《陕甘

---

① 中央档案馆编：《中共中央文件选集》第 13 册，中共中央党校出版社 1991 年版，第 476 页。

② 中央档案馆编：《中共中央文件选集》第 11 册，中共中央党校出版社 1991 年版，第 841 页。

宁边区五一施政纲领》第一条指出"团结边区内部各社会阶级，各抗日党派，发挥一切人力、物力、财力、智力，为保卫边区，保卫中国，驱逐日本帝国主义而战"。①

在这一纲领的指导下，通过实施减租减息、劳资两利和公私两利等政策，妥善处理了农民和地主、劳资双方和公私双方的关系，促进了抗日民族统一战线的建立、发展和巩固，维护了各阶级、各阶层的利益和中华民族的整体利益，扩大了社会认同度，去除了社会认同危机，增进了社会和谐。

1. 缓和农民与地主的阶级关系

陕甘宁边区是一个农业区，这里的土地关系比较复杂，有的在土地革命时分配过了，有的则没有。绥德分区的绥德、子洲、佳县和米脂，陇东分区的庆阳、合水、镇原及关中分区的赤水、新正、新宁和淳耀等地，约占边区人口50%的区域，未经分配土地，因而土地相当集中，如陇东镇原五区四乡全乡土地13069亩，两家地主占7400亩，占全乡土地的56.6%强。绥德新店区延家岔乡共有232户，共有耕地2923垧，而延家岔十四家地主就占有土地1394垧，占全乡土地的47.7%，占全村土地数的82%，而延家岔56户贫农仅占土地302垧，占全村地数的17%，每人平均不到一垧地，农民说他们是"大树下的草"。农民所租种的土地，租额很高，若遇灾荒，佃户们都欠了租子。若遇收成稍好，农民有点余粮，地主即以欠租形式搜刮而去，因此在农村里流传着"借着吃，打着还，跟着碌碡过个年"②的俗语。

国共合作后，为实现全面抗战，边区政府在已分配过土地的区域，保证农民的土地私有权。在未分配过土地的区域，提出了减租减息政策。1939年陕甘宁边区第一届参议会制定了《陕甘宁边区土地条例》，具体规定了地主减租减息和农民交租交息的政策。1942年陕甘宁边区

---

① 陕西省档案馆等编：《陕甘宁边区政府文件选编》第5辑，档案出版社1988年版，第2页。

② 即一年劳动下来什么也得不到的意思。

政府颁布了地权条例和土地租佃条例草案，这两个条例一方面保证地主的土地所有权和债主的债权，另一方面确保农民的佃权，减轻农民地租，适当地改善农民生活。① 1944 年 12 月边区第二届参议会第二次大会通过《陕甘宁边区土地租佃条例》的规定，指出农民免交 1939 年年底以前的欠租，1939 年后按照定租、活租、伙种和按庄稼等不同类型的租佃形式规定了相应的租额。规定定租的减租率不低于二五，活租在原租额基础上减少 25% 至 40%，伙种和按庄稼在原租额基础上减少10% 至 20%。② 这就为农民发动减租运动提高了法律制度和政策保障。在这一制度政策的有力支持下，边区各级政府在各乡村组织农民成立减租会、租户会、保地会和农会等各种组织，发动农民开展以清退地主多收租子的退租、减租之后重新订立租佃契约的勾账、退还地主收回佃户土地的翻地为主要内容的减租运动，极大地提高了农村生产力和农民的生产积极性。如 1943 年 4 月习仲勋带调查组同志来到绥德以西二十里外的郝家桥村，开始了为期一个月的蹲点调查。绥德地区人多地少，大部分土地为地主富农所有，因而对广大农民剥削甚为严重。根据这一特殊情况，习仲勋十分注意在减租减息中将一般的号召转变成一场有组织的普遍的群众运动。农村成立起农会、减租会，组织发动农民减租减息。据 1943 年 10 月至 12 月统计，绥德县六个区、米脂县三个区、子洲县五个区、清涧三个半乡及佳县个别村，除按条例减租外，"勾欠"31732. 82 石，退租 1842. 73 石，并抽约换约同时进行土地回赎。至1943 年后，绥德地区地主将 50% 以上的土地卖给了农民，这一方面促进了地主们转向从事经济建设，投资办工厂或加入合作社，③ 另一方

---

① 陕甘宁边区财政经济史编写组：《抗日战争时期陕甘宁边区财政经济史料摘编》第 9 编，陕西人民出版社 1981 年版，第 38 页。

② 陕西省档案馆等编：《陕甘宁边区政府文件选编》第 8 辑，档案出版社 1988 年版，第477 页。

③ 陕西省档案馆等编：《陕甘宁边区政府文件选编》第 10 辑，档案出版社 1991 年版，第18 页。

面，改善了广大贫雇农的生产生活条件。① 如绥德郝家桥贫农刘永山，
家有四口人全由其负担，靠佃种及揽工过活。他仅有山地5垧，佃种地
主山地23垧。1943年共收粗粮12.9石，草2300斤，经减租后付出租
子3.205石（粗），草930斤，自得粗粮共9.695石，草1370斤。而
1943年他出公粮一斗二升，占全部收获量之1.96%，未负担公草，而
租的23垧收粮8.9石，付出租粟3.2石，占收获量的36%。如果没有
减租政策，1943年刘永山至少须出租粟4.75石，减租为他减轻了1.54
石的封建剥削，约占全部租粟的三分之一。②

减租减息政策，极大调节了农民与地主之间的阶级利益。另外，通
过减租减息破坏了封建经济社会关系，适时地把农民减租减息热烈情绪
转入到开展大规模生产战线上来，逐步建立了农民间新的经济社会关
系。这是减租减息的另一社会后果。因此，减租减息不仅意味着农民物
质利益的增加，更涉及农民和地主社会关系的重建以及两个阶级之间社
会地位的重新安排。可以说，减租减息政策是改造农村阶级力量的社会
行动，从根本上改变了农民和地主畸形的社会关系，是陕甘宁边区历史
乃至中国历史上的一个空前社会变革。

2. 协调劳资关系

为协调劳资双方关系，实行了劳资两利的劳动政策。1940年4月
陕甘宁边区政府颁布了《陕甘宁边区劳动保护条例》，明确规定了劳资
双方关系，指出工人工资不得低于最低工资率，最低工资率以所在地的
生活状况为标准，雇主应负担工会方面及工人文化教育费，工伤应得到
医疗费，休假照发工资等。这有力地保障了工人的各项权益。同时也要
通过发展实业，使资本家有利可图。

但在劳动政策执行中出现了过左倾向，如过高增加工人工资，要求
雇主供给工人衣服鞋袜，劳资双方吃同等伙食，要雇主供给饭钱，要求

---

① 《习仲勋传》编委会编：《习仲勋传》上卷，中央文献出版社2008年版，第347—348页。
② 陕甘宁边区财政经济史编写组：《抗日战争时期陕甘宁边区财政经济史料摘编》第2编，
陕西人民出版社1981年版，第344页。

分得百分之四十红利，强迫雇主雇用失业工人等。为此，1940 年中央颁布了关于各抗日根据地劳动政策的初步指示，肯定了各根据地在政治经济文化等方面实施改善工人生活政策的正确性，指出了要纠正这些过左倾向，提出了工人阶级眼前利益必须服从于永久的全部的利益的原则。在改善工人待遇、增加工资和规定工时等既要照顾工人利益，又要照顾雇主利益。[①]

鉴于边区工业不断发展，工人数量日益增加的实情，为实行和加强劳动保护及解决劳动纠纷，1941 年 2 月陕甘宁边区政府颁发了在民政厅添设劳动部及社会保险局的训令。[②] 这些指示训令的颁布和劳动部社会保险局的设立，极大协调了劳资双方关系，有力保障了工人阶级的根本利益，改善了工人生活。如志丹县李成志在革命前是一个贫苦的挨饿受冻的工人，革命后一跃而为富裕的中农了，不仅能吃饱穿暖，而且做到了丰衣足食。每年要换两次新衣，1943 年夏衣用布二十丈，冬衣用布三十丈，吃五只羊，在年节杀两口大猪，每月平均吃肉三四次，每三天吃两次面，每天炒菜用二两油。人口也兴旺起来，由革命前的四口人发展到 1943 年的十口人，1941 年和 1942 年他分别给大儿子和二儿子娶了媳妇。李成志常常高兴地说："不见高山，哪见平地，说句良心话，过去旧社会贫穷的揽工的人多，现在揽工人一天天减少，要雇个揽工人真难。哪一家的光景过得不好呢！我李老汉过去是一个挨饿受冻的工人，现在我已有一个富裕的家庭了，是革命给咱的好处呵！"[③]

3. 调节公私关系

在动员边区人民运盐工作上，1941 年陕甘宁边区政府《为动员边区人民运销六十万驮食盐的决定》中指出"十分之九的利益归运盐的

---

①　中央档案馆编：《中共中央文件选集》第 12 册，中共中央党校出版社 1991 年版，第 570—571 页。

②　陕西省档案馆等编：《陕甘宁边区政府文件选编》第 3 辑，档案出版社 1987 年版，第 80 页。

③　陕甘宁边区财政经济史编写组：《抗日战争时期陕甘宁边区财政经济史料摘编》第 9 编，陕西人民出版社 1981 年版，第 83 页。

人民，十分之一的利益归政府"。人民自己运五十四万驮盐，所得的利益完全归人民自己。政府还从各方面帮助人民取得运盐所得正当利益。如在各处设立盐栈，人民运的盐如果卖不出去，盐栈照市价收买，以便利人民随到随卖。对于运盐的农户，如遇天灾人祸受有损失，政府予以救济等。同时，政府决定在青草茂盛时，替公家驮六万驮，由政府出盐钱，政府给人民每站两元路费。这样利公利私，兼顾了公私利益，协调了公私双方关系。

减租减息、劳资两利和公私两利等政策的实施促进了整个边区经济社会结构的进一步变化，表现为在经济上不是半封建半殖民地的经济，不是受帝国主义剥削的殖民地经济，而是使各阶级各阶层各得其所，都能安居乐业的，不论贫富都受保护，都能有资源工具，进行生产，改善生活，真能符合各阶级利益的新民主主义经济。[①] 在社会结构上表现为地主阶级构成的变化、农民阶级分化的加剧、工人阶级的不断成长壮大与资产阶级的逐步发展等方面。从而使陕甘宁边区逐步建立起相对平等的新型经济社会关系。

（三）文化教育上团结教育界各层人士

在教育界各教育团体中，主要有陶行知领导的生活教育社、黄炎培领导的中华职业教育社、晏阳初领导的平民教育促进会和梁漱溟领导的乡村建设派四个派别，他们基本上都站在抗日民族统一战线之内，有民族意识和民主要求，不过由于他们的阶级地位、政治倾向、学术思想、生活习惯及个人感情等的不同，他们之间对于抗战与民主的立场及态度也有差别。生活教育社，是小资产阶级的革命民主派，他们的教育活动是为民族民主革命为大众服务的，是新民主主义教育的亲近朋友。中华职业教育社一般的是为民族资产阶级服务的，它团结了社会上比较开明的一部分上层分子，并在它的活动地区里也得到一部分职业青年的欢迎。平民教育促进会，是在美国金融资本及中国大资产阶级影响下的中

---

① 陕甘宁边区财政经济史编写组：《抗日战争时期陕甘宁边区财政经济史料摘编》第1编，陕西人民出版社1981年版，第66页。

间派，拉拢了一些作家和学者，吸收了一批热情青年，其中不少是在艺术上和教育工作上表现得开明的和进步的。乡村建设派，是靠近于大地主阶级的中间派，是这些教育派别中最右的一派，但也有一部分政治幼稚而又纯洁的青年参加在里面。

因此，应以不同的策略和方法，同这些教育团体及其团体成员建立广泛的统一战线。亲密同生活教育派合作；争取同职业教育派合作；赞助平教派某些进步办法，批评其错误主张，并影响和争取其进步分子；批评乡村建设派上层，影响其下层等策略和方法。不能把平教会派和乡村建设派的成员都看作名副其实的平教主义者或乡村建设主义者，更要把他们同他们的领导人物区别开来看待。

进行教育界统一战线工作时，党和边区政府清醒地认识到教育界的统一战线有它自己的特殊性和自己的活动领区，遵守从教育事业出发，以教育活动者的面目为着教育事业而活动的原则，而不是从政治出发，以政治活动者的面目出现。① 这样，就助推了教育界的统一战线更广泛、更有效地团结教育界各层人士。

陕甘宁边区通过在政治上团结各阶层人民、经济上合理协调各阶层利益、文化教育上团结教育界各层人士，较好地贯彻了抗日民族统一战线政策，并且使其深入人心，内化为陕甘宁边区民众日常生活的一部分。这可以从延安新年贴"发扬三民主义三大政策　实现全国动员全面抗战"、"巩固民族统一战线，扩大国际反日阵营"、"新春降临财源茂，日寇驱出生意兴"等对联中充分表现出来。② 深入人心的民族统一战线政策反过来又能够更好地协调好各阶层关系，调动一切积极因素为抗战和边区社会建设服务。

---

① 中央档案馆编：《中共中央文件选集》第 13 册，中共中央党校出版社 1991 版，第 536—539 页。

② 孙照海选编：《陕甘宁边区见闻史料汇编》第 3 册，国家图书馆出版社 2010 年版，第 57—58 页。

二　社会保障体制建设

关于社会保障制度的含义，研究者们的具体说法不尽相同，但就其所包含的主要共同点可概括如下，社会保障制度是以国家或政府为主体，依据法律规定，通过国民收入再分配，对公民在暂时或永久失去社会劳动能力以及由于各种原因生活发生困难时给予物质帮助，保障其基本生活的制度。① 社会保障包括社会救济、社会保险、社会福利、社会优抚和社会服务等内容。它在保障社会成员基本生活、调节社会经济关系和维护社会稳定等方面发挥了重要作用。

按照民生主义的要求，陕甘宁边区政府倾力构筑社会保障体系，提出"陕甘宁边区人民，因天灾人祸，老幼残废及其他无法维持生活者，有获得救济之权利。其保证为社会救济事业与政府救济事业之发展。革命将士之遗族，有受生活保障与优待之权利。外来之难民、移民、乞丐等，一律帮助其获得生业"。② 为此，设立社会保障机构，制定各种抚恤办法，优待抗日军人革命军人及其家属，做好敬老慈幼工作，关心群众疾苦，赈济灾荒，妥善安置灾民，优待移难民。其主要保障对象为抗日军人革命军人及其家属、老人妇女儿童、灾民、移难民等弱势群体。这不仅保障了边区人民的基本生活，而且维护了边区的社会稳定和推进了边区的社会建设。

（一）陕甘宁边区社会保障建设的组织体制

早在苏维埃时期，有两万会员的陕甘苏区革命互济会，是苏维埃内务部的一个附属机关，主要做优待红军家属工作。其物质来源绝大部分是靠打土豪得来的，没有开展群众互济工作。为改变这种情况，1936年4月9日中共中央西北局颁发了《关于苏区革命互济会的组织与工作

---

① 孙光德等编：《社会保障概论》，中国人民大学出版社 2004 年第 2 版，第 4 页。

② 陕西省档案馆等编：《陕甘宁边区政府文件选编》第 11 辑，档案出版社 1991 年版，第 250 页。

的决定》，指出革命互济会是一种广泛的群众组织，凡参加革命或同情革命的，都可以加入；以被难战士及其家属为直接救济对象，用各种方法对其进行物质救济和精神上的帮助。为着激发广大群众的革命互助精神，它对会员和非会员都予以救济。①

为进一步加强赈济工作，陕甘宁边区设立了社会保障机构。陕甘宁边区的社会保障工作通常由民政厅及所属的民政科掌管。1938 年 3 月，陕甘宁边区民政厅成立抚恤委员会，专门领导抚恤工作。② 1939 年陕甘宁边区政府公布的组织条例中，规定了陕甘宁边区民政厅掌管卫生行政、抚恤赈灾、保育、劳资争议和佃业争议等事项。各县政府设立民政科分管卫生行政、优抗救济、儿童保育和劳资纠纷等事务。粮食科主要负责粮食调剂事项。乡政府设立优待救济委员会和卫生保育委员等委员会，办理相关民政事务。

1940 年 3 月陕甘宁边区各县组织赈济委员会，委员五至七人，由县委书记、县长、县互济会主任、后援会主任、保安队队长及当地驻军长官组成。县委书记或县长为主任委员，切实负责领导与推动赈务工作。③

为协助政府筹划进行因陕甘宁边区被敌侵扰、杀害、抢劫、轰炸、破坏以及水、旱、虫、雹、霜等灾荒所造成的一切军民灾害、伤亡、残废、失业、难民、儿童保育、医药卫生、抚恤赔偿及建设等善后事宜，④ 1945 年 10 月成立陕甘宁边区救济分会。为便于和各分区直接取得联系，各分区成立边区救济支会，必要时设救济组。

陕甘宁边区民政厅、陕甘宁边区民政科、陕甘宁边区抚恤委员会、

---

① 中央档案馆编：《中共中央文件选集》第 11 册，中共中央党校出版社 1991 年版，第 14—15 页。

② 胡民新等编著：《陕甘宁边区民政工作史》，西北大学出版社 1995 年版，第 122 页。

③ 陕西省档案馆等编：《陕甘宁边区政府文件选编》第 2 辑，档案出版社 1987 年版，第 150 页。

④ 陕西省档案馆等编：《陕甘宁边区政府文件选编》第 9 辑，档案出版社 1990 年版，第 418 页。

陕甘宁边区各县赈济委员会、陕甘宁边区救济分会和陕甘宁边区救济支会等组织机构是推行陕甘宁边区社会保障工作的有力组织保障。通过考察这些组织机构及其工作，可以看出，中国共产党和陕甘宁边区政府是陕甘宁边区社会保障的领导者和组织者，在陕甘宁边区社会保障工作中发挥了主导者的作用，有力地促进了陕甘宁边区社会保障体系的不断完善，凸显了中国共产党和陕甘宁边区政府对社会保障在边区和谐社会建设中重要性的深刻认识。

（二）陕甘宁边区社会保障的内容及其成效

1. 重视优抗工作

由于抗日军人高度的民族意识及战争的残酷性，边区抗日军人有不少为国捐躯或成残废。陕甘宁边区政府做到了尽职尽责，根据国家财政及人民生活状况，抚恤优待这些因战争牺牲或受伤残废的抗日军人。

第一，制定抚恤办法

早在 1937 年 2 月，苏维埃政府中央内务部颁布了关于残废牺牲老病等抚恤办法，规定死者除一次发给抚恤金外，永远优待其家属。残废者则按一、二、三、四不等程度，每年每人发抚恤金分别为 30、20、10 和 2 至 5 元大洋。[1] 1938 年 5 月陕甘宁边区政府颁布了《关于残废牺牲老病等抚恤的规定》，规定一、二等残废抚恤标准不变，三等残废抚恤金增加为每年 12 元大洋，四等残废一次发给 10 元大洋。[2] 据统计，自 1937 年抗战至 1938 年年底以来，抚恤优待共计六千人以上。

后鉴于物价高涨，1942 年 4 月 7 日陕甘宁边区政府公布《关于增加残废金的通知》，规定一、二、三等残废每年发给抚恤金分别为 50 元、36 元和 20 元。老年优待金为 16 元，牺牲金为 200 元。明确增加了老年优待金和牺牲金两项。[3] 后又增加一、二、三等残废金分别为 100、

---

①　雷志华等编：《陕甘宁边区民政工作资料选编》，陕西人民出版社 1992 年版，第 206—207 页。

②　胡民新等编著：《陕甘宁边区民政工作史》，西北大学出版社 1995 年版，第 122 页。

③　雷志华等编：《陕甘宁边区民政工作资料选编》，陕西人民出版社 1992 年版，第 223 页。

80、60 元，老年优待金增加为 50 元。①

　　1944 年 9 月陕甘宁边区政府颁布了《陕甘宁边区抚恤优待条例（草案）》，规定抚恤对象为因作战阵亡者和因公积劳病故者；优待对象为因作战因公残废者、服务 8 年以上年满 50 岁的军人、工作 10 年以上年满 50 岁的工作人员。规定一、二、三等残废每年每人分别发给等于八斗小米、四斗小米和二斗小米的优待金。阵亡者或在服务中病故者一次发给等于四石小米的牺牲金。② 除这些应救济抚恤者外，政府还救济社会老弱、残疾、孤寡、生活无法维持者。如 1939 年延属、三边、关中三个分区共救济社会老弱、残疾、孤寡、生活无法维持者粮食 713 石，救济款 2745 元。1943 年靖边、延长、延川三县为其救济粮食 150 石，救济款 1142 元。③

　　解放战争时期，因边区灾情严重，财政困难，降低了残废金的发放标准，1947 年一、二、三等残废每年每人分别发给四斗小米、二斗小米和一斗小米。对 1947 年边区自卫战争以来的荣誉军人的残废金一律发给。对 1947 年以前的荣誉军人分具体情况处理，一律停发已由政府供给的军政民各机关工作或休养之荣誉军人、尚能生产自给的退伍回家或已安置在农村的三等残废及退伍在农村已建立家务或家庭系中农以上者的残废金，只给退伍较晚且家务未建立或家庭确系贫苦的一、二等残废照发残废金。④

　　第二，颁布优待政策

　　1937 年 12 月陕甘宁边区政府颁布了《抗日军人优待条例》，规定了抗日军人、阵亡或伤残废者各自享受的优待政策。该条例第三条规定

---

　　① 陕西省档案馆等编：《陕甘宁边区政府文件选编》第 6 辑，档案出版社 1988 年版，第 300—301 页。

　　② 陕西省档案馆等编：《陕甘宁边区政府文件选编》第 8 辑，档案出版社 1988 年版，第 354 页。

　　③ 陕甘宁边区财政经济史编写组编：《抗日战争时期陕甘宁边区财政经济史料摘编》第 9 编，陕西人民出版社 1981 年版，第 280 页。

　　④ 陕西省档案馆等编：《陕甘宁边区政府文件选编》第 12 辑，档案出版社 1991 年版，第 3—4 页。

抗日军人及其家属免纳一切捐税；家属所居住的公家房屋免纳租金；享受公家商店 1% 的减价优待，当必需品缺乏时有优先购买权；公家发给抗日军人乘坐轮船、火车、汽车的费用；子弟读书免纳一切费用；因伤病需休养时，休养费用由公家供给。① 第七条规定阵亡或残废者，其子女弟妹幼小等家属享受免费入抗日军人遗族学校，直到年满十八岁由政府介绍职业为止的优待。第八条规定伤残废者得入残废院休养，国家供给一切生活费用，不愿居残废院者由政府按年给终身抚恤费。② 1939 年 6 月边区政府公布了《抗日战士优待抚恤条例》，新增加了代耕队为缺劳力者抗属进行代耕和老病残退者终身享受一切优待保障其生活两项内容。1940 年 3 月陕甘宁边区民政厅颁布关于优待抗属组织代耕工作队给各县的指示信，指出把代耕作为优待工作的中心方式，以确保抗属生活水平不低于一般人民的生活水平。1940 年 8 月陕甘宁边区民政厅颁布了关于陕甘宁边区优待抗属代耕工作细则，指出优抗代耕工作的指导方针，即坚持物质与精神并重，保障抗属的物质生活和精神慰藉，实现消除前方将士的后顾之忧及增进军民关系的多重目的。1941 年 5 月陕甘宁边区颁布的《五一施政纲领》第四条明确指出"加强优待抗日军人家属的工作，彻底实施优抗条例，务使八路军及一切友军在边区的家庭得到物质上保障与精神上安慰"。③ 1943 年 1 月陕甘宁边区政府颁布了《陕甘宁边区优待抗日军人家属条例》，规定抗属优先于工属的优待原则，在保障优待抗工属物质生活的同时，提倡他们从政治上努力成为自力更生者。

但随着大生产运动的普遍发展及优待帮粮的提高，优待政策在具体执行中出现了走样。首先，部分抗属和工作人员模糊了代耕的意义，要求平均优待。如志丹县机关家属有 26 户，大部分都是家在本县，其中

---

① 陕西省档案馆等编：《陕甘宁边区政府文件选编》第 1 辑，档案出版社 1986 年版，第 41 页。

② 同上书，第 42 页。

③ 陕西省档案馆等编：《陕甘宁边区政府文件选编》第 5 辑，档案出版社 1988 年版，第 2 页。

原来不受代耕家景富裕的 12 户，自搬到机关后，就由群众代耕了。即其中原受代耕的 14 户，搬到机关后，粮、柴也都由群众驮送了。群众要为这 26 户家属从几十里路以外驮粮、送柴，每年耗费人工、驴工的价值等于给 25 个半人的全代耕。[①] 1945 年陕甘宁边区共有抗工属 33967户，其中受优待的有 15625 户，占 46%。1945 年征优待粮是 33378.55石，帮柴约折粮 13343.5 石，合 46722.05 石，将近等于 1945 年边区公粮的 2/5，个别县份，优待帮粮竟有超过公粮一倍的。如清涧县，1945年征帮粮 3567 石，超过公粮的 1/4 以上。再加 400 万斤帮柴，几乎高于公粮一倍。[②] 1943 年至 1945 年米脂县抗工属户数逐年增加，分别为976 户、1237 户、1527 户，优待帮粮数分别为 775 石、1607.83 石、2185.6 石，提高了近 2 倍。可以看出，米脂县帮粮数大大超过抗工属户数增加的比例。其中大部分是不合理的。[③] 这极大地增加了人民的负担。其次，抗战胜利后，各地对军工属采取不分贫富一律优待的办法，扩大了物质优待的范围，增加了农民负担，形成了干部家属生活特殊，脱离群众的严重现象。

为此，1946 年 5 月 23 日在陕甘宁边区第三届参议会政法组第四十案确定优抗范围对象为 "中农以上不予经济优待，只以精神优待，家庭有劳动力的贫农，帮助其建立家务，青年妇女鼓励其积极生产，免使她们有长期靠优待的打算和做法"。[④] 1947 年 2 月陕甘宁边区政府颁发了关于《优待革命军人家属及革命工作人员家属办法（草案）》，废除1943 年 1 月公布的优待条例，制定新的优待办法，着重指出只优待不能维持普通生活的贫苦军烈工属。但大部分地区仍采取不分贫富一律优待的办法，为彻底纠正这一问题，1947 年 12 月陕甘宁边区政府发出《关于今后优待军烈工属的原则》的命令，废除 1947 年 2 月颁发的优待

---

　　① 　陕西省档案馆等编：《陕甘宁边区政府文件选编》第 10 辑，档案出版社 1991 年版，第302 页。

　　② 　同上书，第 303 页。

　　③ 　同上书，第 303 页。

　　④ 　同上书，第 92 页。

草案，重新规定了优待军、烈、工属的原则。规定对于贫苦烈军工属首先帮助其打下建立家务基础，达到生产自给；凡系中农以上阶层之军、烈属和凡有劳动力之贫苦军烈工属及其本人，在土改中分得土地及牲畜、农具、粮食等财物者，不予物质优待。缺乏劳动力者但已分得土地财物的贫苦军烈属，可酌予帮工或代耕及补助柴火等物质优待。① 然而，有些地方在执行这一指示中，又发生了另外的偏向，如对于贫苦烈军工属采取不分贫富一律不管的态度，致使烈军工属一部分极其贫苦的濒于饥饿，有的迫不得已携儿带女投奔机关要饭吃。为纠正此偏向，1948 年 3 月陕甘宁边区政府特补充了《关于切实解决贫苦烈军工属生活困难的指示》，指示方针是应从各方面经常地组织并推动烈军工属生产，以劳力或物力的帮助为辅，达到帮助其建立家务的目的。对无以为生的烈军工属且系灾区的，地方政府以各家的不同情况分别救济。对于没有劳动力或缺乏劳动力又缺乏土地及不能经营其他生产事业的贫苦烈军工属，采取如代耕、包耕、帮工、帮粮、帮杂等办法分别给予必需之劳力、物力之帮助。② 为进一步改进关于优待军烈属的工作，1948 年 10 月、11 月和 1949 年 8 月陕甘宁边区政府分别颁布了《陕甘宁边区优待革命军人、烈士家属条例》、《陕甘宁边区抚恤革命烈士、荣誉军人及优待革命年老人员条例》和《陕甘宁边区革命烈士荣誉军工人员及年老之革命军工人员抚恤优待条例》的命令。

从这些条例指示的演变可以看出，陕甘宁边区政府在实践中不断充实和修正优抗政策，贯穿了既对抗属负责，又减轻民负的优抗工作的精神原则。

第三，优抗工作取得的社会成效

陕甘宁边区政府极其重视优抗工作，取得了很大社会成效。一是改

_____

① 陕西省档案馆等编：《陕甘宁边区政府文件选编》第 11 辑，档案出版社 1991 年版，第 241 页。

② 陕西省档案馆等编：《陕甘宁边区政府文件选编》第 12 辑，档案出版社 1991 年版，第 72—73 页。

善了抗工属的生活。1943 年前后，各县大部分改变了代耕，实行帮粮制。到 1945 年陕甘宁边区有三万多户抗工属，已全部过着温饱的生活。[①] 1945 年志丹县五区三乡给王海清、王世忠、王百成等八户抗工属共帮粮 22 石 2 斗。[②] 吴旗县二区一乡 24 户抗属中，有 22 户的经济生活都能维持着人民普通生活以上的水平。不能自给维持生活的仅有两户：一户是张连官家，劳动、土地、粮食、牲畜全缺，享受着全帮助，每年得帮四石五斗粮，吃喝不愁。另一户是李天海，缺土地、粮食、牲畜，家有七口人，两个半劳动力，原来光景好，有牛一对，马一匹，驴五头，羊四十只，1944 年因为做生意折本，把家产赔光了，落得个父子三个给人家揽工，1945 年政府照顾他，给补登记了八十垧地，光景就又逐渐好转。[③] 清涧袁家沟五乡学武村抗属王咸云，1939 年前，全家生活无着，曾讨过饭吃，1939 年后群众给代耕，但指靠不住，纺织挣钱，勉强过活。1942 年规定不给代耕队管饭了，一年才收一石粮，缺一半吃的。1943 年实行帮粮后，就有了很大改变，得到帮粮及自己纺织收入 5.3 石，除开支可结余 2.2 石。1944 年得帮粮及其他收入 7.05 石，除开支可结余 3.95 石，两年的余粮就相等于两年的开支，真正是达到了丰衣足食。[④] 这些都是抗属们基本上都过着无冻馁生活的实例。

二是提高了抗属的政治经济社会地位。政府在许多社会生活中，给抗属以尊敬和光荣。如优先领取救济款，开会看戏坐在前排等精神上的鼓励。1939 年 3 月陕甘宁边区政府公布的《陕甘宁边区劳动互助社暂行组织规程》中规定优待抗属办法，陕甘宁边区劳动互助社抗属社员有享受互助之优先权，非抗属社员帮助抗属社员劳动时，工资作八折计

① 陕西省档案馆等编:《陕甘宁边区政府文件选编》第 10 辑，档案出版社 1991 年版，第 298 页。

② 同上。

③ 同上书，第 299 页。

④ 同上书，第 300 页。

算，但抗属社员帮助非抗属社员劳动时，则工资应照一般计算。① 通过加强优抗工作，群众对抗属更加尊重与关心，每遇过年过节就去拜年送礼，开联欢会，开座谈会，互相交换意见，改进了优抗工作。② 1940 年庆环分区曲子县马岭区群众给抗属送了一百斤猪肉，一百八十六斤豆腐，一百二十升油饼，一石二斗麦子，七双袜底鞋底。1940 年 2 月 24 日庆环分区曲子县召开曲子第一乡抗属及部队中所带家属联欢会。③ 1944 年吴堡县岔镇区五个乡都请抗属吃了饭，三乡李家庄群众李兆忠等拿肉到抗属家拜年，岔区二乡刘家里丁鸿范请全村抗属吃饭。抗属们在政治经济上享有的优先权，大大提高了他们的政治经济社会地位。

　　2. 关注敬老慈幼工作

　　第一，做好慈幼工作

　　为培养健全民族后代和减少工作人员家庭顾虑，1937 年陕甘宁边区政府建立托儿所，免费收容工作人员的婴儿。为进一步加强儿童保育工作和培养新生代，1938 年 9 月将托儿所改为陕甘宁边区儿童保育分院，收容了二百余名儿童，使其获得了较为优良的待遇。如每三个儿童有一个保姆，五个幼稚生有一个教员。每天有白面、白米及代乳粉和牛羊奶等较好滋养料的供给。同时住的房屋亦较为舒适，儿童文化和卫生设备亦已稍得具备。④ 1941 年 1 月陕甘宁边区政府颁布了《关于保育儿童的决定》，决定在陕甘宁边区民政厅设保育科，各县市政府第一科内添设保育科员一人，区、乡政府内添设保育员各一人，专司孕产妇和儿童的调查登记统计卫生奖励保护等工作。要求各级政府以保育产母及婴儿健康为其卫生工作中心，开办保育员短期训练班，各党政军的卫生治

① 陕西省档案馆等编：《陕甘宁边区政府文件选编》第 1 辑，档案出版社 1986 年版，第 204 页。

② 陕西省档案馆等编：《陕甘宁边区政府文件选编》第 10 辑，档案出版社 1991 年版，第 298 页。

③ 陕西省档案馆等编：《陕甘宁边区政府文件选编》第 2 辑，档案出版社 1987 年版，第 161 页。

④ 陕西省档案馆等编：《陕甘宁边区政府文件选编》第 1 辑，档案出版社 1986 年版，第 128—129 页。

疗机关均应免费给人民孕产妇及儿童治疗疾病，民间贫穷无依靠的孤儿，送附近托儿所抚养。① 这些充分体现了对妇女及儿童保护工作的重视，从而使边区儿童生活情形得到了很大改善。1943 年 11 月 26 日《解放日报》刊载了《边区生产展览》一文，报道了保育院儿童每人每月吃一只鸡，五十个蛋，三斤肉，六斤水果，二斤枣，四斤糖的幸福生活情形，② 提出了希望全边区全国的儿童们都能达到这样的生活目标。

各机关设有托儿所，儿童津贴超过各机关的首长，光华农场专养奶牛奶羊补充他们的母乳不足，母乳必须吃到一岁半以上。对于民间小孩，针对不讲卫生儿童死亡率高的事实，妇联会及各机关先进妇女下乡宣传保婴常识和妇女卫生常识，收到了部分效果。③

抗战胜利后，1946 年陕甘宁边区制定了机关儿童生活标准，后因边区财政困难，1947 年陕甘宁边区颁布了关于《优待革命军人家属及革命工作人员家属办法草案》，降低了机关儿童部分生活标准，1 个月至 12 个月和 13 个月至 72 个月的婴儿每人每月供应肉标准分别由 1946 年的 8 斤减为 1947 年的 6 斤、7 斤减为 5 斤，比 1946 年的标准减少 2 斤肉；13 个月至 24 个月、25 个月至 48 个月和 49 个月至 72 个月的每人每日供应麦子标准分别为 10 两、14 两和 1 斤 2 两，和 1946 年标准相同；出生至一岁的婴儿一次性给大布三丈，棉花供给标准由 1946 年的 3 斤减为 1947 年的 2 斤，1 至 3 岁和 3 至 6 岁每人每年供应大布标准分别由 1946 年的 2 丈减为 1947 年的 1 丈 5 尺、3 丈减为 2 丈 5 尺，1 至 6 岁棉花供给每人每年都 2 斤，维持了 1946 年的标准。④

解放战争时期，为使遭受蒋胡匪灾的难童得以教养成人，陕甘宁边

---

　　① 陕西省档案馆等编：《陕甘宁边区政府文件选编》第 3 辑，档案出版社 1987 年版，第 33—34 页。

　　② 陕甘宁边区财政经济史编写组：《抗日战争时期陕甘宁边区财政经济史料摘编》第 9 编，陕西人民出版社 1981 年版，第 210 页。

　　③ 陕西省档案馆等编：《陕甘宁边区政府文件选编》第 3 辑，档案出版社 1987 年版，第 235 页。

　　④ 陕西省档案馆等编：《陕甘宁边区政府文件选编》第 11 辑，档案出版社 1991 年版，第 105 页。

区政府民政厅着手设立收容机关，1948 年 3 月统一定名为陕甘宁边区难童教养院。

　　在陕甘宁边区非常艰苦的经济条件下，陕甘宁边区政府、陕甘宁边区儿童保育院和陕甘宁边区难童教养院等机构出于对儿童的爱护和对儿童保育教养工作的重视，采取母婴卫生保育和制定儿童生活保障标准等一系列措施，力所能及地做了大量的慈幼工作，较好地完成了陕甘宁边区儿童保育工作，基本解决了战时难童教养问题，为培养民族优秀后代和抗战胜利做出了极大贡献。

　　第二，搞好敬老工作

　　陕甘宁边区政府加强敬老社会工作，为那些曾对社会贡献力量的年老无归者设养老院，使其老有所养、有所寄托。每年发给五十岁以上退休的工作人员养老金，仍服务的得到特殊优待；发给不能自给的民间老人养老费，社会制裁不尊重父母的儿女。[①] 1939 年 11 月高自立副主席在对延川县东阳区锄奸剿匪工作的复函中指出，应让延川县永坪区七乡九十八岁的老人马玉岗住在群众较多的村子去，由政府出粮食和菜钱，请老百姓轮流煮好饭送给他吃，不使他去讨饭。如果没有衣服，可发一套老羊皮袄和棉裤。提出不要让一个老人饿死、冻死，以免遗留不良影响的要求。[②] 为敬养革命老人，1941 年陕甘宁边区民政厅设立边区养老院，收容六十岁以上不能服务革命的工作者、六十岁以上无法维持生活的抗属老人和六十岁以上无法维持生活且有功于国家社会的边区老人入院养老。而养老院伙食和粮费"均超过边区一般公务人员待遇甚多，菜钱每日暂定为六毛（一般人员为八分），粮费亦倍于一般人员的。"[③]

　　陕甘宁边区敬老工作基本做到了老有所靠，真正保障了老年人的物

---

　　① 陕西省档案馆等编：《陕甘宁边区政府文件选编》第 3 辑，档案出版社 1987 年版，第 235 页。

　　② 陕西省档案馆等编：《陕甘宁边区政府文件选编》第 1 辑，档案出版社 1986 年版，第 418 页。

　　③ 陕甘宁边区财政经济史编写组：《抗日战争时期陕甘宁边区财政经济史料摘编》第 9 编，陕西人民出版社 1981 年版，第 209 页。

质生活和精神生活。

3. 正视灾荒赈济工作

陕甘宁边区地瘠民贫，灾荒连年。根据 1946 年 6 月陕甘宁边区政府民政厅公布的 1939—1944 年灾情损失统计，1939 年至 1944 年受灾人口合计 1055470 人，受灾面积合计 7649607 亩，损失粮食合计 576820 石。尤其是 1942 年受灾极为严重，受灾人口共计 352922 人，受灾面积达 856185 亩，损失粮食计 79720 石。① 1945 年受灾面积达 1788 万亩，受灾人口 54 万以上。

灾荒引起了各种问题，一是灾民普遍没饭吃，出现饿死人及自尽者现象。1941 年陕甘宁边区陇东分区发生旱灾、冻灾、风灾等自然灾害及顽匪灾，灾民普遍没吃的，以白蒿、红根、榆树皮、苜蓿、苦苦菜、麦麸子和油渣等充饥。环县灾民发出"今年五谷不收，环县站不住了"，"怎么老天爷不要环县人，我们活不成了"等呼声。1940 年神府县四区八乡屈家新庄沙沟饿死了一个六十多岁的女人。1940 年华池县白马区有一老汉家庭人多，只凭一块荞麦地过活，当看着虫把荞麦吃完了，自感无奈自缢在荞麦地边的树上了。② 二是出现逃荒事件。在请求政府救济无望时，灾民就搬家逃荒，于是发生了相当普遍的卖牲口现象，甚至有卖儿鬻女的事情，1940 年至 1941 年华池县有一百六七十家偷偷搬到曲子、庆阳和合县等县逃荒。③ 1941 年神府、三边和靖边灾荒严重，也发生了逃荒事件。三是影响了选举、经济建设、教育等方面的工作。如环县、曲子和华池县白天选举找不到人开会，大人出去找吃的；老百姓抱着"饭都吃不上，还开什么会"的态度，影响了生产情绪；政府收教育经费时，群众说："念书的钱应该出，这是公家为人民

---

① 陕甘宁边区财政经济史编写组：《抗日战争时期陕甘宁边区财政经济史料摘编》第 9 编，陕西人民出版社 1981 年版，第 263 页。

② 陕西省档案馆等编：《陕甘宁边区政府文件选编》第 2 辑，档案出版社 1987 年版，第 501 页。

③ 陕西省档案馆等编：《陕甘宁边区政府文件选编》第 3 辑，档案出版社 1987 年版，第 306 页。

办的好事，但是我们自个吃不上，哪有闲钱呢?""最好等我们夏收后再说罢!"使教育经费无法征收。因为大人到外面寻吃的，故大部分学生要求辍学在家照看牲口，如环县环区一所相当好的乡村学校——七乡学校，1940年学生三十余名，因1941年灾荒，只有十四名上学，[①] 而这种现象在各县乡很普遍。四是发生偷盗抢劫公粮现象。志丹、安塞个别区乡发生偷盗抢劫公粮和骚乱现象。还产生了因灾荒导致流落街头、家庭不和睦、离婚增多等严重社会问题。

因此，救济灾民维民生而安民心是陕甘宁边区政府面临的首要任务。它不仅关系到大量灾民的基本生存保障问题，而且事关陕甘宁边区政府地位能否巩固的重大政治问题。为此，陕甘宁边区政府充分意识到灾民问题的重要性，在用一切办法平息灾民骚动的同时，还采取了一系列卓有成效的措施，一方面竭力赈济灾民，领导农民开办义仓，另一方面组织群众生产自救，实行积极赈济，发动群众互济互助，积极防旱备荒，消除灾荒引起的社会危机。

第一，竭力赈济灾民。

边区政府竭尽全力救济和帮助劝慰灾民，做到真正关心人民生活。据统计，1940年以前，陕甘宁边区政府发放11000余石救济粮，赈款19万余元。1939年至1942年救济粮食合计7227.4石。救济款合计809746.8元。[②] 其中1941年拨粮3000余石，赈款35万元，拨给神府220石救济粮和三边专署2万元救济款。

第二，领导农民开荒田办义仓，倡导地方社会保险事业。

陕甘宁边区气候干旱，易遭荒旱灾荒，"三年一歉收，十年一大馑"为世代相传的警语。[③] 为此，各级干部、劳动英雄、经历过灾荒的

① 陕西省档案馆等编:《陕甘宁边区政府文件选编》第3辑，档案出版社1987年版，第307页。
② 陕甘宁边区财政经济史编写组:《抗日战争时期陕甘宁边区财政经济史料摘编》第9编，陕西人民出版社1981年版，第272页。
③ 陕西省档案馆等编:《陕甘宁边区政府文件选编》第8辑，档案出版社1988年版，第341页。

老人和学生利用县报、黑板报、集市、庙会等宣传灾荒典型事例，使干部群众自上而下都认识到备荒的重要性，不断创造生产生活新办法。如政府领导农民开荒田办义仓，倡导开展地方社会保险事业。

为此，各级政府在群众自愿乐施的原则下进行募捐，发动人民开荒田办义仓，甚至关中分区专署号召在群众自愿原则下平古坟开义田，收获粮食归义仓，展开救贫济急的社会救济运动。在丰收年时储粮到义仓，在荒年中急救灾民，平时救济贫苦老弱。截至1945年关中张清益建立义仓63处，开义田180亩，集粮44石。陇东分区建立67处义仓，集粮1008.31石。甘泉县创办义仓38处，开义田1195亩，存粮食201.1石。① 固临1945年给两百户贷出义仓粮123.43石，子长南区借出300石义仓粮。群众对此交口称赞，认为"自己装的粮救了自己"。② 还初步实现了储粮备荒，救济灾民的目的，充分体现了边区政府领导农民开荒田办义仓的社会公益性，这种行为对当代中国的社会救济事业仍有重要启发意义，是值得肯定的。

第三，发动群众互相救济。

陕甘宁边区赈济工作除政府赈济外，主要是发动群众互相救济。互相救济是人类的高尚品德，发动广大人民群众的力量救济少数人，是比较容易做到的，这或许是边区虽经济落后而没有乞食的理由。③

陕甘宁边区政府号召群众，发扬互助互爱的宝贵精神，发动组织群众互济互助，用一切办法生产自救，设法恢复其生产力量。1945年发生灾情后，为救济灾荒，政府拨了4000石救济粮，但主要是靠人民群众互相救济。据不完全统计，延安、延长、志丹、固临、甘泉、延川六县由群众互相调剂食粮达4200余石。三边分区调剂1200石粮食、102万斤牛草，仅延长一县在灾荒救济运动中就互济粮食1122.64石。关中

① 陕甘宁边区财政经济史编写组：《抗日战争时期陕甘宁边区财政经济史料摘编》第9编，陕西人民出版社1981年版，第361页。
② 同上书，第352页。
③ 同上书，第349页。

新宁县和马栏群众自动募捐给子长县灾民 190 万元。除此之外，还利用亲戚朋友关系借贷，如延安县丰富区用此法调剂粮 93.17 石。曲子揭吃粮 238 石而不取利。吴旗的调剂中大都为亲友所借，不取利。

　　之所以能够发动起群众进行互相救济，不仅得益于边区人民互相友爱的精神和政治觉悟的提高，而且可以部分归因于各级干部、劳动英雄和积极分子的带头作用。子长县干部提出保证不饿死一个人，华池劳动英雄乔连珠借出 17.15 石存粮救济了 100 多灾民。庆阳劳动英雄杨凤林以三石粮救济了附近三户灾民。①

　　当然，利用群众互相调剂解决灾荒问题时，有些群众难免有顾虑。其顾虑主要是害怕加重负担，或者怕把借出的粮食算在收入内，或者怕借出去不还，或者怕不给利息等。针对这些具体情况，当地干部进行了解释与给予保证，以便发动群众互相调剂的积极性。如延川有部分有钱户，因怕加重负担，怕公家说"剥削"，故不敢放出和借贷，干部了解后，对此进行了解释说服，提出"按有关信贷所决定执行利息，决不作收入计算"的保证。类似这样深入宣传解释的实例很多，在利用群众互相调剂解决灾荒问题时起了很大作用。

　　第四，积极防旱备荒。

　　陕甘宁边区除了努力救灾外，还积极防灾。一是召开一揽子会，传达防旱备荒的指示。1945 年赤水县为防旱备荒，乡政府召开乡干部、学校教员、积极分子和老年人一揽子会，传达区上对防旱备荒的紧急指示。二是利用积极分子在群众会上去宣传，如赤水县三区一乡西沟村梁老五，在该村群众会议上讲，"八路军毛主席跟前有能人哩，说啥就是啥，他对遭年馑不是今天才看到的，早几年前就看到了，比如前两三年公家叫百姓开荒多打粮食，去年的农户计划要叫做到耕二余一。又如去年叫每个人称二斤棉花，有些群众不听，现在花价涨，实吃亏不小，大

---

① 陕甘宁边区财政经济史编写组：《抗日战争时期陕甘宁边区财政经济史料摘编》第 9 编，陕西人民出版社 1981 年版，第 345、350、353 页。

家如照公家的话去做是不会错的……"① 三是利用老年人讲遭年馑时亲身经历的事实，向人民宣传防旱备荒的重要性。赤水县五区刘石村任新兴老汉七十多岁了，他在村民会上说："光绪二十六年遭了年馑，咱村有十六户死成了绝户。年馑前，全村二百五十口人，年馑后只剩下一百二十个人了。大家今天要听政府的话，好好地过日子。"任玉润听了这些话，认为对他家有益，不等会开完，马上回去把他家三个妇女叫来也参加会议……刘石村的李奉元是一个九十多岁的老汉，也在村民会上说："咱边区公家要咱防旱备荒，给人民操这番心，娃娃们回去都把粮食看的贵重些，不要浪费，若年馑来了，吃树叶都没有的。"有些人在会前不知开什么会，大家还在打闹着，但听了老汉的话，没有一个人再笑了，都表现出很难受的样子。② 四是利用河南来的难民讲述他们在河南遭年馑和千辛万苦逃来边区的实情。赤水县二区三乡南相屋村刘木匠是河南人，他把自己在河南所受的灾难讲了后便说，"咱公家对老百姓真好。叫咱赶快防旱备荒，若你们还不动手砍苜蓿，年馑来了想吃啥也没有，我们这里的河南人都准备好了几年的粮食，我家已经晒了许多苦曲菜，不信你到我窑里去看"。③

可见，陕甘宁边区政府采取了一系列具有创新之处的救济措施，坚持赈济灾荒和开办民间义仓运动及群众互济互助相结合的救济方针，基本形成了官赈和义赈相互结合的救济格局，呈现出陕甘宁边区灾民救济工作逐渐走向社会化的特点。突破了传统的消极救济模式，基本实现了陕甘宁边区维民生、安民心的救济工作宗旨。充分发挥了扶助底层民众、维护社会公平和稳定社会秩序的作用。

4. 注重优待移难民工作

陕甘宁边区邻近战区，抗战期间，迁入陕甘宁边区内的移难民总计

---

① 陕西省档案馆等编：《陕甘宁边区政府文件选编》第 9 辑，档案出版社 1990 年版，第 226 页。

② 同上书，第 227—228 页。

③ 同上书，第 229 页。

约 30 万人，他们有的是由河南、关中、汉中、榆林、横山、宜川、洛川、甘肃、宁夏等大后方的不堪生活逃来的穷苦人民，有的是从山西、河北等敌占区逃来的灾民，也有从边区内部绥德县、米脂、吴堡、佳县、清涧等绥德分区移居的移难民。根据 1946 年 6 月陕甘宁边区政府民政厅对 1937—1945 年边区移难民的统计数据，1937—1940 年、1941年、1942 年、1943 年、1944 年、1945 年安置移难民户数分别为 33735户、7855 户、5056 户、8570 户、7823 户、811 户，合计 63850 户；安置移难民人口分别为 170172 人、20740 人、12431 人、30447 人、26629人、6200 人，合计 266619 人。[①] 可以看出，1943 年安置移难民人数达到了 1941 年和 1942 年两年的移民总人数，1943 年是移难民大量涌进边区的一年。八年中边区共安置移难民近 27 万。为免于这么庞大数量的难民走入饥饿死亡或流为盗匪，陕甘宁边区政府采取了一系列措施。

第一，颁布相关优待政策条例。

1940 年 3 月陕甘宁边区政府颁布了《关于优待外来难民和贫民之决定》，规定移入边区的外来难民和贫民，可享有与边区人民同等的选举被选举权的民主权利及参加一切抗日团体的权利；享受免费义务教育的权利及选择正当职业的权利。[②] 随着难民不断涌入，出现了不安置难民，不发动群众互助和老户排挤难民等现象，为纠正这一偏向，1941年 4 月边区政府颁布了《优待难民办法》的布告，具体规定了采取分配土地窑屋；免征土地税或救国公粮二年；减轻其租用私人土地者的租子，第一年完全免除义务劳动，第二、第三年义务劳动负担减半等安置新移难民的十条优待政策。1943 年陕甘宁边区政府公布实行《陕甘宁边区优待移民难民垦荒条例》，规定垦荒难民可依据地权条例取得公荒

---

① 陕甘宁边区财政经济史编写组：《抗日战争时期陕甘宁边区财政经济史料摘编》第 9 编，陕西人民出版社 1981 年版，第 400 页。

② 陕西省档案馆等编：《陕甘宁边区政府文件选编》第 2 辑，档案出版社 1987 年版，第84 页。

公地之所有权。①

从这些条例可以看出，边区移难民享有分配土地、贷款、二年免交公粮、免征土地税及各种免税政策等广泛充分的权利。这些优待移难民条例的制定，保障了移难民的各项合法权益，为救济移难民工作提供了政策支持和政策保障。同时也反映了这些条例在实施过程中不断修正、逐步完善和更加切实可行，反映了边区政府对于难民问题的认识经历了一个由浅入深、由应急到治本的过程。这些优待移难民政策，极大地吸引了移民；仅1941年到1944年在多荒地区就增加了28300余新户，合计85800余人。②

第二，进行积极的应急性救济。

陕甘宁边区在充分利用1937年至1938年中央政府散发的救济金、甘肃省政府捐给的一万六千余元、行政院救济委员会拨给的十万元和国联防疫大队兰道尔先生捐给的一万元赈款的基础上，发放救济粮和救济款，进行积极的应急性的救济。据统计，1939年至1942年陕甘宁边区政府共发放救济粮722714石，救济款80974618元。③

第三，探索积极救济方式。

首先，帮助移难民建立家务，奖励贫苦移难民从事农业开垦。1940年3月边区政府颁布《关于优待外来难民和贫民之决定》，规定移入边区的外来难民和贫民，可享受请求政府协助解决生产工具、免纳二年至五年土地税或救国公粮及酌量减少或免除义务劳动负担等各项优待；1941年1月颁布《关于优待移民的布告》，指出政府帮助移民解决缺少农具籽种的困难；为了奖励各地难民贫民迁入陕甘宁边区从事开荒生产，繁荣边区经济，1942年2月陕甘宁边区政府制定《优待移民实施办法》，划定移民开垦区和设立移民站，规定垦区各级政府帮助移民解

---

① 陕西省档案馆等编：《陕甘宁边区政府文件选编》第7辑，档案出版社1988年版，第140页。

② 陕西省档案馆等编：《陕甘宁边区政府文件选编》第10辑，档案出版社1991年版，第18页。

③ 宋金寿：《抗战时期的陕甘宁边区》，北京出版社1995年版，第406页。

决各种实际困难，如发动老户向缺乏食粮籽种农具的移民进行借贷。移
民站帮助移民解决各种困难，如发给确因家庭贫困缺乏迁移费者每户三
十元至二百元的路费等。为重申要依照《优待移民实施办法》的规定
对移民垦区移民实施各项优待，1942 年 4 月陕甘宁边区政府颁布了
《优待移民实施办法补充要则》。为加强移难民工作及便利其垦荒，发
展农业生产，安定民生，1943 年 3 月陕甘宁边区政府重新制定了《陕
甘宁边区优待移民难民垦荒条例》，废除了 1940 年 3 月至 1942 年 4 月
相继公布的《陕甘宁边区优待外来难民和贫民之决定》、《陕甘宁边区
政府优待难民办法》、《陕甘宁边区优待移民实施办法》和《陕甘宁边
区优待移民实施办法补充要项》等文告。新垦荒条例全面系统地论及
了边区安置、优待移难民的政策与方针，为边区开展移民工作指明了方
向。① 规定移难民与边区老户享受同等的人权财权；老户不得欺压新
户；边区各级政府要及时解决移难民窑洞、籽种、耕牛、农具和粮食等
困难。② 在认真执行这些条例后，边区政府帮助和鼓励移难民进行垦荒
自救，为边区移难民调剂了大量土地、粮食、籽种、农具、耕牛等。据
统计，1940 年至 1942 年三年调剂土地分别为 10220 亩、3451 亩、6335
亩，合计 20006 亩；调剂粮食分别为 669.90 担、495.00 担、458.48 担，
合计 1623.38 担；调剂籽种分别为 40.18 担、8.20 担、47.37 担，合计
95.75 担；调剂农具分别为 424 件、2133 件、427 件，合计 2984 件；调
剂耕牛分别为 979 头、82 头、212 头，合计 1273 头。③ 据不完全统计，
1943 年全边区④赈济给移难民 3977 石 4 斗粮食，28922 坰熟地，4682 孔
窑洞；68 石籽种；发放 3057825 元农贷，634 把锨头。⑤ 1941 年甘泉县

① 胡民新等编著：《陕甘宁边区民政工作史》，西北大学出版社 1995 年版，第 199 页。
② 陕西省档案馆等编：《陕甘宁边区政府文件选编》第 7 辑，档案出版社 1988 年版，第
140 页。
③ 陕甘宁边区财政经济史编写组：《抗日战争时期陕甘宁边区财政经济史料摘编》第 9 编，
陕西人民出版社 1981 年版，第 394 页。
④ 陇东，只华池一个县的统计。
⑤ 陕甘宁边区财政经济史编写组：《抗日战争时期陕甘宁边区财政经济史料摘编》第 2 编，
陕西人民出版社 1981 年版，第 641 页。

移来 598 户共 1992 名难民。政府帮助解决 1566 大洋农具，救济 159 石粮食。①

其次，采取以工代赈方式。陕甘宁边区创办难民纺织厂、难民硝皮厂、农具制造厂和制革厂等工厂，收容了大量难民、残障人员和贫民。1938 年难民纺织厂初建时有 183 名工人，以生产棉纺织品为主，1939 年有 188 架纺织车和纺织机，其中 58 架已开工。② 1940 年 8 月至 12 月，难民纺织厂、农具制造厂和制革工厂三厂共盈余 6402.55 洋元。③ 这些工厂是在抗战背景下为实施以工代赈而创办的，既具有社会救济的性质，又发挥了职业教育和稳定社会秩序的职能，不仅对陕甘宁边区工业建设起到了积极的推动作用，而且实现了以工代赈及安定民生的目的。

再次，动员机关、部队帮助移难民。驻固临县的八路军安置了 19 户移难民，和移难民合伙种地，召开了难民与军队联欢会。庆阳八路军给初来难民送酒送肉，军官们亲自和他们拉话，六十岁难民老太婆感激地说："从来没有见过这样的军队，八路军真是我们老百姓的军队！"并告诫她的儿子们说："你们到边区来，要好好地生产，不然，怎样报答八路军的恩典呢？"④ 1942 年南泥湾机关、部队给 129 户移难民安庄稼，克服了以为庄稼种不好了还有公家救济的侥幸心理，提高了他们的生产情绪。⑤

第四，实行互助互济的办法。

边区政府动员边区全体人民的力量，充分发挥边区人民的聪明才智，发扬革命人道主义精神，实行互助互济的办法，安置救济移难民。

---

① 陕西省档案馆等编：《陕甘宁边区政府文件选编》第 4 辑，档案出版社 1988 年版，第 382 页。

② 陕西省档案馆等编：《陕甘宁边区政府文件选编》第 1 辑，档案出版社 1987 年版，第 329—330 页。

③ 陕西省档案馆等编：《陕甘宁边区政府文件选编》第 2 辑，档案出版社 1987 年版，第 185 页。

④ 陕甘宁边区财政经济史编写组：《抗日战争时期陕甘宁边区财政经济史料摘编》第 2 编，陕西人民出版社 1981 年版，第 643 页。

⑤ 中央档案馆、陕西省档案馆：《中共中央西北局文件汇集 1943（一）》，内部资料，1994 年，第 284 页。

同宜耀群众并出 111 孔住窑给难民住,赤水群众为移民预先打好 80 孔
窑洞,淳耀县老户给难民盖了三百多间房子。新宁县芦宝梁的群众为不
使难民因住不起店而露宿,在大路旁边盖好草房给难民路过住。新正县
的一、二两区给难民赈济 184 口煮饭锅。在移难民的生产上,群众的帮
助情绪更是热烈,如新宁县的群众在春耕中组织了 581 个劳动力在五天
中帮助移难民开荒 1480 亩,并播种了 310 亩。同宜耀的群众费了 2000
多个牛工,900 多个人工,帮助移难民种地 1900 多亩。新正县一区用
177 个牛工,帮助移难民种地 321 亩,开荒 117 亩。同时,还发动群众
帮助解决粮食农具、耕牛和籽种等困难。群众不仅帮助能生产的移难
民,而且帮助老弱残废的移难民。如介绍不能做农业生产的妇女们到合
作社领棉花纺线,固临县临镇区给不能劳动的跛子找放牛活干,介绍瞎
子老太婆给人家抱娃娃。[①]

　　面对数量巨大的移难民,陕甘宁边区党政军民共同努力,一方面采
取帮助移难民建立家务,奖励贫苦移难民从事农业开垦,以工代赈的方
式和动员机关部队帮助移难民等积极救济方式,另一方面实行互助互济
的办法。实现了移难民自救互济与发展生产并举的双重目的,及时妥善
合理地安置救济了大量移难民,顺利地完成了救济移难民的伟大社会事
业,取得了巨大的社会成效。

　　一是使移难民过上了饱食暖衣的生活。通过实施优待移难民政策,
边区移难民们安居下来,建立家务,发展生产,在边区两三年内就饱食
暖衣了。1935 年贺秉富全家三口人一无所有地来到一乡庙圪塔村,革
命后有三头牛和一头驴,1939 年打了六石粮。[②] 1933 年杨步如全家六口
人来到一乡石家畔村,革命后分了五垧地,有五头牛,1939 年打粮 20
石,1940 年还要多些。这些移民平均每人每年收粮 2 石或超过 2 石,不

---

　　① 陕甘宁边区财政经济史编写组:《抗日战争时期陕甘宁边区财政经济史料摘编》第 2 编,
陕西人民出版社 1981 年版,第 642 页。
　　② 陕西省档案馆等编:《陕甘宁边区政府文件选编》第 3 辑,档案出版社 1988 年版,第
194 页。

但全家吃不完，而且有盈余。1943 年关中分区的新来移难民，每一个劳动力开荒七亩九分，共开荒三万八千七百七十四亩七分。其中有很多是河南等地逃来的难民，在边区民主政治的扶持下，一年就翻了身，不仅过上了温饱生活，而且赢得了尊敬。如 1940 年河南难民陈长安来到边区，到 1943 年打下的粮食就够两年吃，1944 年富县人民选他为劳动英雄。他的父亲逢人就说："我到边区才九个多月，已经吃得饱，穿得暖。我活了七十多岁，才看见有这么好的政府。"① 为感谢中国共产党和边区政府使他们过上幸福安康的生活，移难民们编写了许多歌谣，其中一首在边区人民中这样传唱着："东方红，太阳升，中国出了个毛泽东，他给人民谋生存，他是人民大救星。边区红，边区红，边区地方没穷人，有些穷人选移民，拉断穷根要翻身。生产工作搞的好，边区地方没强盗，夜不闭户狗不咬，毛朱同志有功劳。"② 这段歌谣后来就演变为《东方红》这首著名的歌曲，这一方面反映了边区移难民对中国共产党和边区政府移民政策的极力支持，另一方面反映了边区人民生活的改善。总之，全边区像贺秉富、杨步如和陈长安这样的移难民是很多的，还有比他们发展更好更快的，他们的生活变化代表了陕甘宁边区移难民的历史。这样的例子在边区难民中是不胜枚举的，它生动地再现了陕甘宁边区移难民生活变化的侧影，充分说明了边区的难民救济工作是相当成功的。

二是增加了整个边区的劳动力，极大地促进了边区经济建设的发展，增强了抗战的力量。据不完全的统计，1937—1942 年五年来边区共扩大了 240 多万亩耕地，其中有 200 万亩是靠移难民的力量开荒增加的，1943 年全边区要增产八万石细粮，60% 的任务仍然是要依靠移难民去完成。③ 在 1941 年至 1943 年合计安置 6 万多移难民中约有 18300

① 陕西省档案馆等编：《陕甘宁边区政府文件选编》第 8 辑，档案出版社 1988 年版，第 4 页。

② G. 斯坦因：《红色中国的挑战》，李凤鸣译，希望书店 1946 年版，第 68—69 页。

③ 陕甘宁边区财政经济史编写组：《抗日战争时期陕甘宁边区财政经济史料摘编》第 2 编，陕西人民出版社 1981 年版，第 653 页。

多个劳动力，以一个劳动力平均耕种 20 亩地计，即可扩大耕地面积 366000 亩，以每亩平均收 2 斗粗粮计，每年即可收 73200 石粮食。从这些耕地数量与收获量可以看出，陕甘宁边区的耕地面积扩大了，粮食生产量增加了。这一方面使地尽其利，荒山变为良田，另一方面使人尽其力，穷人变为富人。这种事绩，只有共产党领导下的政权才能做出来。① 安置救济大批灾难民，不仅增加了整个边区的劳动力，而且极大地促进了边区经济建设的发展，增强了抗战的力量。

（三）陕甘宁边区社会保障的特点

在中国共产党的领导下，陕甘宁边区政府对陕甘宁边区社会保障事业进行了积极而有成效的探索，在优待抗日军人革命军人及其家属、敬老慈幼工作、妥善安置灾民和优待移难民等方面颁布了一系列方针政策措施，为边区人民提供了基本的生活生产保障，初步形成了陕甘宁边区社会保障体系，呈现出其特有的时代气息。

1. 博施济众的社会保障理念

陕甘宁边区社会保障的实施主体包括边区政府、群众个人和社会团体，甚至机关部队也积极参与到社会保障事业中来，社会保障覆盖了抗日军人革命军人及其家属、老人妇女儿童、灾民和移难民等社会成员，它的覆盖面广泛，体现了博施济众的社会保障理念。

2. 保障理念和保障实践的有效对接

为实践其保障理念，陕甘宁边区政府颁布了比较完善的陕甘宁边区社会保障政策法规和条例，采取了积极救济和消极救济相结合的方法，使得这些条例政策法规得到了良好的执行，基本满足了边区民众的生活需要，达到了边区社会保障政策的初衷，体现了陕甘宁边区社会保障理念和保障实践的有效对接，而不是仅仅停留于社会保障理念和政策制定的层面。

---

① 陕甘宁边区财政经济史编写组：《抗日战争时期陕甘宁边区财政经济史料摘编》第 2 编，陕西人民出版社 1981 年版，第 644 页。

3. 党和边区政府浓厚的底层意识

陕甘宁边区社会保障对广大农民的保障关注较多，主要是因为中国共产党和陕甘宁边区政府有着浓厚的底层意识，这注定他们走进底层，尽力满足农民的基本生活需求，体现了党和边区政府浓厚的底层意识。

4. 强烈的时代气息

陕甘宁边区政府对军人及其家属保障问题的高度关注，表明陕甘宁边区社会保障事业具有强烈的战争时代气息。同时，陕甘宁边区社会保障政策注重于抗属、抗工、移难民等群体的优待，这种带有倾向性的保护政策往往会增加普通民众的经济负担，在一定程度上导致他们的一些利益受损，不能有效保护他们的利益。

三　社会管理体制建设

由于处于新旧社会变革时期，陕甘宁边区存在鸦片烟毒、包办买卖婚姻和妇女缠足及"二流子"等社会陋习。边区政府厉行查禁工作，消除烟毒，改造烟民；废除封建婚姻制度，解放妇女；改造"二流子"。这有力地改革了封建腐朽的社会风俗习惯，重构了新的社会秩序，保证了社会的安全运行。

（一）消除烟毒，改造烟民

土地革命前，边区吸食鸦片非常普遍，严重摧残了人民的身心健康，扰乱了社会治安。为此，陕甘宁边区政府厉行禁烟禁毒，肃清烟毒。但由于日寇纵毒，边区偷运贩卖烟土和吸食鸦片现象又死灰复燃，愈演愈烈。根据 1939 年到 1941 年 6 月陕甘宁边区 20 个县的统计，陕甘宁边区司法机关共处理了 4553 件刑事案件，其中毒品案件为 1157 件，占到了全部案件的 25.41%[①]。反映了毒品案之多和烟毒问题之严重。而烟毒问题关乎着人民的身家性命和国家的生死存亡，为遏制烟毒

---

① 张希坡等编：《中国革命法制史（1921—1949）》上册，中国社会科学出版社 1987 年版，第 337 页。

贩运，保护国家人民利益，1941年10月23日国民革命军第十八集团军总司令部和陕甘宁边区政府重申禁令，颁布禁烟布告。为贯彻禁政，取缔烟毒，1942年1月陕甘宁边区政府成立了陕甘宁边区禁烟督察处，并通过了《禁烟督察处组织规程》和《查获鸦片毒品暂行办法》。① 经过七个半月的实践，发现有些条文办法不太切合实际，除对之进行修改外，还专设禁烟督察分处，1942年9月公布《陕甘宁边区禁烟督察处组织规程》、《陕甘宁边区禁烟督察分处组织规程》、《陕甘宁边区查获鸦片毒品修正办法》和《陕甘宁边区禁烟督察队服务规则》。② 1943年5月陕甘宁边区政府批准了《陕甘宁边区禁烟督察处修正组织规程》及《查获鸦片毒品第三次修正办法》，1943年9月陕甘宁边区政府颁布了《禁止吸食鸦片烟给专员公署、县（市）政府的指示信》，1943年10月国民革命军第十八集团军总司令部和陕甘宁边区政府颁布了《禁种禁吸烟毒布告》。

陕甘宁边区禁绝烟毒机构的设置和条例的颁布从法治轨道上加强了查禁工作，为保证禁毒禁烟工作的顺利进行提供了有力的组织保障和法律制度保障。禁烟毒工作主要涉及禁止种植罂粟、禁止贩卖出售烟毒和禁止吸食鸦片；对禁烟工作进行抗拒者，视情节轻重处1至3年有期徒刑或科200至500元罚金；奖励查获烟毒者和积极举报者等主要内容。

除此之外，还用各种方法发动烟民戒烟，贫农团、工会、妇女协会、儿童团和少先队等社会组织进行宣传教育烟民戒烟，发动广大群众和妇女儿童开展劝戒运动，发动烟民之间开展戒烟竞赛，通过罚金或罚苦役或群众大会上公审等方式教育烟民，禁止吸食鸦片。禁烟禁毒工作取得了显著成绩。有效遏制了陕甘宁边区内的非法种植、贩毒和出售毒品等犯罪活动，基本上消除了吸毒现象，使陕甘宁边区成为名副其实的

---

① 陕西省档案馆等编：《陕甘宁边区政府文件选编》第5辑，档案出版社1988年版，第44页。

② 陕西省档案馆等编：《陕甘宁边区政府文件选编》第6辑，档案出版社1988年版，第340—346页。

禁烟模范区，极大保护了边区人民的健康和利益，净化了社会风气，切实而有效地维护了社会秩序，为抗战救国做出了积极贡献。①

（二）废除封建婚姻制度，解放妇女

边区政府严格废除各种封建制度，废除封建婚姻制度，颁布新的婚姻条例，解放妇女。

1. 提高妇女社会地位

土地革命前，陕甘宁边区的妇女同全国其他地区的妇女一样，深受夫权、族权、神权、政权的压迫，处于社会的最底层，没有任何政治经济文化地位。大量存在童养媳、买卖婚姻、男人打骂妇女及妇女缠足等社会陋习。陕甘宁边区政府建立后，为革除大量存在的童养媳、买卖婚姻、男人打骂妇女及妇女缠足等社会陋习，提高陕甘宁边区妇女的政治经济文化地位，中国共产党和陕甘宁边区政府采取了一系列措施。1937年9月中共边区委员会颁布了《关于边区妇女群众组织的新决定》，提倡男女平等和妇女参加普选活动；反对打骂虐待妇女和买卖婚姻及童养媳等封建陋习，提倡放足运动；组织妇女参加识字运动和国防教育，号召青年妇女与儿童入校学习。这极大地提高了边区妇女的政治社会地位。1941年颁布的《陕甘宁边区施政纲领》规定："依据男女平等原则，从政治经济文化上提高妇女在社会上的地位，发挥妇女在经济上的积极性，保护女工、产妇、儿童、坚持自愿的一夫一妻婚姻制。"② 为贯彻执行这一纲领，改革边区传统的婚姻制度，消除婚姻关系中的男性压迫女性的问题，维护边区妇女婚姻自由的权益，陕甘宁边区政府分别制定颁布了《陕甘宁边区婚姻条例》（1939）、《陕甘宁边区抗属离婚处理办法》（1942）、《修正陕甘宁边区婚姻暂行条例》（1944）。为保护女婴和产孕妇的权益，1941年陕甘宁边区政府颁布了《陕甘宁边区政府关于保育儿童的决定》。

---

① 胡民新等编著：《陕甘宁边区民政工作史》，西北大学出版社1995年版，第308页。
② 甘肃社会科学院历史研究室：《陕甘宁革命根据地史料选辑》第1辑，甘肃人民出版社1981年版，第87页。

在颁布婚姻条例和其他相关条例的同时，1939年陕甘宁边区第一届参议会通过了关于妇女与婚姻家庭问题的决议，提出了七条办法，如鼓励妇女参政；设立妇女训练班，教育妇女文化、政治、救护、卫生和生产等知识；建立妇孺保健设备；禁止妇女缠足，禁止贩卖妇女、抢婚等行为，保证一夫一妻制，废除一切歧视妇女制度；增加女生及女工作人员津贴，优待产妇，解决妇女干部困难等。①

这些条例办法决议是调整陕甘宁边区婚姻家庭关系的法规，充分体现了男女自由平等的现代婚姻立法的根本宗旨，切实保护了陕甘宁边区妇女的政治经济文化社会等权益，极大地提高了妇女的社会地位。

2. 禁止妇女缠足

妇女缠足是封建积毒，是旧社会农民向贵族学来的陋习，缠足危害妇女健康，减少其生产能力，阻碍社会进步。为解除妇女痛苦，陕甘宁边区政府开始采取行政手段禁止妇女缠足，实行放足。1939年1月陕甘宁边区第一届参议会通过了"禁止妇女缠足"的决议，2月陕甘宁边区民政厅颁布了《关于禁止妇女缠足的布告》，布告指出："凡是尚未缠足的女孩子们，今后不得再缠；现在仍旧缠足的成年青年妇女（四十岁以下的）和女孩子们，马上放足，不许再缠。"② 1939年8月1日陕甘宁边区政府民政厅颁发《关于禁止妇女缠足的训令》，要求切实动员群众，发动小学教员说服劝导缠足妇女放足，小学生儿童团与其斗争，政府采取以劝导为主，处罚为辅，并以此项工作作为考察各县政绩尺度之一。③

为厉行督导各县按时完成放足工作任务，1939年10月陕甘宁边区政府给各县县长颁发了此项工作的训令。1939年曲子县府布置放足工作，组织了工作组，深临每家清查，推动各区对放足工作的执行。各区

---

① 中国科学院历史研究所第三所编辑：《陕甘宁边区参议会文献汇辑》，科学出版社1958年版，第46—47页。

② 雷志华等编：《陕甘宁边区民政工作资料选编》，陕西人民出版社1992年版，第426页。

③ 同上书，第432页。

与学校组织突击组，突击放足工作，要求十八岁以下女子禁止缠足。①
1939 年 8 月关中分区在县区乡长联席会议上根据边区政府所颁布的放
足条例和训令，在干部中进行了详细讨论，各县内建立了放足组织，机
关组织了宣传队，在群众中进行了深入宣传，如新正县三区八乡以及四
区，宁县一区，赤水县的直属乡，淳耀的直属乡等，都张贴了放足标
语，关中各县做到了十八岁以下妇女一律放足，没有缠带现象。其中最
好的新正三区八乡四百三十一名妇女，已放开的有二百八十七人，未放
者多系十八岁以上者。② 关中分区对于十八名落后顽固，经再三宣传始
终不愿放足者，进行了严格处分，如宁县一受罚者被罚了十二双袜子，
十一人做苦役。新正县各区送专署受法者五名，赤水县一受罚者在群众
大会上被戴了一个纸帽子游街。这一方面严厉打击了顽固保守不放足的
观念及破坏放足的分子，③ 另一方面体现了放足工作方式过左。

同时，要求干部、农村知识分子、劳英、模范工作者带头放足或不
缠足，使农民向他们学习。严厉处罚一些起反作用的干部，如给自己的
女儿缠足，影响群众。④

经过努力，强烈地冲击了顽固保守不放足的传统观念，解除了妇女
的痛苦，维护了妇女的身体健康，基本消除了陕甘宁边区妇女缠足的陈
规陋习，促进了边区社会经济的发展和思想观念的嬗变，改善了边区的
社会环境。

（三）改造"二流子"

"二流子"是对那些无正当职业而为非作歹的社会寄生虫的统称。
根据 1944 年 5 月 1 日《解放日报》刊载的《边区"二流子"的改造》
一文的报道，1937 年前延安市不到 3000 人，其中 500 人是"二流子"，

① 陕西省档案馆等编：《陕甘宁边区政府文件选编》第 1 辑，档案出版社 1986 年版，第
436 页。
② 同上书，第 422 页。
③ 同上。
④ 陕西省档案馆等编：《陕甘宁边区政府文件选编》第 13 辑，档案出版社 1991 年版，第
89 页。

占人口总数的 16%。延安县约 3 万人口，其中 1692 人是"二流子"，占人口总数的 5.6%。在全边区约 140 万人口中，大约有 7.8 万人是"二流子"。大量"二流子"的存在，一方面加重了边区的财政负担，另一方面极大地干扰了社会秩序，败坏了社会风气。所以，彻底改造"二流子"是陕甘宁边区社会管理的一个重要内容。

所谓改造"二流子"，就是把这些为非作歹的社会寄生虫改造成新社会的好公民，是保障人民淳朴风俗和边区社会发展一项重要社会政策。1941 年 5 月陕甘宁边区政府颁布的《陕甘宁边区施政纲领》第十九条明确规定"给社会游民分子以耕种土地，取得职业与参加教育的机会，纠正公务人员及各业人民中对游民分子加以歧视的不良习惯"。[①]

1. 改造"二流子"的主要措施

第一，政府帮助"二流子"解决物质上的困难，帮助其转变。

虽然许多"二流子"表示愿意转变，但因失掉了土地，或者缺乏工具、牛力和籽种等生产条件，转变是很困难的。如清涧县石咀驿区三乡赵家沟的两个"二流子"，穷得什么也没有，村长帮他们找掌柜去揽工，并发动群众调剂十坰土地给他们种。环县东区一乡"二流子"赵彦岐，政府给他调剂了土地、农具、籽种，有牛的人家又和他变工，提高了他的生产热忱，种了五十多亩地。延安市南区政府在有转变的五十个"二流子"中给三个人找到了泥工，给十三个人借资本摆摊做小买卖，给一个人调剂了土地，女"二流子"十七人则发给纺车使其纺纱。[②]

第二，依靠群众力量，采取劝导教育感化的办法。

采用规劝的办法，由改过自新的农民、近亲好友和农村有威望人士及劳动英雄们规劝感化监督"二流子"，帮助其改邪归正。如由"二流

---

① 陕西省档案馆等编：《陕甘宁边区政府文件选编》第 5 辑，档案出版社 1988 年版，第 4 页。

② 中国人民大学中共党史系资料室：《中共党史教学参考资料（本系专业课用）》抗日战争时期下册，1981 年编印，第 200 页。

子"转变过来的著名劳动英雄刘生海在边区劳动英雄大会上现身说法。他的例子鼓励了村里另外两个"二流子"下决心改造。通过这种方式产生了不少刘生海式的劳动英雄，仅新宁县就奖励了二十五个转变的"二流子"。① 延安姚店区"二流子"谢明旺，老婆劝他改正他不听，老婆就回了娘家，要和他离婚。赤水"二流子"何二的老婆，看见他做坏事，就到政府去报告。清涧城区"二流子"王玉凡的七岁儿子哭着不让别人把王玉凡叫"二流子"，也不让戴"二流子"布条，使得王玉凡深受感动。这些妻劝夫、子劝父的事迹举不胜举。清涧许多乡村的村民公约上，更进一步规定对"二流子"实行"经济封锁"，使之无法活动，然后规劝改正。如城区一个"二流子"，偷卖家里的口袋，到处卖不出去，有一次一个人答应买他的口袋，他很高兴，可是买口袋的人把口袋送还他老婆，要他回家取钱，这样的"经济封锁"就逼得这个"二流子"参加了生产。"模范党员"申长林和杨朝臣等劳动英雄的事迹宣传后，使部分"二流子"革除恶习，改邪归正了。申长林帮助两个"二流子"转变了，杨朝臣帮助六个"二流子"转变了。② 正是依靠群众力量，采取劝导感化的办法，帮助"二流子"革除恶习，"二流子"改造工作取得了很大成就。

第三，施行强制和半强制，处罚与教育感化兼并的办法。

对少数说服教育无效的最顽劣"二流子"，施行强制和半强制处罚与教育感化兼并的办法。1942 年蟠龙区政府采用让 27 个"二流子"写保条的方法，结果 20 个生产很好。1943 年，延安县利用旧日民间流行的"吃各夥"办法，（也就是村民吃羊约定几件事，谁个违反就赔羊钱。）在各村普遍制定村民公约，约定不吃烟、不赌钱、不当"二流子"等项，谁违反公约就处罚谁。③ 延安市曾为"二流子"制定纪律和

---

① 中国人民大学中共党史系资料室：《中共党史教学参考资料（本系专业课用）》抗日战争时期下册，1981 年编印，第 200 页、第 198 页。

② 同上书，第 196 页。

③ 雷志华等编：《陕甘宁边区民政工作资料选编》，陕西人民出版社 1992 年版，第 487 页。

公约：（1）不染不良嗜好；（2）不串门子；（3）不招闲人；（4）不挑拨是非；（5）要有正当职业；（6）如有违反，罚工。① 1943 年春耕动员当中，各处干部都宣传了改造"二流子"的意义，奖励劳动英雄大会上，戴红花的劳动英雄昂坐主席台上，挂白条的著名"二流子"则低头立在劳动英雄身旁，这种显著的对照是最有力的社会教育。一些县区如绥德分区在举行奖励劳动英雄大会上，给那些著名的"二流子"身上戴白布条、挂木牌。② 被拉到台前，台下群众哄堂大笑，强烈地刺激着"二流子"。蒋生俊、辛振有等"二流子"被公众讥笑后，痛改前非。1943 年延安市划定 110 名"二流子"，其中有 39 名女"二流子"。"二流子"的门上和身上被强迫佩戴有"二流子"的徽章标志，只有在真正参加生产之后才被准许摘去。对女"二流子"，规定她们受家人严格束缚，帮助丈夫整顿家务，如有不改，则丈夫打骂，政府不管，也不准离婚，③ 这样就可以使她羞愧地改造过来。1944 年延安姚店区政府对五乡屡劝不改的"二流子"罗兴银，在甘谷驿集市上挂了"二流子"牌后，才使她转变了。靖边县派"二流子"修坝；清涧县罚"二流子"扫街，把他们编成"二流子"队，转变后可以退出；延安叫女"二流子"洗衣服；新正县则预先确定"二流子"负担公粮数目逼其生产。④ 对于死不悔改的"二流子"，采取强制办法管理。绥德县设立了戒烟所，有组织地收容改造"二流子"。这样，一方面改造了这些最顽劣者，另一方面对别的"二流子"起到了警惕作用。所有这些强制和半强制的办法，其目的仍在教育改造。

2. 改造"二流子"收到的社会效果

由于深入调查"二流子"的具体情况，确定"二流子"划分标准，

---

① 中国人民大学中共党史系资料室：《中共党史教学参考资料（本系专业课用）》抗日战争时期下册，1981 年编印，第 197 页。

② 同上书，第 199 页。

③ 张汉武：《谈延安市"二流子"的改造》，《解放日报》（延安）1943 年 5 月 24 日。

④ 中国人民大学中共党史系资料室：《中共党史教学参考资料（本系专业课用）》抗日战争时期下册，1981 年编印，第 199 页。

依靠党政领导和群众教育相结合，说服教育与强制办法兼施等有效办法，加之惩盗剿匪禁娼的实行，从而建立了淳朴的社会风俗，消除了"二流子"存在和发展的社会依托，更重要的是在陕甘宁边区大生产运动热潮的影响下，边区生产战线上通过劳动互助社、劳动义务队、春耕运动委员会、妇女生产学习组、义务耕田队等活动有组织地动员了社会中一切劳动力。在劳动锻炼中，使"二流子"改邪归正，彻底改造为自食其力的劳动者，取得了卓越的社会成效。

第一，增加了边区劳动力，发展了边区经济建设。

安塞县杨树枝，1942 年种了十八亩地，自下种以后就不管了，除四亩地锄过一次，其余的全部荒芜，才打两石多粮，吃了两三个月，1943 年转变以后，种了六十余亩，收粮十四石八斗，分养羊分得十五只，还赚了九千余元的工资。延川县城市区转变的 43 个"二流子"，1943 年光种地就种了 939 亩，约可打粮 124 石，比 1942 年能多收粮食 84 石，如果说每人每年粮食消耗一石五斗，则这四十三个转变的"二流子"所生产的粮食，就够五十六个人的食用。陇东分区转变的 732 个"二流子"，开垦了 2990 亩荒地，平均每人开荒四亩八分，甘泉 132 个转变了的"二流子"开荒 605 亩，平均每人开荒四亩六分，延安金盆区 22 个"二流子"开荒 275 亩，平均每人十亩多。如至少每人生产一石五斗细粮，则 1943 年年底 5587 名改造了的"二流子"便可生产八千三百余石细粮。[1] 正如美国记者福尔曼在 1944 年随中外记者访问团采访延安后，确立了"延安是劳动者的社会"的深刻见解。[2]在陕甘宁边区，劳动被真正地尊敬着，是为了每个劳动者自己和全体社会的幸福而发展。[3]

第二，激励了群众的生产热情。

群众视"二流子"为农村祸害，因此，极力拥护政府改造"二流

---

① 中国人民大学中共党史系资料室：《中共党史教学参考资料（本系专业课用）》抗日战争时期下册，1981 年编印，第 192 页。

② ［美］福尔曼：《北行漫记》，陶岱译，解放军文艺出版社 2002 年版，第 69 页。

③ 孙照海选编：《陕甘宁边区见闻史料汇编》第 3 册，国家图书馆出版社 2010 年版，第 156 页。

子"工作和自愿帮助"二流子"改造。1943 年边区共改造 4500 个"二流子"转入生产运动,对普遍地发动边区人民的劳动生产热忱产生了积极影响。如出席 1944 年 1 月劳动英雄代表大会的三边劳动英雄刘生海,原来是个"二流子",没米没面,他的老婆提出要和他离婚,但在政府帮助下,他 1943 年种了 28 垧地,收了 6 石多粮,铺盖衣服都换了新的;1944 年拟种地 40 垧。他已经由消极的寄生虫变成了模范的生产者。[1] 再如刘兴胜转变后,延川城市区的群众说:"政府的办法真正好,要不是今年抓紧'二流子'生产的话,刘兴胜这些人到现在一定还是一个穷光蛋和混鬼呢!"许多人都说:"'二流子'生产得美了,咱要不好好劳动,就要被'二流子'赶过去了!"[2]另外,在劳动互助热潮的影响下,出现了许多"二流子"参加劳动互助因而转变并成为变工队的队长和组织"二流子"变工队的例子。延川的四百六十五个"二流子"中参加变工的八十三人,参加扎工的三十二人,同宜耀衣食村的一个"二流子"班子开荒四十七亩,并不比一般劳动力差。靖边县把甲村的"二流子"编到乙村的变工队,乙村的编到甲村,以免他们回家偷懒,志丹县把"二流子"编入变工、扎工后减少了大家在地里的牵挂,免得"二流子"偷东西和到婆姨家里溜达。[3] 这就大大提高了群众的生产热忱。甚至连道士、瞎子、老妇人也转入了生产的浪潮。如淳耀县庙湾区大香山金刚庙张凤鸣道士,1943 年春受群众开荒热潮的影响,剃光头发,不顾老师阻止,搬住莲花洞务农。庆阳县三十里铺有一个瞎子,五十七岁了,开荒期间不甘落后,叫他的孙子牵往地里,终于开了四亩五分荒。志丹县妇女劳动英雄胡老婆,1943 年秋收割时,鸡叫两次就跑到各家门口喊叫大家快起床,鸡叫三次收拾起身,天刚亮就到了地

---

① 陕西省档案馆等编:《陕甘宁边区政府文件选编》第 8 辑,档案出版社 1988 年版,第 4 页。
② 中国人民大学中共党史系资料室:《中共党史教学参考资料(本系专业课用)》抗日战争时期下册,1981 年编印,第 193 页。
③ 陕甘宁边区财政经济史编写组:《抗日战争时期陕甘宁边区财政经济史料摘编》第 2 编,陕西人民出版社 1981 年版,第 502—503 页。

里，很快割完了全村庄稼。①

第三，改造了边区社会。

到 1943 年年初，已有 6 万多"二流子"转变为好的劳动者，还有 9554 名"二流子"，到 1943 年年底已经改造了 5587 名，改造了 58.5%。将逐步实现百分之百的改造，② 甚至改造整个"二流子"村。安塞华里湾是有名的懒汉村，住着十四户人家，几乎每家都是"二流子"。村里人大都好吃懒做，不务正业。家里没有吃的了，便到别处揽工，赚了点钱回来，一下子就又吃完了。其中有三家实在无法生活了，便搬到临近村子去依亲靠友过活，剩下十一家，仍然有十家半是"二流子"作风。好几家人在元旦日也只是吃些小米饭和咸菜，没有一片肉。在模范工作者和劳动英雄及整个第二保管处战士们提出参加生产的号召下，成立了变工队，定下了四条规约：全村的劳动力都参加；有事要请假；无论给谁家干活，都要一样出力；每天要起得早。这样，华里湾整个村子的面目就焕然一新了。1944 年华里湾多开了六十垧荒地，多打了七十多担粗粮，全村收粮 240 石左右，足够全村各户一年吃的。因此，把"二流子"改造成健康勤劳的新人，就会极大地转变社会风气，就会使陕甘宁边区转变成无懒汉无小偷的温饱而稳定的新民主主义社会。③所以说，改造"二流子"就是改造不符合新民主主义社会要求的人的生活方式和行为规范，培育身心健康的新社会的主人，是改造人和塑造人的工作，也是变革社会的一项非常艰巨的工作。因为变革社会，开展社会建设，必须有人的努力。

通过改造"二流子"工作，动员各种社会力量参与社会建设，提高了国民素质，突破了社会隔离的壁垒，促进了社会融合，这项工作是新民主主义社会建设的重要组成部分。

---

① 陕西省档案馆等编：《陕甘宁边区政府文件选编》第 8 辑，档案出版社 1988 年版，第 1—3 页。

② 中国人民大学中共党史系资料室：《中共党史教学参考资料（本系专业课用）》抗日战争时期下册，1981 年编印，第 190—191 页。

③ 肖三：《稀有的事，改造整个"二流子"村》，《解放日报》1944 年 12 月 13 日。

第三节　实体层面的社会建设

陕甘宁边区实体层面的社会建设主要包括社会事业建设和社团组织建设等内容。

一　陕甘宁边区的社会事业建设

边区政府非常重视社会事业建设，这种重视在政府报告和法律条文中都有所体现。1941 年 11 月林伯渠在陕甘宁边区第二届参议会上作的政府工作报告指出："普及国民教育，消灭文盲，提高人民的民族精神与生活知识。这就要广泛推行新文字，不断改进师资，加强干部教育，推广通俗书报，奖励自由研究，提高科学知识，与广泛开展文艺运动，并且革除恶俗，肃清过去残留毒害，以谋人民的福利。在这里要禁绝烟赌，要彻底厉行放足，提倡清洁运动，改良公共卫生，改善医药，实行儿童保育，减少人民疾病死亡，特别是婴儿死亡率以增加抗战力量。"[1] 1944 年 7 月陕甘宁边区政府李鼎铭副主席在边区参议会常驻委员会和边区政府委员会联席会议上的报告指出，边区人民的物质生活虽已开始进入丰衣足食，但他们的文化生活却还是很落后。文盲占极大多数，迷信与肮脏也占极大多数，疾病不知防范医治，坐以待毙。边区人民应该享有而且可能享有与其物质生活相称的文化生活。[2] 1946 年 10 月《陕甘宁边区自治宪法草案（修正稿）》第十一条规定边区人民有受教育之权利。其保证为普设各种学校，免收学费，并给贫寒学生以生活费用，

---

[1]　陕西省档案馆等编：《陕甘宁边区政府文件选编》第 4 辑，档案出版社 1988 年版，第 275—276 页。

[2]　陕西省档案馆等编：《陕甘宁边区政府文件选编》第 8 辑，档案出版社 1988 年版，第 291 页。

并在不妨碍生产或职务之条件下，实施广泛的文化教育与业务教育。①
第六十四条规定边区文化教育之一切设施，均依民族、民主、科学、大
众之原则，以普及与提高边区人民之文化水准与职业技能，并培养各种
建设人才。第六十五、第六十六、第六十七条分别规定普及初级教育，
扩充中等教育，推广职业教育，充实师范教育；改进并提高高等教育；
推广社会教育与补习教育，开展识字运动，组织各种文化活动，以扫除
文盲与愚昧现象，使失学之青年、成年受到最低限度之国民教育。第六
十八条要求改进环境卫生，预防疾病传染，推广医药设备，发展体育运
动，以增进人民健康，增加人口繁殖。②这些报告和法律条文充分体现
了边区政府十分重视文化教育医药卫生等社会事业，关注人民精神文化
生活和身体健康问题。

（一）初步构建文化教育体系

革命前，边区教育落后，文盲占总人口的99%。自边区建立以来，
文化教育逐步发展起来。小学个数及小学生人数由1937年春季的320
所5000名学生增加到1938年秋季的773所16725名。其中完全小学16
处，模范小学78处。1938年小学数比革命前增加6倍，比1937年也增
加了1倍以上。③（详见附录四）但客观地讲，边区的文化教育仍落后
于实际的需要。到1941年，学校学生数虽有增加，但学龄儿童在学的
只有四分之一；文盲数目从过去的99%减少到93%—95%；学校质量
差，有些教员水平低得惊人，课本异常缺乏；学生流动现象极为严重，
动员学生入学极为费力，学习进度慢，留级现象普遍。④

为改变这一现状，陕甘宁边区政府非常重视边区人民文化教育问

①　陕西省档案馆等编：《陕甘宁边区政府文件选编》第11辑，档案出版社1991年版，第
250页。

②　同上书，第258页。

③　陕西省档案馆等编：《陕甘宁边区政府文件选编》第1辑，档案出版社1986年版，第
143页。

④　陕西省档案馆等编：《陕甘宁边区政府文件选编》第4辑，档案出版社1988年版，第266—
267页。

题，积极探索公办教育和民办教育相结合的教育方向，认真实施大众教育方针。初步构建了包括干部教育、社会教育和学校教育等不同层次的文化教育体系。由于处于抗战的特殊时期，边区的教育呈现出独有的特征。陕甘宁边区政府充分认识到干部在政治路线确定后所发挥的决定性作用，所以，非常重视干部教育，把干部教育放在边区教育之首，而边区落后的文化阻碍着广大人民的抗日热情及生产积极性，这样就把民众的社会教育摆在了学校教育之前，从而在教学方法和教学内容等方面都进行了一系列革新。

第一，重视干部教育

作为党中央所在地的陕甘宁边区，身负着培训和输送大批优秀干部到前线服务的重大责任。为完成此重任，陕甘宁边区建立了"抗日军政大学"、"鲁迅艺术学院"、"陕北公学"、"民族学院"和"延安大学"等著名的干部学校。通过培训教育，极大地提高了各级各类干部水平，为抗战时期陕甘宁边区和其他抗日根据地培养了急需的干部人才，也为抗战胜利及新中国的社会建设提供了人才准备。

第二，普遍发展社会教育

为进一步组织广大青年和群众进行经常性的政治文化教育，增进抗战建国力量，1938年8月陕甘宁边区政府颁布了《陕甘宁边区各县社会教育组织暂行条例》，该条例正式提出了识字组、识字班、半日校、夜校、冬学和民教馆等形式多样的正规社会教育。

实际上，该条例颁布前，早在1937年9月陕甘宁边区政府就提出了识字运动，1937年冬季开办第一次冬学，全边区共创办六百余处冬学，约一万名学生。1938年建立了5834个识字组，共有39000多名组员。识字组、识字班以识字扫盲为主要教育内容，兼顾学习时政。随着识字组的建立，以小学为中心建立了半日学校和夜校，组织不脱离生产的成年男女进行识字教育。夜校设语文、常识和算术为其基本课程。识字组、识字班和夜校都没有专职教师，而是由附近小学教师或者当地机关干部兼任。到1941年社会教育以各种不同的组织形式，在边区有了广泛的发展。截至 1941 年，陕甘宁边区有二十五处民教馆、五处图书馆、四处阅览室、十个剧团等文化教育活动组织。

冬学运动、识字组或民教馆工作的开展，减少了 5% 的文盲，逐渐改变了封建社会遗留给人民的愚昧和落后，提高了人民对团结抗战的认识。但也有些识字组或民教馆，未能和人民实际生活结合起来。为此，1942 年陕甘宁边区教育厅指出，把各种形式的识字运动扩大为一般的社会教育；1943 年冬明确指示，提出社会教育活动要和生产运动、拥军拥政爱民运动、防奸自卫和减租减息等工作紧密结合的新方针，以此广泛而深入地开展边区社会教育。社会教育也由比较正规的组织形式，走向非正规的教育形式，如陕甘宁边区人民群众以表现新时代的秧歌剧戏剧等民众娱乐活动形式，歌颂边区政府和军队，歌唱群众自己的生活，极大地教育和改造了边区人民。1943 年春节西北文工团在陇东分区出演《孙万福回家》、《八路军和老百姓》和《模范城壕村》等节目。延大鲁艺工作团、民众剧团、留政工作团、平剧院、文工团和八一剧团等团体分赴关中、陇东和绥德等分区开展各种文教活动及群众自己组织起来出演的秧歌剧。绥德分区文工团除表演新秧歌剧、秦腔外，还在戏剧中解释政府法令，帮助群众教唱歌、讲解画报、读报、写标语等，为群众所欢迎。当他们在绥德戴家洴出演时，群众说："我们不愿看旧戏班子的戏，你们的新戏，又好看，又能劝解人，演的是咱们自己的事，容易解下。"在义合演模范村郝家桥时，一个老百姓高喊"咱们要向郝家桥看齐"，得到了全村的响应。[①] 在子长县第一完小西区出演"'二流子'转变"秧歌，劝导"二流子"转变，推动了群众的生产积极性。在陇东分区，群众组织起来表演自己亲身经历和熟悉的题材，得到交口称赞的秧歌剧有高迎区的"黑牛开荒"，庆阳市的"劳军"、"耕田"，三十里铺的"夫妻开荒"、"揭地"等。米脂印斗三乡高玉声编了一首颂扬边区的政府和军队的秧歌，"一盆莲花院里开，我请自卫军听话

---

① 陕西省档案馆等编：《陕甘宁边区政府文件选编》第 8 辑，档案出版社 1988 年版，第 491 页。

采，自卫军配合了八路军，军民联合打日本；一棵白菜三条根，自卫军看见八路军亲，我问同志哪里去，打倒日本享太平；腊月里来又初五，八路军把守了东河口，自卫军就是好帮手，盘查放哨又实受；自卫军真正好，扛起红缨枪耍大刀，这是共产党领导好，这是咱毛主席计划高；众位同志听分明，只要咱们一条心，实行减租又生产，盘查放哨多操心，明年的生产更要好，丰衣足食迎新春"。① 可以说，新秧歌在某种程度上就是斗争秧歌。新秧歌的兴起和普及不仅丰富了边区人民的精神生活，而且起到了宣传中国共产党的各项方针政策主张和动员民众的政治社会作用。

在利用秧歌剧戏剧这一非正规形式的同时，还利用与生产相结合的读报组，推进社会教育。如关中庙家湾唐将班子利用休息时间，由书班读报，当读到本班子的新闻时，提高了群众的生产热情和政治认识。淳耀合作英雄田荣贵把村里八个放牛娃组织起来，规定他们一边放牛，一边识字，大家轮流看牛和识字。这样一来，牛放好了，不糟蹋庄稼，娃娃忙于识字也不闹架。又如安塞马家沟村，在劳动英雄陈德发的带领下1944 年年初成立了读报组，读报后，他们了解了别的劳动英雄和模范村的生产方法，他们说："还可读了报，可解下许多劳动英雄的好办法，咱们都要学习人家。""过去不读报，一满黑洞洞的，还可读了报，毛主席给咱老百姓计划的什么，咱们都知道了。"他们读了"怎样组织起来"，不但认识了组织起来的重要性，而且具体研究了本村的变工队及各组间互相竞赛督促的问题。他们读了吴满有创造模范乡的计划，便讨论到本村的春耕准备不够，马上掀起了全村参加砍柴的运动。他们读了合作英雄田荣贵、樊彦旺办的合作社，更认识到合作社的好处，立即自动提出加入股金的数目。② 正是在生产与社会教育的密切结合下，1944 年马家沟村成为陕甘宁边区典型的模范村。

---

① 陕西省档案馆等编：《陕甘宁边区政府文件选编》第 8 辑，档案出版社 1988 年版，第 492—493 页。

② 同上书，第 493 页。

在边区，利用秧歌剧戏剧与读报组等非正规形式推进社会教育，使边区的社会教育呈现出多样化并存的局面，显现出正规和非正规的社会教育组织形式相结合的特征，体现出鲜明的时代烙印。

第三，加强学校教育

随着陕甘宁边区人民物质生活的改善，他们对于文化教育的需要更加迫切。以延安市南区南郊乡韩家窑子村为例，该村 23 个死婴中因脐带病而抽风、噤口而死的便有 6 人，占全数的四分之一弱。因此，妇女们学习剪脐带的知识是非常迫切的。一般地讲，卫生情况和文化程度成正比。因此，提倡妇女卫生，减少妇女疾病，首先要提高她们的文化水平。该村李荣香读书 5 年，能看《群众报》，对于医院有很高的信仰，能接受医院的教育，这一方面与她切身得到医院的好处有关，另一方面和她本人的文化程度也有很大的关系。①可见，落后的文化教育会阻碍卫生建设和社会进步。

为了满足群众的文化需求，1937 年 10 月边区政府提出了对学龄儿童实施免费义务教育的要求。1940 年 3 月和 12 月又分别颁布了《陕甘宁边区实施普及教育暂行条例》和《陕甘宁边区实施义务教育暂行办法》。这些教育条例和办法坚持大众教育方针，对贫苦家庭无力供给子女入学的公家予以补助。② 为边区学龄儿童上学提供了法律制度保障，有力地推动了学校教育的发展，提高了民众的思想觉悟。甚至出现了为争取上学子告父的事情，如延安县北二区李明秀和李明山兄弟二人状告其父。至于义务教育年限，鉴于各个地区在人口分布、社会经济与教育文化发展等方面的不平衡，边区对此在各区不做强求一律规定。1940年边区教育厅决定分区分期逐步实施义务教育，划定延安、延长、延川、固临四县实施三年义务教育，其原因是这四个县具备实施义务教育

---

① 武衡主编：《抗日战争时期解放区科学技术发展史资料》，中国学术出版社 1989 年版，第197 页。

② 陕西省档案馆等编：《陕甘宁边区政府文件选编》第 2 辑，档案出版社 1987 年版，第529 页。

的必要条件，"一是本地方学龄儿童中有三分之二以上，在家庭经济上说是可以上学念书的；二是能够筹出实施义务教育以后所需要扩充的学校的经费，至少在二分之一以上"①。同时指出"当边区经济文化有了进一步的发展，或是在全国有了更有利的条件，我们可以把义务教育的年限逐步延长，使我们边区的每个人都有更高的文化"②。

另外，考虑到边区缺乏物力、人力的现实，除发展正规学校教育外，边区政府还提倡在自愿原则下，创设民办学校，提出民办公助小学教育方针，改进学校教育方向。首先创设民办小学，1944 年在延安附近成立李家渠小学、莫家湾小学、锁家崖小学、裴庄小学、杨家湾小学等民办小学。米脂杨家沟创办了一所最大的民办完全小学即扶风小学，③ 获得群众的真心欢迎。

在具体实施过程中，通过在不断吸收群众创造性想法的基础上，边区政府充实、革新和细化了小学教育方针，如绥德分区提出了学校与劳动、社会、家庭结合的方针。它的具体内容一是与劳动相结合，提倡教职员及十二岁以上的学生都参加生产；二是与社会相结合，提倡小先生制，在娃娃变工队中教认字，学校给老百姓写信、写路条，帮助解决文化上的困难问题。三是与家庭结合，学生回家后帮助家里担水、扫地、算账，有的学生还督促家庭生产。④

在民办公助教育方针的指导下，在满足群众需要的基础上，边区的小学得到了快速发展。1937 年春、1939 年春和 1940 年秋，边区小学学校数分别为 320 所、890 所和 1341 所，小学生人数分别为 5600 人、20401 人、41458 人。三年多时间小学学校数增长了 4 倍多，小学生人数增长了 7 倍多。这在当时创造了学校教育发展的奇迹，基本解决了边

---

① 陕西省档案馆等编：《陕甘宁边区政府文件选编》第 2 辑，档案出版社 1987 年版，第 528 页。

② 同上书，第 528 页。

③ 陕西省档案馆等编：《陕甘宁边区政府文件选编》第 8 辑，档案出版社 1988 年版，第 483 页。

④ 同上书，第 486—487 页。

区儿童上学的问题。

至于边区中等学校，1937 年以前基本没有。边区政府建立后，先后成立了师范学校和医药专门学校及普通中学等中等学校。这些中等学校生源主要为小学毕业生、边区干部和小学教师等，其主要任务是培养边区地方干部。

边区教育不仅减少了文盲，增加了受教育者的人数，培养了有知识有文化的新人，而且树立了良好的社会新风尚，促进了社会建设方方面面的发展。

（二）推进医疗卫生事业发展

边区人民在政治经济上有了保障，但卫生医药还很落后，经常遭受巫神和疾病死亡的威胁。据统计，1937 年至 1945 年因"吐黄水病"、麻疹、斑疹伤寒、流行性感冒、赤痢、小儿破伤风和百日咳等流行疾病死亡的人数为 134181 人，占全边区人口的 8%；1946 年因"吐黄水病"、麻疹等传染病死去 4025 人。[①] 1945 年关中分区因吐黄水传染病，3949 人死亡。因时疫死亡率过高，大量群众纷纷移出边区。1946 年马兰区正月死了 23 人，病了 29 人，一月中 59 户逃出。中心区自正月到三月初 106 人死亡，二区一乡河南庄子 6 天死了 5 口人，中心区二月到三月半共移出 114 户。有些移难民走时哭着说："边区政府好，军队好，老户好，地土好，就是地方无医生常死人。"[②] 婴儿死亡率高达 50% 以上，做父母的不知防范医治疾病，常常坐以待毙，而巫神却乘机欺骗，到处横行。[③] 根据 1944 年 7 月延安县反巫神调查统计所得材料，全县巫神总数 161 人，每年每人跳神 36 次，每次主家耗费 3800 元，每次招待费 2000 元，全县全年共耗费 33616800 元。新垴台村请巫神高治富"安庄子"一次，共破费 9 万元。巫神程项自己闹"鬼"，老百姓出 11 万元

---

①　陕西省档案馆等编：《陕甘宁边区政府文件选编》第 10 辑，档案出版社 1991 年版，第 104 页。

②　同上书，第 111—112 页。

③　陕西省档案馆等编：《陕甘宁边区政府文件选编》第 8 辑，档案出版社 1988 年版，第 291 页。

请他"安庄子"，他却一定要 30 万元。到会 59 个巫神自己说共治死 278 人，161 个巫神治死很多人呢。① 而巫神之中大多数并不信神，他们自己生了病时反而要找医生治疗，但在群众中仍硬要说有神鬼，反对西医、中医的宣传，其目的就是为了欺诈取财，谋自己生计。② 巫神不仅浪费了群众的钱财，还草菅人命。因此，加强发展卫生建设工作，同群众中的愚昧、迷信和不卫生等不良习惯做斗争，普及现代医药卫生知识，减除群众疾病之痛苦，急救民生，是与人民群众的基本生活及贴身利益休戚相关的。

在边区人民群众中普遍存在愚昧、迷信和不卫生等不良习惯及医药医疗资源极度缺乏的背景下，边区政府努力改变现状，极为重视边区卫生工作，发表了重要讲话，颁布了相关决议。1939 年 1 月毛泽东在卫生干部扩大会议上作了《发扬民族革命中的卫生工作的精神》的重要讲话，指出"卫生工作人员要千方百计使得伤病员好，要在物质困难环境下，要在没有钱的环境下，把我们的给养医治办得好点，要克服一切困难"。③ 1939 年 1 月陕甘宁边区第一届参议会通过了《建立边区卫生工作保障人民健康》提案，该提案指出，从陕甘宁边区的实际情况出发，普及群众卫生知识，注意公共卫生，设立药房防治疾病，培养卫生干部和破除迷信、取缔巫神等项保障人民健康的措施。④ 为使卫生建设更加具体化，1939 年 11 月，边区第二次党代表大会通过了《关于开展卫生保障工作的决议》，决议指出："应在边区人民中进行普遍的清洁卫生教育，提高人民讲究清洁卫生的知识，使人民对身体、衣着、住宅、饮食、便溺等均有清洁卫生运动的习惯。"⑤ 为使卫生工作有章可循，1941 年陕甘宁边区第二届参议会通过施政纲领，第 15 条规定"推

① 武衡主编：《抗日战争时期解放区科学技术发展史资料》第 6 辑，中国学术出版社 1988 年版，第 351 页。

② 胡民新等编著：《陕甘宁边区民政工作史》，西北大学出版社 1995 年版，第 302 页。

③ 同上书，第 265—266 页。

④ 同上书，第 266 页。

⑤ 卢希谦等编：《陕甘宁边区医药卫生史稿》，陕西人民出版社 1994 年版，第 7 页。

广卫生行政，增进医药设备，欢迎医务人才，以达减轻人民疾病之目的，同时实行救济外来的灾民难民"①。这不仅增强了卫生工作的规范性，并且纳入到政权建设的轨道。为了能够迅速减轻和消灭边区大量疾病死亡现象，1944年11月边区文教大会通过了《关于开展群众卫生医药工作的决议》，决议要求普遍深入有效地开展群众卫生医药工作，决定把边区群众卫生医药工作放到与生产工作同样重要的地位，作为边区政府对各地考查工作成绩的重要标准，作为联司考查各旅团卫生部门对地方卫生医药工作帮助的大小和工作成绩的标准之一。要求直接负责卫生医药工作的同志，要有为群众鞠躬尽瘁的精神。②

从这些讲话提案决议纲领及条例的论述可以看出，边区政府把加强发展卫生建设作为陕甘宁边区社会建设的重要任务。在卫生建设中，把保障人民身体健康作为医疗卫生工作的根本出发点和落脚点，坚持为人民群众服务的原则和方向，奠定了卫生工作广泛的群众基础。为落实这一原则，陕甘宁边区政府采取了一系列措施，一方面在群众中开展清洁卫生教育，提高人民讲卫生的知识水平；另一方面成立卫生处和医药学校等医疗机构，培养医护人员，发展医疗工作，开展广泛的卫生建设工作，初步形成了陕甘宁边区医疗卫生体系，为边区人民提供了基本的医疗卫生保障。这样，就极大地改变了陕甘宁边区的医疗卫生面貌和人民的不良卫生习惯，有力地推进了陕甘宁边区医疗卫生事业的发展，取得了巨大的社会成效，为新中国的医疗卫生事业奠定了坚实的基础，产生了深远的影响。

1. 推进医疗卫生事业发展的主要措施

第一，边区各医院增加为群众治疗的比例

随着边区各医院规模不断扩大，增加了为群众服务的比例。边区先后创立了八路军医院和中央医院等。据不完全统计，1938年、1942年

---

① 中央档案馆编：《中共中央文件选集》第13册，中共中央党校出版社1991年版，第93页。

② 卢希谦等编：《陕甘宁边区医药卫生史稿》，陕西人民出版社1994年版，第301页。

和 1943 年边区医院治疗病员中，群众占的比例分别为 25%、27% 和 30%。1943 年共治疗群众病员 9611 人，其中治愈 9322 人，治愈率为 97%。据陇东医院统计，1943 年至 1944 年，共免收群众医药费 44 万元，边区卫生处半年内免费为群众治疗 20000 多人次，深受群众的欢迎与拥护。① 中央医院每月最多收治群众 22 人次，1943 年免费为群众治疗 163 人次，到 1944 年 3 月就收治 49 人。清凉山卫生所 1944 年 1 月至 3 月份为群众治疗分别为 72 人次、228 人次、366 人次，4 月份十三天内就为群众治疗了 249 人次。②

第二，严格禁止医生私自接受民众财物，规范医患关系

针对边区医疗费收费免费办法不明确的状况，1940 年 2 月陕甘宁边区政府、八路军卫生部通令规定从 1940 年起，各军事机关所属各部队机关之卫生所，以及医院、学校和材料厂等，为群众诊疗疾病决定收取药费；规定医生概不私自接受群众礼物，如群众对医院或诊疗所医生技术高明表示崇敬感激时，可赠送牌匾锦旗等纪念品。③ 1942 年 3 月陕甘宁边区政府民政厅、国民革命军第十八集团军军医处颁布了《关于收费免费办法的通令》，指出为减除民众疾病之痛苦，避免病人因不出药费自动向医生赠送财物情形，规定了收费免费办法，规定抗属和灾民难民及家境贫苦者，凭借当地政府所开免费介绍信，可享受免费诊疗。应纳药费者，由病人于诊前缴纳。严格禁止医生私自接受民众财物。④ 这就严格规范了医患关系。1944 年 2 月陕甘宁边区人民政府在卫生行政会议上决定，今后无条件地为老百姓看病及办理乡村卫生，是每一个卫生单位的任务。这表明陕甘宁边区卫生工作逐步走向规范化。

---

① 胡民新等：《陕甘宁边区民政工作史》，西北大学出版社 1995 年版，第 299 页。
② 甘肃省社会科学院历史研究室：《陕甘宁革命根据地史料选辑》第 5 辑，甘肃人民出版社 1986 年版，第 284—285 页。
③ 卢希谦、李忠全主编：《陕甘宁边区医药卫生史稿》，陕西人民出版社 1994 年版，第 217—218 页。
④ 同上书，第 253 页。

第三，增设医药社，推广医药卫生工作

随着边区经济的繁荣发展，为便利群众治疗，1944 年毛泽东号召培养医务人员，提出五到十年内在边区每县设一个医院，每区设一个卫生所，每乡有一个助产员的边区卫生建设目标，为边区人民服务，做到家家人财两旺。这就要大批培养边区医药卫生工作人员和干部。早在1941 年刘建章首创了医药合作社，1944 年成立延安市大众卫生合作社和延安市东关乡东区卫生合作社，陕甘宁边区特等劳动英雄张清益在关中分区新正县三区雷庄乡开办接生训练班，训练助产员。这些新建医药社与卫生合作社是执行民办公助方针的典型范例，真正和人民群众相结合，为人民服务，初步解决了大批培养边区医药卫生工作人员和医疗保健问题。群众称其为"救命合作社"。为实现毛泽东的指示，1944 年 4月延安市北郊乡乡长高文亮提出十大口号：（1）全村居民受卫生小组长领导，进行卫生工作；（2）每家挖一个厕所，一家或两家挖一个垃圾坑；（3）不喝冷水和吃腐烂了的瓜果；（4）每月大扫除三次，窑内外经常保持清洁；（5）每月洗衣服两次；（6）每年拆洗被子两次；（7）每天洗脸洗手；（8）每家做一个蝇拍子打苍蝇；（9）牲口都圈起来；（10）有病请医生、不请巫神。这十条也就成为延安市选举卫生模范村的标准。① 这就进一步推进了卫生事业的建设。

2. 陕甘宁边区医疗卫生事业取得的成效

采取了这些措施后，随着边区群众生活的改善与推行公医制度及妇婴卫生等各种保健设施，初步达到了人民健康，户户卫生，村镇清洁的景象，② 使卫生建设进入了新阶段，卫生工作取得了很大成绩。

第一，死亡率降低

以中共中央医院为例，1941 年至 1943 年伤寒病死率分别为 7%、

① 陕甘宁边区财政经济史编写组：《抗日战争时期陕甘宁边区财政经济史料摘编》第 9 编，陕西人民出版社 1981 年版，第 219 页。
② 卢希谦、李忠全主编：《陕甘宁边区医药卫生史稿》，陕西人民出版社 1994 年版，第147 页。

10.7%、3.9%。1943 年党中央发出"耕三余一"与"丰衣足食"的号召，奠定卫生事业的物质基础，同年伤寒病死亡率大大降低了。从产科方面，在 1940 年和 1941 年两年共收容的 565 个产妇中，死了两人，产妇死亡率为 0.36%。[①] 1942 年和 1943 年两年，住院的 893 个产妇中，没有一个死亡的。而中国当时一般产妇的死亡率是每年 15‰。据 1937 年的统计，北平协和医院住院产妇死亡率在 30‰以上，但在各方面都比较落后的陕甘宁边区，两年来在近一千个产妇中，却没有一个死亡。[②] 这一方面与边区经济发展，改善群众生活有关，也与加强妇婴卫生等各种保健设施及推行公医制度有密切关系，反映了边区整体社会的进步性。

第二，破除迷信，推动了卫生工作

由于各医院逐年扩大，增加了为群众服务的比例，医疗队组织医卫人员深入农村，免费为群众治病，大大解除了群众的疾苦，使许多群众转危为安。在农村，坚决反对许多封建保育法，采用新的妇婴卫生接生办法和保育法，大大提高了婴儿成活率，打破了群众几千年来根深蒂固的迷信思想。例如阮雪华、白浪两位医生耐心诚恳地为群众治病，在群众中赢得了很大的信任，群众待她们如亲姊妹一般。有一位孕妇，她婆婆是个老娘婆，可是临产时，还是找阮雪华、白浪来接生，她婆婆放弃了老一套的接生办法，接受了新的接生方法。由于群众信任她们，孤立了当地巫神。[③]这使人民逐渐认识到讲究卫生能减少疾病，能使自己生活过得更幸福。增强了卫生保育意识，很多人有了病就去看医生。[④] 这明显的医疗效果使群众信医不信巫神了。加之通过反迷信的宣传，使群

---

① 陕甘宁边区财政经济史编写组：《抗日战争时期陕甘宁边区财政经济史料摘编》第 9 编，陕西人民出版社 1981 年版，第 216 页。

② 同上书，第 217 页。

③ 甘肃省社会科学院历史研究室：《陕甘宁革命根据地史料选辑》第 5 辑，甘肃人民出版社 1986 年版，第 287 页。

④ 陕甘宁边区财政经济史编写组：《抗日战争时期陕甘宁边区财政经济史料摘编》第 9 编，陕西人民出版社 1981 年版，第 85 页。

众认识了巫神的危害性。陕甘宁边区定边卜掌村崔岳瑞以医药破除迷信，开展了崔岳瑞运动，为群众宣传信医不信巫神树立了榜样，使定边卜掌村成为卫生模范村。① 之后，在卫生工作中通过不断发现和创造模范个人、模范家庭、模范乡村，推动了全局工作。

卫生工作之所以能够取得巨大成就，最关键的是坚持走群众路线。新民主主义的卫生建设，主要包括两大任务：一是开展群众卫生工作与反迷信运动，改造群众不卫生习惯，提高群众卫生文化水平，二是普及和推进医药工作，使中国医药卫生工作科学化、中国化。这两大任务是一个艰苦的长期工作，不是一个会议、一个突击或一次宣传就能够解决的，必须具备实事求是的精神和充分的群众观点，必须掌握教育群众使之自愿的原则，不能强迫命令，要因时因地制宜。一般来说，卫生比医疗更重要，但在没有卫生习惯、文化落后的地方可先进行若干治疗，以有效的治疗使群众亲身体验，再以此为基础展开卫生运动。② 医卫人员放下架子，开始走向群众，和群众同吃住、同劳动，不怕脏累，生活群众化。如安塞县西河口工作组到达各村时，群众都不愿让工作组的同志在自己家里住，冷言冷语或者不给吃饱饭。她们忍耐着这些，一早起身就替他们扫地、扫院、生火、担水，替群众做活，这种亲如家人的方式，取得了群众的信任，消除了群众的隔阂。③ 正是同群众打成一片的工作方式，才取得了群众信任，卫生工作才逐渐地开展起来了。群众最怕用"办公事"的态度接诊，如按办公时间接诊，检查病时绷着面孔不做解释，就叫脱衣服，检查完了，也不说明是什么病。请出诊也不去，这是他们最忌讳的事。有个别的医生没有详细地检查，甚至没有看见病人就开药。或是老百姓不愿叫医治，勉强留住医治，使他们不满。所以开展卫生工作必须从思想上改变对待群众的态度。清凉山医务所的

---

① 卢希谦、李忠全主编：《陕甘宁边区医药卫生史稿》，陕西人民出版社1994年版，第143页。

② 同上书，第297页。

③ 武衡主编：《抗日战争时期解放区科学技术发展史资料》第6辑，中国学术出版社1988年版，第199页。

阮雪华、白浪两位同志真正做到了全心全意为群众服务，他们不辞辛苦不怕脏累地为群众治病。他们俩不仅是优秀的医务工作者，而且是最好的群众工作者。①

解放战争时期，因战争和灾荒引起边区许多地方疫病流行，边区政府先后派遣 12 个由中西医和护理人员组成的医疗队，下乡巡回救治，想方设法为群众服务，有的医生随叫随到，甚至半夜起来为群众看病，有的医生不辞辛劳跑几十里路出诊，奔波在广大农村，把十余万染患疫病群众的死亡人数减少到最低限度。他们这种免费治疗，下乡看病，送医上门的医疗作风，深受广大群众的爱戴和赞扬，群众感激地说："除过边区，哪里再也找不到这样的好医生了。"② 正是坚持了群众路线，取得了群众的信任，才能顺利完成卫生建设的任务。

陕甘宁边区通过开展教育医疗卫生等社会事业建设，提高了人民的文化生活水平，促进了社会公平公正，维护了社会秩序。

二　陕甘宁边区的社团组织建设

（一）陕甘宁边区社团组织建设的政策依据

边区群众既有为抗战而服务的共同利益，又有其各自的特殊利益。这些利益是根据不同职业、年龄、性别而各不相同的。如工人需要协同政府执行劳动法令，提高生产技术和热忱。妇女需要提高生产能力，改变她们在家庭社会中的地位。青年需要学习文化。只有保护了他们的特殊利益，才能发动起他们的抗战积极性，保障其共同利益。而社团组织正发挥着把群众的共同利益与特殊利益相结合的作用。1941 年 5 月陕甘宁边区政府颁布的《五一施政纲领》第六条明确规定："保证一切抗日人民（地主、资本家、农民、工人等）的人权、政权、财权及言论、

---

① 甘肃省社会科学院历史研究室：《陕甘宁革命根据地史料选辑》第 5 辑，甘肃人民出版社 1986 年版，第 284 页。

② 胡民新等编：《陕甘宁边区民政工作史》，西北大学出版社 1995 年版，第 295 页。

出版、集会、结社、信仰、居住、迁徙之自由权。"① 其中的结社权是社团组织组建及开展各项工作的合法依据。在这一方针指导下，1942年4月陕甘宁边区政府颁布了《陕甘宁边区民众团体组织纲要与民众团体登记办法》，其中《陕甘宁边区民众团体组织纲要》第二条指出"凡边区民众，在不违反抗战建国最高原则之下，均有集会结社之完全自由"。第三条规定"凡边区民众，在自愿之原则下，得依各种不同职业、地区、信仰、性别、年龄，组织团体"②。第六条指出"民众团体得协助政府进行各种公益事宜，并受当地政府之指导"③。纲要体现了以民众团体为首的社团组织是人民合法利益保护者的性质。

（二）陕甘宁边区社团组织的发展

为广泛动员边区人民从各方面积极参加抗战工作，边区政府组织建立和扩大各种社团组织，促使其有了长足发展。如组织农民救国会、工人救国会、青年救国会和妇女救国会等政治性质的社团组织；人民武装自卫队、青年抗日先锋队和基干自卫队等军事性质的民众团体；变扎工队、互助组和合作社等经济性质的社团组织；读报小组、识字小组、秧歌队和村剧社等文化性质的社团组织。边区的人民，每人至少加入一种团体，有的还加入两个以上的组织。

这些社团组织是根据民主集中制的原则组织起来的，有着广泛的群众基础和少数服从多数、下级服从上级、个人服从团体的组织纪律。④他们热烈响应政府的各种号召，积极推动各项工作任务迅速完成，如优待抗属，慰劳抗日部队，替军队运输，修筑国防工事，锄奸剿匪，加入自卫队、少年先锋队，参加春耕秋收运动，缴纳救国公粮，发展工业等

① 中央档案馆编：《中共中央文件选集》第13册，中共中央党校出版社1991年版，第91页。

② 陕西省档案馆等编：《陕甘宁边区政府文件选编》第6辑，档案出版社1988年版，第17页。

③ 同上书，第18页。

④ 陕西省档案馆等编：《陕甘宁边区政府文件选编》第1辑，档案出版社1986年版，第135页。

工作,① 成为边区政府在抗战动员工作中的有力依靠。下面以边区抗敌后援会、边区青年救国联合会、职业介绍所及其他社团组织为例。

1. 边区抗敌后援会

抗战爆发后，根据国民政府颁布的《抗敌后援会工作纲要》，陕甘宁边区原有各团体组成了边区抗敌后援会，简称抗后会。它是边区社团组织的统一领导组织，包括边区总工会、妇女联合会、青年救国会和边区农民会等 25 个民众团体。它以提高群众的政治觉悟和动员群众参加各项建设为主要任务。抗后会是一个公开的民众团体，可以自由加入。边区大多数民众都参加了抗后会下设的民众团体，1938 年年底，95%的工人加入了工会，农民全体加入了农会，70%以上的妇女加入了妇女救国会，绝大多数青年加入了青年救国会。抗后会在加强各团体之间的联系、组织各团体的民主改选、推动战时各项建设、开展战时宣传教育等方面发挥了重要作用。

2. 边区青年救国联合会

为团结和组织边区儿童青年积极参加抗日救国的伟大事业，1937年 4 月在延安成立青年救国联合会。7 岁到 23 岁的儿童、青年都可加入该组织，其主要负责青年的文化教育及参加自卫军的组织动员工作。1938 年止，共动员了 6 万青年参加了各种形式的教育，从少先队选拔了 18000 多名青年进入自卫军。

3. 职业介绍所及其他社团组织

为方便移难民和贫民代谋工作以调剂劳动力之供给与需要，1940年 5 月陕甘宁边区政府成立了延安市职业介绍所，颁布了《延安市职业介绍所暂行条例》，规定了职业介绍所介绍职业之范围和条件，第十三条明确规定"本所概不收任何手续费"②。1949 年 11 月陕甘宁边区政府

---

① 陕西省档案馆等编：《陕甘宁边区政府文件选编》第 1 辑，档案出版社 1986 年版，第 136 页。

② 陕西省档案馆等编：《陕甘宁边区政府文件选编》第 2 辑，档案出版社 1987 年版，第 245 页。

批准西安市成立了"劳资纠纷仲裁委员会"、"工厂安全卫生委员会"、"失业工人处理委员会"三个委员会。①

在边区政府政治领导、经费协助及物质帮助下，边区社团组织根据边区人民的实际需求开展各项建设，有力地推动了边区的社会建设。当然，在边区社团组织建设中，也出现了个别社团组织的工作人员脱离群众的不良现象。针对此现象，1942 年 9 月《解放日报》刊发了《抗日根据地民众团体的性质和任务》的社论，要求群众团体的工作人员，应当说群众的话，穿群众的衣，生活在群众当中，和群众呼吸相关。彻底纠正站在群众外面去指挥群众，包办命令等不良习惯。同时工作要力求切实，要根据群众当时的经验，在群众当时认识程度的基础上，去教育他们、提高他们。必须反对自上而下发号施令的办法和只凭主观愿望不顾群众实际情形的作风。②

---

① 陕西省档案馆等编：《陕甘宁边区政府文件选编》第 14 辑，档案出版社 1991 年版，第 306 页。

② 雷志华等编：《陕甘宁边区民政工作资料选编》，陕西人民出版社 1992 年版，第 421 页。

第三章

陕甘宁边区社会建设的基本特征

以毛泽东为核心的党中央，在陕甘宁边区倡导和实施了社会利益协调机制建设、社会保障体制建设、社会管理体制建设、社会事业建设和社会组织建设等社会建设实践。呈现出坚持以民为本的社会建设宗旨、以乡村为单位推进社会建设和执行全面灵活的社会建设方式等特征。在整体上显示了陕甘宁边区社会建设的独特性。

第一节　坚持以民为本的社会建设宗旨

关注底层民众，增进人民福利，是边区社会建设的基本理念。党和边区政府秉承了孙中山先生的三民主义，即民族主义、民权主义和民生主义。之所以重视民生，是因为民生问题关系着民心向背。边区政府主席林伯渠在 1941 年 11 月的政府工作报告中指出，边区所实施的一切与民生相关的政策，都是"边区同胞迫切要求的具体化，它照顾到人民的现在，也照顾到人民的将来，因而它是边区人民自己的政策"①。主

---

① 陕西省档案馆等编：《陕甘宁边区政府文件选编》第 4 辑，档案出版社 1988 年版，第 260 页。

要表现为重视奖励生产和发展生产；着力解决人民生产生活中的实际问题；注意休养民力，减轻民负；体恤民困，防止扰民等方面。

一　重视奖励生产和发展生产

在实施"耕者有其田"和减租减息等民生政策的同时，边区政府也十分重视奖励生产和发展生产。1939 年 4 月陕甘宁边区政府颁布了《陕甘宁边区人民生产奖励条例》和《督导民众生产运动奖励条例》。《陕甘宁边区施政纲领》第九条指出"发展农业生产，实行春耕秋收的群众动员，解决贫苦农民耕牛、农具、肥料、种子的困难……奖励外来移民"。① 1943 年 10 月毛泽东在《中共中央政治局关于减租生产拥政爱民及宣传十大政策的指示》一文中要求"县区党政工作人员在财政经济问题上，应以百分之九十的精力帮助农民增加生产，然后以百分之十的精力从农民取得税收；对前者用了苦工，对后者便轻而易举"。② "如果我们做地方工作的同志脱离了群众，不了解群众的情绪，不能够帮助群众组织生产，改善生活，只知道向他们要救国公粮，而不知道首先用百分之九十的精力去帮助群众解决他们'救民私粮'的问题，然后仅仅用百分之十的精力就可以解决救国公粮的问题，那么，这就是沾染了国民党的作风，沾染了官僚主义的灰尘。"③

1943 年毛泽东提出的"组织起来"的号召后，边区人民积极响应，创办以个体经济为基础并以自愿为原则的劳动合作社，1943 年组织在劳动合作社的劳动力达 81128 个，占边区农业劳动力的 24%。出现了农业生产合作社、运输合作社、手工业合作社、牲畜保险合作社及包括生产、消费、运输、信用合作一起的南区合作社式的综合性合作社等类

---

① 中央档案馆编：《中共中央文件选集》第 13 册，中共中央党校出版社 1991 年版，第 92 页。

② 《毛泽东选集》第 3 卷，人民出版社 1991 年第 2 版，第 911 页。

③ 同上书，第 933 页。

型。以变工队和唐将班子为主要形式，把人民的分散生产组织起来，大大节省了人力、畜力和工具，提高了劳动生产率，增强了人民的生产积极性，真正改善了人民的生活状况。同时，改变了农民的生产关系，提高了他们的政治觉悟，改进了他们的文化生活。在经济政治文化上起着重大的积极作用。

总之，陕甘宁边区在以毛泽东为核心的党和政府的领导下，集体劳动与个人劳动结合着，公共生产与个人生产发展着，通过辛勤劳动，改造了这里的一切。正如署名为阿光的于 1943 年 9 月 3 日在《解放日报》上发表的《来到延安之后》一文中所说的："劳动改造了自然，改造了边区和人民，改善了人民和部队的生活，改造了劳动观念，提高了劳动热情。新的建筑在扩大，新的经济在发展，新的生活在提高，新的劳动热潮在澎湃。这是党的伟大，毛主席的伟大，边区人民和政府的伟大，这一切是值得我们歌颂的，值得我们自傲的，我们坚决站在抗日最前线，在最恶劣的环境里战斗着。但是，我们没有饿着肚皮的人，没有失业的工人，没有失地的农民，没有失学的学生，没有无法生活的教授，没有找不到生活的难民，更没有因生活无路而出卖肉体的妓女。这里是我们的河山，是我们自己动手创造的幸福园地，有我们需要的一切。"①

二　着力解决人民生产生活中的实际问题

边区政府从农村的实际出发，从群众的利益出发，着力解决人民生产中的实际问题，以改善民生。为及时帮助解决缺乏资金的农户在生产中的困难，边区实行了农贷政策。据统计，1942 年至 1945 年陕甘宁边区建设厅和边区银行发放农贷分别为 361 万元、2780 万元、10000 万元

---

① 陕甘宁边区财政经济史编写组：《抗日战争时期陕甘宁边区财政经济史料摘编》第 9 编，陕西人民出版社 1981 年版，第 228 页。

和 59900 万元，合计 73041 万元。①。如延安柳林区五个乡 138 户，共贷款约 50 万元，买 131 头耕牛，增开 936 垧耕地，多打 330 石细粮。②

人民生活中最实际的问题就是"身上衣裳口中食"，边区改善民生也正是切实从这些问题入手的，以穿衣问题为例。革命前，边区出现过许多大姑娘都没有裤子穿的穷苦现象，③革命后自 1938 年边区主要倡导粮食生产，军民需用布匹主要靠外面输入。1939 年以来，国民党开始实行经济封锁，边区布匹来源锐减，价格高涨，农民用粮食交换布匹，致使布贵粮贱。根据陕甘宁边区银行调查的延安市物价指数计算结果显示，1937 年上半年小米每斗 2.5 元，到 1943 年涨到每斗 1000 元，同期四姬青市布由每匹 9 元高涨达每匹 90000 元，三八老布由每匹 2.5 元高涨达每匹 6782 元。布价的涨率，远过于粮价。④而且穿衣开支在农民全部开支中所占比重日益增大，根据 1943 年延安市西区一乡的调查，农民买布开支占全年全家总开支的比例分别为：裴庄村平均占 38%，嵝岘湾占 26%，庙嘴沟占 25%，玉皇庙占 27%，何家塌占 24%。买布支出平均占全年全家总开支的近 30%。而且愈是贫苦农户，穿衣负担愈大。富农田二鸿家每人每年平均穿小布四丈，布匹支出占全部总支出的 10%，中农朱维川家每人每年平均穿小布三丈强，布匹支出占总开支的 34%，贫农张福兴家每人每年平均穿小布二点五丈强，布匹支出占总开支的 54%。而延安县一乡二十户新来的移难民，买布开支占总开支的 66.8%。⑤

因此，广大农民深感穿衣困难，急切要求布匹自给。为此，在群众

---

① 陕西省档案馆等编：《陕甘宁边区政府文件选编》第 10 辑，档案出版社 1991 年版，第 18—19 页。

② 陕西省档案馆等编：《陕甘宁边区政府文件选编》第 8 辑，档案出版社 1988 年版，第 3 页。

③ 中国延安干部学院编：《延安时期资料选编（社会建设卷）》（试用本），2010 年，第 288 页。

④ 孙照海选编：《陕甘宁边区见闻史料汇编》第 3 册，国家图书馆出版社 2010 年版，第 670 页。

⑤ 同上书，第 671 页。

自发发展纺织业的基础上，边区政府提出了"大量植棉，解决穿衣问题"的号召，执行布匹自给方针。公营工厂织布产量由 1939 年产布 1426 匹增加到 1941 年的 18750 匹。[①] 这对群众虽然有利，但仍不能满足群众穿衣自给的要求，而且群众认为布匹自给仅是解决"公家人"的需要，发展民间妇纺只是满足公营织厂土纱的要求。因为曾在延属分区东三县及绥德分区一部分地区，常有摊派纺公纱的现象，引起群众的反感。[②] 所以，群众纺织的积极性没有普遍发动起来。

1942 年年底，毛泽东在边区第一次高干会上提出"为全面自给老百姓，军队及公务人员需用的二十五万匹大布而斗争，为完成这任务，必须依靠公营工厂、民间纺织妇女、民间合作社三方面协力，而逐渐发展民间纺织手工业，尤为边区极重要的任务"。[③] 在此方针指导下，边区逐步组织了陈家楼子式和黄生秀式等多种形式的纺织合作社。如陈家楼子纺织合作社，从解决群众穿衣问题出发，采取统一领导和分散纺织的形式。照顾群众利益，尤其是纺织妇的利益，提高群众积极性，集合群众的财力、人力和物力等力量共同解决供销困难，推行了纺织并进，自纺自织自穿的家庭纺织业。[④] 这样才逐渐解决了群众穿衣的难题。

这些政策顺应了群众改善生活的基本要求，解决了农户生产中缺乏资金及穿衣困难等问题，自然是一呼百应。在获得有效执行的同时，也为边区政府赢得了宝贵的公信力。这充分说明了只有从群众的需要、群众的利益和群众的认识出发，才能真正改善民生。

与之相对应，同时期国民党发起的新生活运动，多关注于不要吐痰、不要吸烟，要清洁、健康、诚实、孝顺、服从上级[⑤]等社教层面，

---

① 孙照海选编：《陕甘宁边区见闻史料汇编》第三册，国家图书馆出版社 2010 年版，第 673 页。

② 同上书，第 674 页。

③ 同上。

④ 同上书，第 708 页。

⑤ G. 斯坦因：《红色中国的挑战》，李凤鸣译，希望书店 1946 年版，第 113 页。

没有与群众的利益需求挂钩。自然很不讨好,无法取得预期的社会成效。所以说,以政治力量和口号来发动群众是枯燥的,以经济力量团结群众是活泼的,才能真正激发民众的活力。① 中国共产党和边区政府不仅做到了前者,而且做到了后者,采用了自上而下和自下而上相结合的方式,取得了良好的社会成效。这是他们在社会建设中的高明之处。② 这正是中国共产党和国民党在社会建设理念上的根本分歧及由此所导致的社会成效的巨大差异的根本原因。

三 注意休养民力,减轻民负

抗战前,由于内战破坏,边区耕地面积缩小,植棉纺织等副业大部分停顿,工商业衰落,生产下降,经济发展滞缓,人民生活十分清贫。在陕甘宁边区新政权下,中国共产党和边区政府利用边区处于相对和平的环境及国民政府给予一定数目的军饷等一切有利条件,注意培植和恢复民力,取消各种苛捐杂税,减轻人民负担。以绥西景家沟革命前后人民负担占收入的比例变化为例。1934 年绥西景家沟全村收入为 328.6石,负担 142.25 石,占收入的 43% 强。1943 年在新政权下收入 323.97石,负担 42.95 石,占收入的 13% 强。③ 1942 年景家沟各阶层人民负担都减轻了,地主减轻 54%,富农减轻 58%,中农减轻 67%,贫农减轻83%,还有四户抗工属和八户雇农不负担。④ 陕甘宁边区新正县⑤人民在革命后的负担比革命前减少了一半以上。(详见附录五)

---

① 孙照海选编:《陕甘宁边区见闻史料汇编》第 3 册,国家图书馆出版社 2010 年版,第186 页。

② 同上。

③ 陕甘宁边区财政经济史编写组:《抗日战争时期陕甘宁边区财政经济史料摘编》第 9 编,陕西人民出版社 1981 年版,第 68 页。

④ 同上书,第 65 页。

⑤ 陕甘宁边区新建县,原为甘肃正宁一个区,陕西旬邑四个区。

（一）减轻人民公粮负担

1937—1939 年边区实行了休养民力政策，征收极少公粮，人民只负担政府公粮很小比例，边区群众的负担只占到总收入的 1.27%—6.38%。1937 年产粮 1260000 石，征公粮 1 万石，征粮只占产量的0.79%；1938 年产粮 1270000 石，征公粮 1 万石，征粮只占产量的0.79%；1939 年产粮 1370000 石，征公粮 5 万石，征粮只占产量的3.65%。① 举一个例子：革命前，华池县悦乐区一乡坟湾村耿福仁，租种地主 60 垧山地，每年交 4 石地租，给当时军阀张廷志等部驻军每年摊 4 至 6 石多粮食；加上其他银钱的摊派，每年都得支付十多石粮食。新政权成立后，边区政府连续两年实现休养生息政策，耿福仁分得 60垧地，既不用出租子，也没有负担。

1941 年年初皖南事变后，外援断绝，抗战军需增加，人民负担加重。如 1941 年 4 月初闹粮荒，政府被迫两次借粮、一次征购。延安、富县达八九次借粮，扰民太甚。但粮食供给仍不能保证，有的部队两天都没有吃上粮。1941 年秋征收 20 万石公粮，2600 万斤公草，是边区人民负担最重的一年。②

为减轻人民公粮负担，陕甘宁边区开展了军民大生产运动，创造了丰富的物质财富，1943 年后边区人民的公粮负担逐年减轻，1943 年至1945 年实征公粮分别为 184123 石、160000 石、124000 石；1945 年时，人民负担占到总收入的 7.75%，每人只负担 0.77 斗。③

在减轻人民公粮负担的同时，还扩大公粮负担面。绥德县刘玉厚乡第三行政村 1940 年共有 102 户，负担者为 35 户，负担粮 11.5 石，草1037 斤，不出优抗粮，则给抗属代耕。1944 年有 110 户，负担者为 72户，负担粮 25.5 石，出优抗粮 5.75 石，草 3930 斤。负担户由 1940 年

① 陕甘宁边区财政经济史编写组：《抗日战争时期陕甘宁边区财政经济史料摘编》第 9 编，陕西人民出版社 1981 年版，第 31 页。
② 同上书，第 48 页。
③ 中国人民政治协商会议延安市委员会文史资料研究委员会：《延安文史资料》第 4 辑，1988 年版，第 142—144 页。

的 35 户扩大至 1944 年的 72 户，负担面扩大了一倍多。同时随着人民收入的增加，人民负担也在增加，但人民生产的上升远超过了负担的上升。如 1940 年王玉堂收入共 4 石，没有负担；1944 年收入 7 石，负担 2 斗。（详见附录六）因此有些比较开明的老百姓就这样说："尔个有什么负担，每年只不过出几颗公粮和一些优抗粮，再的还有什么负担，像过去这捐，那税，完粮，纳草，真是弄得人民受不了。"①

另外，与国统区相比，边区人民的公粮负担是比较轻的。1945 年边区固临县林镇二乡二行政村李树畔村 15 户共收粮 189.64 石，公粮负担 28.39 石，公粮负担占收入的 15%；而国民党统治区的宜川县富桑第六保第十二甲半佃甲 13 户共收粮 107.33 石，公粮负担 62.16 石，公粮负担占收入的 58%。② 这些数据说明边区和国民党统治区人民公粮负担差别极大，边区人民的公粮负担是比较轻的。

人民公粮负担的减轻，一方面有利于改善人民的基本生活，另一方面有利于化解军民政民矛盾，构建和谐友好的社会关系。

（二）减少民力动员

为了减少民力动员，中国共产党和陕甘宁边区政府颁布了相应法规和纲要。1941 年 3 月 1 日边区政府主席林伯渠为《陕甘宁边区战时动员法规》作"序"，要求公务人员遵照执行本动员法规，应合理动员，爱惜人力物力，节约民力，休养民力，减轻民负，不可过于疲竭，劳逸不均。③ 1942 年第二届参议会修正公布了《陕甘宁边区战时动员壮丁与牲口条例》，第 25 条指出"公务员无正当理由，而拒绝及怠于动员征用，或滥用职权借动员征用以自私者，视情节轻重得处以二年以下之徒

---

① 陕甘宁边区财政经济史编写组：《抗日战争时期陕甘宁边区财政经济史料摘编》第 9 编，陕西人民出版社 1981 年版，第 59—60 页。

② 陕西省档案馆等编：《陕甘宁边区政府文件选编》第 9 辑，档案出版社 1990 年版，第 328 页。

③ 同上书，第 441 页。

刑，或拘役或撤职记过，其因动员征用著有成绩者，得提升或奖励之"。① 1943年2月24日边区政府公布《陕甘宁边区简政实施纲要》，纲要指出要"爱惜民力，节制动员，不浪费一个民力，一匹民畜"。② 在这些法规纲要的指导下，边区大大减少了民力动员。以延安、绥德两县为例：1942年延安和绥德动员民力分别为60025个和75196个，1943年为28493个和900个，分别减少31532个和74296个，即减少110%强和8255%强。③ 规定老百姓可随各地需粮情况送公粮到邻近地区，不限定送到本县仓库，送粮最远不超过两站路。粮食局用自己的牲口运输调剂，1943年延安各机关自出牲口运粮二万至三万石。④ 三五九旅自运粮草，从甘谷驿陈家庄到南泥湾，一次就为人民节省一千个人工，三千个畜工和十一万元路费。⑤ 这就大大减少了民力动员。

抗战结束后，全国转入和平阶段，作为八路军、新四军总后方，在抗战中为供应前后方做了很大努力和贡献的陕甘宁边区，更应爱惜培养民力财力，休养生息。1946年陕甘宁边区第三届参议会第一次大会废止了第二届参议会修正公布的《关于战时动员壮丁与牲口条例》。规定群众只运军队粮秣，其余不再动员，且军队自运一百五十里路以内的粮草；废止群众给机关部队送柴驮水等义务负担，部队机关不得自行动员群众帮助其生产。⑥

（三）减轻人民财力负担

在陕甘宁边区新政权下，取消各种苛捐杂税，减轻人民负担，改善人民生活。比如1942年陕甘宁边区绥西瓜园区沙坪村全年收入79.01

---

① 陕西省档案馆等编：《陕甘宁边区政府文件选编》第5辑，档案出版社1988年版，第140—141页。

② 中央档案馆编：《中共中央文件选集》第13册，中共中央党校出版社1991年版，第557页。

③ 陕西省档案馆等编：《陕甘宁边区政府文件选编》第8辑，档案出版社1988年版，第33页。

④ 同上。

⑤ 同上。

⑥ 陕西省档案馆等编：《陕甘宁边区政府文件选编》第10辑，档案出版社1991年版，第94页。

石，负担 5. 44 石，约占收入的 7% 。与之形成鲜明对比的是国统区采取了搜刮民脂民膏加重人民负担的方式，以国民党统治区横山县油房联保第一保磨口沟为例，该村全年共收入 72. 69 石，而为了支付军粮军草、马料、代买粮、联保办公费、运输费、学校教育费、枪款等重重剥削，负担竟达 26. 79 石，约占收入的 37% 。国统区磨口沟农民负担比边区绥西沙坪村农民负担高出 5. 3 倍。其中前者中层农民和下层农民负担比后者均高出 7 倍多。① 而这两个地方相距极近，甚至在同一个沟里喝水，但农民负担却有天渊之别。

在取消各种苛捐杂税的同时，边区政府根据实情，豁免一些税费。陕甘宁边区宁县人民过去生活穷苦，大部分人民生活还维持不住，许多人以砍椽谋生。为了增加边区财政的收入及改善民生，宁县决定砍椽者须到所属机关登记，每月每把斧头交登记费洋一元。陕甘宁边区政府认为此办法不妥，为此，1939 年 6 月 8 日陕甘宁边区政府颁发了对关中分区的指令，取消了按斧头数收捐税的做法，规定若系公家所有森林，而群众须要砍伐者，除成材大树禁止砍伐外，可每月酌量由森林保护委员会收些树价，如此既可保护森林，且可便利人民，较为妥当。②

针对粮价物价飞涨，纺纱弹花织布直接关系着人民生活，1941 年 8 月陕甘宁边区政府指令绥德专署豁免土布税，实现公私两利。③ 通过豁免税费，减轻了人民负担。

笔者在论述绥德分区绥西景家沟和瓜园区沙坪村人民负担减轻问题和绥德专属豁免土布税问题时，同时选择了关中分区新正县、宁县一些相关资料，目的在于证明中国共产党并不只是在绥德分区减轻人民负担，还在陕甘宁边区更多地区施行着。

---

① 陕甘宁边区财政经济史编写组：《抗日战争时期陕甘宁边区财政经济史料摘编》第 9 编，陕西人民出版社 1981 年版，第 70 页。

② 陕西省档案馆等编：《陕甘宁边区政府文件选编》第 1 辑，档案出版社 1986 年版，第 274 页。

③ 陕西省档案馆等编：《陕甘宁边区政府文件选编》第 4 辑，档案出版社 1988 年版，第 142 页。

（四）党政军自己动手，丰衣足食

抗战进入相持阶段后，蒋介石对陕甘宁边区停发经费，实行经济封锁方针，陕甘宁边区局面异常困难。"我们曾经弄到几乎没有衣穿，没有油吃，没有纸，没有菜，战士没有鞋袜，工作人员冬天没有被盖。"①以八路军留守兵团为例，边区政府当时只能给留守兵团每人每天发五分菜钱，一斤半粮食，以当时市价每元能买三四十斤蔬菜，二斤青油，一百斤柴火计算，如以每连一百人计，每天共只有五元菜钱，买到蔬菜就买不到油盐柴火，买到油盐柴火就买不到蔬菜，猪肉更加吃不上了。在被服方面，当时很少见到一个衣裳不打补丁的战士。子弹袋破烂得不能装子弹，装在挂包里。有的夏天穿棉衣，冬天穿短裤，有的雪地打赤脚下操，有的破烂得连皮带、裹腿也找不到。② 困难严重到毛泽东提出饿死、解散或大家动手生产的三条道路。而前两条道路是党和人民不愿走的，只有走第三条道路。

为了克服困难，1939 年毛泽东在延安举行了干部生产动员大会，号召开展大生产运动。随后，毛泽东提出了"自己动手，丰衣足食"的方针，陕甘宁边区政府认真贯彻了这一方针。边区党政军民学都参加了生产，部队屯田打盐，各级行政人员都参加劳动。1943 年边区党政军民学全年开支总数中，64% 是自己生产解决的。③ 三五九旅共开荒 10 万亩，收细粮二万石，做到了全部自给。④延安机关学校种地 35893 亩，打粮 6011 石，收菜蔬 14849000 斤，自给率达 76%。⑤ 1944 年部队机关学校共收了 10 万石细粮，如果部队机关学校都不能搞生产，最低限度就要再增加人民 15 万石公粮。1944 年公粮 16 万石，再增加 15 万石，

---

① 《毛泽东选集》第 3 卷，人民出版社 1991 年版，第 892 页。

② 陕甘宁边区财政经济史编写组：《抗日战争时期陕甘宁边区财政经济史料摘编》第 9 编，陕西人民出版社 1981 年版，第 33—34 页。

③ 陕西省档案馆等编：《陕甘宁边区政府文件选编》第 8 辑，档案出版社 1988 年版，第 8 页。

④ 同上书，第 6 页。

⑤ 同上书，第 7 页。

共总计 31 万石公粮①，那就会极大地增加人民负担。

边区八路军在生产过程中，是非常热烈非常有创造性的。1943 年春开荒时，天尚未明，就整队上山，天已漆黑，还不肯下山，规定饭后休息十五分钟，但大家也要争着去挖地，以致上级不得不定出这样的劳动纪律："生产时不准早到和迟退。"可见，八路军们不仅情绪高，而且效力大、技术精，出现了很多有超过牛力的惊人突击手。此外，八路军的领导干部也毫不例外，团长陈宗尧，开荒时满手血泡，终日不休息；政委左齐，在抗日战争中已经失去右手，不能拿锄头生产，就亲自给战士做饭烧水。在整个留守兵团中，出现了无数像李位、赵占奎、张治国、武生华、胡青山、冯国玉那样的部队劳动英雄，像陈敏那样的抗属劳动英雄。因此，八路军不仅是战斗军，而且是劳动军，是人民的军队。②

在生产过程中，延长县焦县长亲自参加担粪、翻地、锄草、收割等劳动。麦收时，他白天割了一天，晚上收工时还要挑着一担回去，无怪乎老百姓说，"自古以来没见过县长担粪，今天县长也担起粪来了，我们必须加倍生产才对"。

边区机关学校中创造了黄立德、郑洪凯、李太元等机关劳动英雄，焦自珍、刘玉峰等工属劳动英雄，张结等学生劳动英雄。③

正是在边区党政军民学共同努力生产下，边区取得了"猪羊满圈，骡马成群，瓜菜满地，粮食满囤"④ 的生产成果，这不但大大减轻了边区人民的负担，而且使他们走出了艰苦生活的境地，达到或走向丰衣足食的道路，真正过上了幸福快乐的生活。同时，为边区"政治军事文

---

① 陕西省档案馆等编：《陕甘宁边区政府文件选编》第 9 辑，档案出版社 1990 年版，第 4 页。

② 陕西省档案馆等编：《陕甘宁边区政府文件选编》第 8 辑，档案出版社 1988 年版，第 7 页。

③ 同上书，第 8 页。

④ 中央档案馆编：《中共中央文件选集》第 14 册，中共中央党校出版社 1992 年版，第 578 页。

化以及党的建设等各方面工作造成新的积极因素，使党政军民空前团结，使边区面貌为之一新"①。

　　需要指出的是，各部队机关在努力自己生产的同时，也存在动员群众无偿为他们生产和出物品的错误做法。如陕甘宁边区宁县部分机关已领购备生产工具及耕牛的生产费，却无代价动员群众牲口开荒种地。为纠正这一错误做法，1939 年 6 月 8 日边区政府颁发了对关中分区的指令，要求采取向群众租借耕牛换工等方法，真正实现机关自给生产。1940 年 5 月华池县悦乐区五乡、白马二乡在青年改选时，动员群众出鸡、猪肉、洋元等物品，引起群众不满。② 后经华池县政府交涉才解决了。

　　此外，边区还实行了"精兵简政"政策，经过 1941 年至 1944 年三次精简机构和精减冗员，其中党政机关工作人员精减了 25%，加强了统一性，提高了政府工作效能。同时，边区政府坚持"取之于民，用之于民，取之有道，用之得当"的财政方针和实行"依靠人民，杜绝丝毫浪费人民金钱"的财政政策。③ 这些方针政策的实施，大大节省了各项开支，减轻了人民的负担。

四　体恤民困，防止扰民

　　边区政府能够做到体恤民困，极力关注民生。1941 年甘泉县因抗战动员，发行公债，购买群众粮食给价过廉，引起群众不满情绪及迁移行动。甘泉县县长体恤民困，顾及民艰，及时上达民情民意，1941 年 5 月 21 日给陕甘宁边区政府写了一份呈文，详细列举了群众的各种怨愤

---

　　① 中央档案馆编：《中共中央文件选集》第 14 册，中共中央党校出版社 1992 年版，第 588—589 页。

　　② 陕西省档案馆等编：《陕甘宁边区政府文件选编》第 2 辑，档案出版社 1987 年版，第 313 页。

　　③ 陕西省档案馆等编：《陕甘宁边区政府文件选编》第 4 辑，档案出版社 1988 年版，第 268—269 页。

呼声，陕甘宁边区政府对此及时作了回复，颁发了《复甘泉县民众对抗战动员与负担的呼声》的指令，首先耐心解释了发行公债是为了抗战的需要，也是替群众办事。其次停止买粮。采取了这些办法后，才消解了民怨。①

在体恤民困的同时，边区政府也尽力做到防止扰民。为了防止扰民，党政军民们过着极其艰苦的生活，已经达到十分值得表扬和同情的境地，很多甚至不如普通的农民或工人。这是历史上所没有，也是其他地区所不能做到的。② 但同时，也出现了党政军内个别干部和工作人员曾一度频繁向群众讨要东西，把群众当成摇钱树的不良现象，如他们吃用穿住骑的都向群众打主意，甚至连开会、过年、部队做工事的工具、睡的席子都有向群众募捐的错误思想作风倾向和做法。③ 为此，1940 年4 月 9 日陕甘宁边区政府发布了《关于对剿匪后的善后办法的便函》，便函着重指出只有真正纠正了向群众不断募捐的错误倾向，才能真正做到关心群众利益，防止脱离群众的危险。

由于驻防富县的军队单位较多，富县党政军内某些干部和工作人员今天向群众借锅借瓮、明天借牛借驴推磨子耕田、后天借房子借镢头等，而没有深入地帮助群众解决大量的实际问题，甚至少数干部对群众态度强硬、言语粗笨，这严重影响了军民政民关系。为此，1940 年富县县政府总结五至七月工作时指出要及时严格纠正个别干部强迫命令和威胁群众及处罚群众的恶劣现象，撤职惩办不称职的区、乡及农村负责人员。④

---

① 陕西省档案馆等编：《陕甘宁边区政府文件选编》第 3 辑，档案出版社 1987 年版，第294—295 页。

② 陕甘宁边区财政经济史编写组：《抗日战争时期陕甘宁边区财政经济史料摘编》第 9 编，陕西人民出版社 1981 年版，第 33 页。

③ 陕西省档案馆等编：《陕甘宁边区政府文件选编》第 2 辑，档案出版社 1987 年版，第171 页。

④ 同上书，第 365 页。

第二节　以乡村为单位推进社会建设

在社会建设的具体实践中，边区乡村涌现出了各种模范村。这些典型模范村既是边区社会建设实践在乡村的具体体现，又是边区以乡村为单位推进社会建设的重要特征。

1942年延安县柳林区二乡吴家枣园在边区特等劳动英雄吴满有的带领下，组织全村劳动力，成立变工队，领导全村开荒，成为全边区开荒最多和增产粮食最多、家家都丰衣足食的边区生产战线上的第一个劳动模范村。1944年1月1日《解放日报》刊登了《吴满有和吴家枣园》一文，全面对此进行了介绍。自从边区开展"吴满有运动"以来，极大丰富了"吴满有运动"的内容，之后更多的吴满有式的劳动英雄辈出，如陈德发、石明德、刘玉厚、张振财和贺保元等劳动英雄。他们非常熟悉群众的真实情况及其情绪，和群众关系密切，以其丰富的生产经验提高劳动效能和艰苦奋斗的劳动精神团结群众，帮助群众解决实际困难，在群众中有很高的威信。这样，他们很快能动员起本乡村男女老幼，积极接受党提出建设模范村的号召及新方法。正是在劳动英雄的带领下，边区涌现出了很多乡村社会建设的典型类型——生产模范村、运盐模范村、卫生模范村、文化模范村、丰衣足食模范村、移民模范村、植棉模范村、调解模范村和集变工、生产、纺织、识字、卫生于一体的综合性模范村等各种类型的模范村。陇东分区华池县温台区四乡城壕村、关中分区新宁县五区四乡辛家沟、绥德分区绥德县沙坪区一乡郝家桥等被评为生产模范村；延安市北区杨家湾、延安县柳林区马科峪等被评为运盐模范村；延安县柳林区一乡马布塔河、延安市北区杨家湾、固临县安泰区东曹乡南庄村等村普及卫生教育，逐步实现了人财两旺，被评为卫生模范村；关中分区新宁县五区一乡窦家湾等村开展识字教育，成为读报识字的文化模范村；延川县禹居区七乡刘家河实行变工扎工，整合农业劳动力资源，实现了"耕二余一"或"耕一余一"普遍有余粮的目标。发展了纺织，穿衣能够基本自给，人民真正过上了饱食暖衣的生活，被评为丰衣足食模范村；关中赤水县孟家湾在劳动英雄冯云鹏的带领下，安置了移难民，创造了移民模范新村；华池县温台区三乡上堡子村和李家湾村是植棉模范村；绥德义合市四直沟村在郭维德带领下，调解村民纠纷，创造了村民和谐相处的调解模范村；绥德县王家坪村被评为高度自治型模范村。这些村庄在经济文化社会建设等某一方面甚至几方面都比一般乡村做得特别突出，是边区名副其实的模范村。

这些模范村积极推动了边区乡村的发展，极大地改变了乡村面貌，成为边区其他乡村学习的榜样，这就要搞清楚满足模范乡村的条件。1939 年 2 月陕甘宁边区民政厅代理厅长李景林在陕甘宁边区政府委员会第二次会议上发表关于《陕甘宁边区民政厅工作》的讲话，第六条明确指出模范乡条件是"生产运动、教育人民、卫生建设和风俗改善"，模范村条件是"有学校、识字组、卫生建设等"。[①] 可见，界定模范乡村的标准不仅是经济发展，而且卫生文化教育也要发达，是经济社会全面协调发展。

当然，杨家湾型、窦家湾型、郝家桥型和城壕村型或发展水平远超过它们的村乡，就全边区来说，为数绝不在少。因此，边区政府非常注意发现和培养模范村乡，有计划地搜集它们具体生动的典型事实，写成材料进行报道，如 1943 年 9 月至 1944 年 1 月在《解放日报》刊发了《刘家河被誉为丰衣足食模范村》、《陈家洼丰衣足食》、《张振财和模范的城壕村》等通讯。以此作为加强边区乡村模范村建设的参考。

一　生产模范村——清涧县辛家沟村和绥德县郝家桥村

1942 年年底党中央提出"自给自足，丰衣足食"的口号，在边区

---

① 雷志华等编：《陕甘宁边区民政工作资料选编》，陕西人民出版社 1992 年版，第 330 页。

农村得到有力贯彻。清涧县辛家沟村大部分各农户家庭经济超过了革命前的状况。全村二十六户居民中，由雇工上升为富裕中农的一户，由贫农上升为中农的七户，贫农上升为富农的两户，中农上升为富农的两户，中农上升为富裕中农的两户，恢复革命前经济状况的六户，由富农下降为贫农而发展为中农的两户，一户因没劳动力由中农降为贫农。[①]由于农业、纺织业和养牲畜等经济的发展，收获量逐年增加，人民负担减轻，人民生活得到相当改善，每天能吃一次面，一次高粱饭，相比革命前缺衣少食的生活是天壤之别，[②] 该村被评为生产模范村庄。

绥德县沙滩坪区第一乡第二行村郝家桥，全村共有一百二十户，六百七十七人。1943 年 2 月，郝家桥召开村民大会，订出全村的生产计划，为保证生产任务的完成，又订出十条村民公约，大大提高了村民的生产热情。村民公约如下：全村人民，互相勉励，做到男耕女织，没有一个"二流子"，懒婆姨，好吃懒做；学习刘玉厚早起、晚睡，努力生产，仿效王德祥把庄稼务好，多打粮食；组织人工变驴工、驴工变人工，做到大家劳动互助、全村亲密团结；要按时耕种，牢记深耕细作，要有草就锄，定必多锄匀锄；全村妇女都要纺花、织布，做到全村人民自纺，自织，自穿；所有租户，都要按政府减租规定交租，不准多交，如有投机取巧、捣乱旁人土地者，一律送交减租保地会议处；以前如有不务正业的人，以及游手好闲之徒，要帮助生产，如经劝解不改者，由村民大会商议处理；要防止吸烟、耍赌，如以后发生这种事情时，送交乡政府法办；禁止牛羊牲口践踏青苗、庄稼，如有损害人家庄稼者，应按情形轻重、多少赔偿之；上列各条，全村人民必须遵照履行，要做到大家饱暖，全村模范。[③] 1943 年 3 月习仲勋、邹文宣和田方等人在郝家桥蹲点调查，调查发现郝家桥在改革农业生产措施，理顺土地租佃关

---

① 陕甘宁边区财政经济史编写组：《抗日战争时期陕甘宁边区财政经济史料摘编》第 9 编，陕西人民出版社 1981 年版，第 100 页。

② 同上书，第 103 页。

③ 陕甘宁边区财政经济史编写组：《抗日战争时期陕甘宁边区财政经济史料摘编》第 2 编，陕西人民出版社 1981 年版，第 809 页。

系，改造"二流子"，组织群众移民南下，实行变工互助、精耕细作等方面都很有典型意义和推广价值。他们的主要调查成果于 1943 年 7 月 22 日、7 月 23 日、8 月 3 日和 11 月 15 日发表在《解放日报》上，分别为《谈收夏——绥德分区模范村郝家桥调查之一》、《记两个变工队——绥德分区模范村郝家桥调查之二》、《谈锄草——绥德分区模范村郝家桥调查之三》和《绥德分区模范村郝家桥调查之四》等文。另外，经过调查了解，习仲勋认为刘玉厚勤劳、忠诚、廉洁、奉公，全家亲密和睦，全村团结一致，发展生产，支援抗战，改善生活，经他提议绥德地委研究决定，授予刘玉厚模范党员、劳动英雄称号，在全区范围内开展"村村学习郝家桥，人人学习刘玉厚"的活动。习仲勋和专员袁任远等领导共同署名将刻有"农村楷模"的牌匾奖给郝家桥村。[①] 郝家桥村成为边区生产模范村。1945 年 9 月 8 日边区政府建设厅在《解放日报》上发表了《绥德县刘玉厚乡人民生活上升调查》一文，对郝家桥村进行了报道。

　　当然，除了辛家沟村和郝家桥村作为生产模范村外，三边分区定边县七区四乡马坊掌村、延长县贺家庄窠、延安县三区三乡李家圪和安塞马家沟村等也都被评为生产模范村。

　　需要指出的是，在各种模范村类型中，其中最多的是生产模范村，其他类型的模范村基本都是在生产模范村的基础上发展起来的。

二　丰衣足食模范村——刘家河村和陈家洼村

　　延川县禹居区七乡刘家河在革命前，只住五户居民，其中一户富农，有二百多垧土地；两户中农，有一百多垧土地；两户贫农，只有四十垧土地。全村共六十二人，只有七名劳动力，土地集中在一户富农手里，一百二十只羊，四犋牛，五头驴，二十多孔窑。新民主主义政权建

---

　　① 《习仲勋传》编委会编：《习仲勋传》上卷，中央文献出版社 2008 年版，第 345 页。

立后，全村勤劳生产，正如乡政府所在地贺家河村的老百姓说的那样："刘家河每个庄稼汉的劳动，都是好劳动，生产鸡叫起，睡半夜，儿子认不得老子。"（这句话是形容一家人因努力生产，父子常不能见面的情形）。发展成十二户居民，有一百零五人，十四名劳动力，全村四百三十只羊，十犋大犍牛，十二头驴，土地约四百多垧，增加八孔新窑，开一处碾粉房，约二十万元以上资金。全村村民都过上了丰衣足食的生活。另外，由于收入增多，1938 年该村与该乡二十五户的大村杨家坪村负担一样多的公粮，此后刘家河村每年都比杨家坪村增多。1942 年杨家坪村负担九石公粮，而刘家河村竟出二十七石多公粮。① 这进一步证明了刘家河村因勤劳生产，全村村民都过上了丰衣足食的生活。1943 年刘家河被评为丰衣足食的模范村庄。为此，1943 年 9 月 23 日《解放日报》刊发了题为《刘家河被誉为丰衣足食模范村》的一则延川通讯，对其进行了专门报道。

1943 年安塞县陈家洼开荒八十七垧，种熟地四百五十八垧，共计耕地面积五百四十五垧。每垧地平均打六斗，共可收获三百二十七石粗粮。全村人口一百七十三人，每人全年吃一石粮，共需一百七十三石粮，加之全村穿衣等一切杂费开支和公盐代金、救国公粮负担，需一百零二石粮，还余五十二石粮。种菜、运盐和纺织等副业收入尚不算在内。实现了收成供全村食用一年有余的目标，在此生产的基础上，该村人民的生活走向丰衣足食。如：端午节全村吃六十斤猪肉，都喝了烧酒，吃了粽子。1942 年开春时，张占旺、郭子高等三户还要吃些糠，1943 年他们都能够吃饱干饭了，玉米馍馍、南瓜软饭、面条等已是他们的家常便饭。该模范村的领导安义元，是全村中生活最好的一家，他家的生活很富裕，五十七岁的老父穿着新蓝布棉袄子，满脸笑嘻嘻的，婆姨穿着黑斜布袄子，浅蓝"腰腰"上面还带上许多银环子，娃娃们都肥胖地穿着新袄子。1943 年全家吃了二十斤粉条，三十斤青油，经

---

① 陕甘宁边区财政经济史编写组：《抗日战争时期陕甘宁边区财政经济史料摘编》第 9 编，陕西人民出版社 1981 年版，第 88—89 页。

常吃肉，二百个鸡蛋，吃了三斗豆子做的豆腐，每月吃十来次面条。安义元积极负担公粮，但是并没有因此而影响他的生活，他说："公家能拿多少，太少了，我的家闹得好，完全是沾革命的光啊！"① 安塞陈家洼村人民过着饱食暖衣的生活，被评为边区模范村。1943 年 10 月 24 日《解放日报》刊发了一篇题为《陈家洼丰衣足食》的安塞通讯，副标题为"安塞陈家洼衣食丰足——今年收成供全村食用一年有余，九个月来共吃猪十七头羊四只"，对其进行了详细报道。

三　文化模范村——新宁县窦家湾村

新宁县窦家湾村共 17 户，85 人。1942 年村里人开始学习文化，村子办起夜校半日班、妇女半日班、读报组和妇女识字班。夜校半日班晚上上一次课，两个月时间，上夜校的 14 人都认识了几十个字。窦家湾村还有两人参加了乡上办的冬学。妇女半日班一天上一次课，在两个月的时间里，参加妇女半日班的有 13 个妇女都认会了各种票据上的字。1944 年 3 月，窦家湾村组织了读报组，到 7 月共读 17 次报，念文章 31 篇。为便于村民认字，窦家湾村每家门上、墙上和窗子上都写着很多字。读书的学生增多了，村里很多人都认识字了，计划三年内扫除文盲。同年窦家湾村被评为读报和识字做得好的文化模范村。

在窦家湾文化模范村的带动下，延安市南关乡、新市桥镇乡、杨家湾、文化沟和磨家湾村等乡村都广泛地开展了识字运动。② 比较典型的是磨家湾村的妇女识字工作做得很出色，为便于妇女们学习，田教员把窑里的家具都贴上名字，墙上贴了"满窑吉庆"，门上贴"开门见喜"，灶上贴"灶火"，风箱上贴"风箱"，妇女们看到实物就记下字，都说：

---

① 陕甘宁边区财政经济史编写组：《抗日战争时期陕甘宁边区财政经济史料摘编》第 9 编，陕西人民出版社 1981 年版，第 89—90 页。

② 中国人民政治协商会议延安市委员会文史资料研究委员会：《延安文史资料》第 2 辑，1985 年版，第 138 页。

"田教员这办法对着哩，这课本是活的。"① 另外，延安市西区裴庄乡崾崄湾和庙嘴沟还开展了文化竞赛活动。这些都有力地促进了乡村文化教育的发展。

四　卫生模范村——三边卜掌村

1941 年毛泽东提倡中西医合作，召开卫生防疫会议，举行卫生展览会。在党的号召下，边区兴起了群众卫生运动，出现了延安市杨家湾、阎家塔、南窑子、黑龙沟、高家园子、三边卜掌村和新宁县窦家湾等八个卫生模范村。② 其中三边卜掌村最为典型。

根据 1943 年 12 月三边地委调查组调查统计，三边分区人民每年迷信的花费在 2 亿元上下，全分区有阴阳、巫神 300 人。定边二区有巫神阴阳 30 人，阴阳巫神骗去群众的钱每年有 600 万元，群众用烧香裱纸和敬神的灯油要费 700 万元，全区 1030 多户人，但只有卜掌村崔岳舜一个医生。③ 面对如此严重的迷信，崔岳舜医生开展宣传破除迷信 20 年，和巫神阴阳做斗争将近十年。1944 年他被三边地委专署评为破除迷信英雄。此次得奖后，他参加了医药研究会，继续以医药破除迷信，积极宣传卫生知识。在卜掌村开展破除迷信运动，使很多群众觉悟到了阴阳的害处，烧了家里的灶神和财神，收到了良好的社会效果。

另外，作为文化模范村新宁县五区一乡窦家湾村也是卫生模范村。该村家家户户都讲究卫生，人和牲口都分开住，并且把牲口的圈垫得很干，大部分人家一天要垫两次。家家都有厕所，并用灰土盖得干干净净。厨房灶具都洗得很净，拭得很光亮，油、盐、米面都盖得很严，灰

①　中国人民政治协商会议延安市委员会文史资料研究委员会：《延安文史资料》第 2 辑，1985 年版，第 138 页。

②　陕甘宁边区财政经济史编写组：《抗日战争时期陕甘宁边区财政经济史料摘编》第 9 编，陕西人民出版社 1981 年版，第 215 页。

③　武衡主编：《抗日战争时期解放区科学技术发展史资料》第 7 辑，中国学术出版社 1988 年版，第 418 页。

尘不易侵入。他们室内室外经常打扫，大门外每天要扫一次。特别是七十八岁的老人李思长是该村最讲卫生的一个人。他每天起得很早，督促家里打扫室里室外。他家里的小孩洗得很净，养得很健康。他本人年纪虽大，但因讲卫生，走起路来像青年一般，他的父亲活到九十岁才去世。李思长不但督促自己家里人讲卫生，还督促全村十七家都讲卫生。自政府提出开展文化建设工作以来，该村立即成立了一个文化工作委员会，公举三个青年当委员，负责领导全村清洁卫生、破除迷信、读报识字等工作。这又促使卫生工作更提高一步，提出把高窗低窗都打开，以流通空气，被子要三天晒一次，衣服要半月洗一次，不许用羊粪烧炕等要求。由于窦家湾如此清洁卫生，虽五区一、二、三乡都受病疫侵扰，但该村独能避免灾害，全村各户仍平安快乐，专心致力于生产。[①] 1944年该村被评为卫生模范村。

除此之外，还有延安县柳林区马布塔河村和固临县南庄村也是卫生模范村。

五　调解模范村——绥德义合西直沟村

绥德县义合区西直沟村曾经是一个贫苦落后的村庄。全村七十五户居民中，有二十几垧地的，已经是富有的人家了。在三百三十六个村民中，其中有很多"二流子"和"半二流子"。因此，村里常常发生不可和解的纠纷。1944年6月陕甘宁边区政府颁布《关于普及调解、总结判例、清理监所的指示》，指示要求"大事化小，小事化无；增加农村和睦，节省劳力，从事生产"。出身穷苦，靠卖烧饼过活的郭维德本着这一指示精神，主要采取调解方式解决村里各种纠纷，替老百姓处理了大小七十多个问题。在租佃关系的纠纷中，他用很好的态度，向地主讲劳动者的苦处，始终照顾佃农的利益。但对于政策和法令，一点也不让

---

①　陕甘宁边区财政经济史编写组：《抗日战争时期陕甘宁边区财政经济史料摘编》第9编，陕西人民出版社1981年版，第220—221页。

步。最后，能使双方互让，有时大家会将所争的租子捐出来办学校。在处理家庭邻里纠纷中，他先了解情况，对造谣生事、挑拨离间的人，进行婉言批评，使公婆、夫妻、姑嫂、妯娌都能互相尊重。对婚姻和男女关系，他竭力主张和好。对品质不好的女人，他也绝对不赞成用激烈的斗争和有伤脸面的游行等方式，而是用好话劝说，使她自动改正。对于偷窃案，必须调查清楚，了解确切情况，不随便冤枉人。① 这样，几年来没有人向政府打官司，郭维德被选为调解模范，西直沟村被评为民间调解的模范村。

民间调解不仅可以节约为争讼而浪费的钱财和时间，而且大家和睦互助，减少了坏人坏事，提高了生产。1944 年郭维德安排了十二个移民，改造了十二个男"二流子"和四个女"二流子"，全都从事生产。村里除了做小生意的人以外，都参加了变工队。妇女不但个个纺织，还成立了合作社。男女老少编了六个识字组，经常给大家读报纸、讲时事，并办冬学和黑板报。这样，老百姓普遍能识二百个字。他还领导秧歌队，演自己编的剧本。由他们演的《归队》影响了二十几个青年自动参军。义仓存着九石细粮。在郭维德的带领下，西直沟不仅是边区调解模范村，而且成为丰衣足食、和睦愉快的新农村。②

此后，边区政府号召劳动英雄、有威信的老人和公正人士参加调解。奖励会调解和调解有成绩者，选拔为人民做好事的调解英雄。③ 提出"学习西直沟，学习郭维德"的口号。在这种情况下，边区民间调解蓬勃发展，涌现了大量民间调解模范人物。如淳耀县柳林乡的房殿有、镇原县一区三乡劳动英雄安兆甲、新正县劳动英雄张清益、曲子县朱启明、延安县蟠龙区申长林等。④

---

① 延安文艺丛书编委会编：《报告文学卷》第 6 卷，湖南人民出版社 1984 年版，第 285 页。

② 同上书，第 286—287 页。

③ 陕西省档案馆等编：《陕甘宁边区政府文件选编》第 8 辑，档案出版社 1988 年版，第201 页。

④ 杨方华等：《陕甘宁边区法制史稿》诉讼狱政篇，法律出版社 1987 年版，第 208 页。

六 自治型模范村——绥德县王家坪村

绥德县吉镇区第三乡王家坪村，新政权建立前，经济上受着严重的封建剥削，租地高达一百二十九垧至一百七十八垧，典出地高达一百四十四垧至一百七十六垧。村誉非常坏，吉镇街上丢了东西，到王家坪准能找到。新政权建立后，全村三十六户，共种地六百零二垧，全部赎回了出典地，只剩五垧半租地，基本解决了土地问题，四十个全半劳动力全部组织在变工队里，彻底改造了"二流子"；集体完成义仓、打井、识字、卫生和负担等工作；特别是村民们团结互助，没有发生过涉讼事件。王家坪在政治经济和社会意识等方面都有了很大的转变，① 成为自治型模范乡村。

王家坪能成为自治型模范乡村的基本原因在于其建立了一个由乡长王应成、劳动英雄王德彪和村长三人组成的领导核心。这个领导核心正确地领导了王家坪村的工作，如创办义仓，首先在核心会上由王应成、王德彪提出开古坟为义田的办法。经一致同意并订出计划，核心分子自报可开坟地外，并分配应予说服的对象，分工领导各户；核心会后，各人就分头深入群众，将分工领导的各户加以说服，争取他们的赞助；酝酿成熟，就召开村民大会，核心带头，再影响积极分子和动员群众展开讨论，求得一致意见，当场选出开坟队长和班长，然后确定日期，由队长和班长率领全部劳动力上山，核心分子在劳动中起模范；然后又经常召开核心会，反映情绪，检查效率。可见，它在整个工作过程中贯彻着民主精神，有计划、有步骤，既昭示了个人的作用，更发挥了集体的力量。② 王家坪村即开义田四十垧，收粮十三石七斗，捆了三千多斤干

---

① 陕西省档案馆等编：《陕甘宁边区政府文件选编》第 10 辑，档案出版社 1991 年版，第258 页。

② 同上书，第258—259 页。

草，都入到义仓里。1945 年，又用十石粮食买了七垧地，打下强固基础。① 因此，王家坪村是具有高度自治能力的模范村乡。

为使全边区四千多个村庄，二百万人民都过上像这些模范村人民一样的生活，甚至成为全国政治经济文化进步的榜样，1944 年边区政府根据边区人民群众的经济生活、思想觉悟程度、社会风俗习惯和急切需要解决的问题等具体情况，提出在农村广泛开展"十一运动"。"十一运动"具体内容包括"每户有一年余粮；每村有一架织布机；每区有一处铁匠铺，每乡有一个铁匠炉；每乡有一处民办学校和夜校；每人识一千字；每区有一处卫生合作社，每乡一个医生，每村一个接生员；每乡有一处义仓；每乡有一副货郎担；每户有一牛、一猪；每户种一百棵树；每村有一眼水井，每户一处厕所"十一项内容。② 这十一项内容包括了边区农村经济文化卫生等各项建设，明确规定了边区人民为富裕文明的生活而奋斗的目标，从而使边区"成为全国政治上、经济上、文化上最进步的一个农村区域，并且铺设下了发展工业的顺利条件"③。可见，开展识字文化运动等"十一运动"是为改造占中国大部分地区的农村和改善占中国绝大多数人民的农民生活，培养和发展模范乡村的一种社会建设运动。④

除开展"十一运动"外，陕甘宁边区还通过制定与人民群众的切身利益直接相关村民公约推动模范村建设。村民公约内容涉及农村生活的各个方面，符合边区农村社会的实际情况，适用性和可行性强，在模范村建设中发挥了重要作用。如绥德县张家圪崂村规定村民公约如下："一、全村人，勤生产，丰衣足食，生活美满。二、不吸烟，不赌钱，

---

① 陕甘宁边区财政经济史编写组：《抗日战争时期陕甘宁边区财政经济史料摘编》第 9 编，陕西人民出版社 1981 年版，第 386 页。

② 中国人民政治协商会议延安市委员会文史资料研究委员会：《延安文史资料》第 2 辑，1985 年版，第 136 页。

③ 中国延安干部学院编：《延安时期资料选编（社会建设卷）》（试用本），2010 年，第 290 页。

④ 同上书，第 290 页。

人人务正,没个懒汉。三、不吵嘴,不厮斗,邻里和睦,互相亲善。四、多上粪,仔细按,人畜变工,大家方便。五、秋翻地,锄四遍,龙口夺食,抢收夏田。六、婆姨们,多纺线,不买布匹,自织自穿。七、多栽树,多植棉,禾苗树木,不许糟践。八、识字班,好好办,不误生产,又把书念。九、抗工属,优待遍,吃得又饱,穿得也暖。十、公家事,认真干,公粮公款,交纳在先。十一、生产事,议员管,服从生产,接受意见。十二、好公约,要实现,谁不遵守,大家惩办。"① 再如志丹县村民公约:"一、人人都要生产,不让'二流子'闲站,阴阳、巫神、神官也要生产。二、订出生产计划按时春耕、锄草、收割,好好喂养牲口。三、爱护田苗,不让牲口糟蹋,保护树木,自动修桥补路。四、不抽洋烟,不偷人,不赌博,不说怪话。五、互相帮助,互相友爱,不打架,不吵嘴。六、拥护军队,帮助军队,好好优待抗工属。七、组织劳力,互相变工,种庄稼也要驮盐。八、节省一粒米、一寸布,反对浪费。九、负担合理公平,早缴早送。十、参加自卫军,清查坏人,捉拿破坏分子。以上公约,谁要违犯,由大家商议处罚修桥、补路、给抗属背柴,或罚一只羊吃。"②

同时,把村民公约与干部公约、义仓规约和"二流子"公约等结合起来,利用黑板报、识字班和读报组等文化组织进行宣传教育,力图把边区农村建设为一个富裕文明的区域。

第三节 执行全面灵活的社会建设方式

陕甘宁边区执行全面灵活的社会建设方式主要体现为全力发挥基层干部的骨干带头作用、社会规范管理机制和社会激励机制、避免工作方式的硬性化和重视社会调查在社会建设中的重要作用等方面。

---

① 汪洋等:《张家圪崂村民公约》,《解放日报》1943 年 5 月 19 日。
② 肖军:《志丹县人民公约》,《解放日报》1944 年 1 月 11 日。

一　全力发挥基层干部的骨干带头作用

边区人民经济与文化上有相当浓厚的保守性。如劳动人民心中普遍存在着"劳动下贱"及"穷是命里注定"等错误思想。这种思想造成了劳动者在劳动工作中不能发挥积极性和创造性，阻碍了生产力的发展，丧失了劳动能创造一切的信心，因此就认为天生就是穷命，虽然终生劳碌，还是落得吃不饱、穿不暖的命运。为消灭这种宿命论思想，边区政府提出了劳模运动，纠正"劳动下贱"为"劳动光荣"，纠正"穷是命里注定"为"劳动致富"。因此，劳模运动不仅推动了生产力的发展，更是引起了一场思想上的革命，纠正了在旧社会里存在的不正确的劳动观念，建立了新社会的新劳动观念。① 正如 1943 年 5 月林伯渠在《农村十日》所发的感慨"人类的智慧，血汗，不都是埋藏在劳动中吗？我们政府号召生产，要大家丰衣足食，就必须每个人向好的劳动者看齐，成为新的英雄啊"。② 因此，通过树立劳动英雄和模范工作者教育，使群众精神上得到了更生，这种精神上的更生是不能用薪金来计算的。他们有一种自由、尊严和当家做主的感觉。③

1944 年延安市开展群众卫生运动，遇到了旧的思想观念的阻力，如有人说："猪圈起来，长不美"、"洗衣服，费衣服"，"扫地没扫帚"等。各级干部积极克服阻碍卫生运动发展的各种思想观念因素，耐心地解释，并首先从自身做起，起带头作用。如北郊乡乡长高文亮，在政府提出卫生运动的号召以后，他不仅给各村开了会，而且把自己家里打扫干净。北关乡杨庄村干部高吉祥、刘全福、张慕成，在卫生运动中不仅自己带头，而且还和区上派来的干部王存礼、李心云一起为该村"二

---

① 陕甘宁边区财政经济史编写组：《抗日战争时期陕甘宁边区财政经济史料摘编》第 2 编，陕西人民出版社 1981 年版，第 753—754 页。

② 《林伯渠文集》编辑组：《林伯渠文集》，华艺出版社 1996 年版，第 330 页。

③ ［美］尼姆韦尔斯：《红色中国的内幕》，马庆军等译，华文出版社 1991 年版，第 182 页。

流子"马金祥和史留锁清理室内外卫生，修厕所，泥窑洞，影响了全村三家"二流子"自动打扫卫生。于是，群众发出这样的感慨："人家干部都这样做了，咱还有啥说的?"① 可见，推动卫生运动发展的关键是积极发挥干部的带头作用。

群众的觉悟程度不会是整齐划一的，总会有积极分子、中间分子与落后分子之分的，只有掌握了积极分子，才能使领导有所依托，才能经过积极分子，团结中间分子，提高落后分子，才能掌握与统一群众的思想，团结群众的阵营，使运动成为一个统一的群众运动。所以掌握了积极分子，掌握了群众思想，才能够掌握群众运动，② 才能真正执行群众路线，使群众运动朝气蓬勃。因此，必须注意培养现身说法的积极分子，以推进社会建设。如延安市南区南郊乡韩家窑子村积极分子极大地推动了卫生宣传工作。韩家窑子村李荣香，读书5年，能看《群众报》，对于医院有很高的信任，在医院生过两个娃，能接受医院的教育，并且成为宣传卫生、治病、到医院生娃的积极分子，因此已有了一些初步的卫生习惯，如穿衬衣、被褥常晒、窑内常打扫，生娃时剪脐带剪子要煮过、手要洗净，并且还常洗澡、洗衬衣。她还经常向邻居讲医院医生护士关心病人，伺候病人比自己的父母还好，鼓励妇女们到医院去生娃，对乡村卫生工作有很大的推动作用。由此看来，一个村里能培养出一两个这样的现身说法的积极分子，在宣传卫生上，一定会起很大作用。当李桂荣、黄桂花等从医院生娃回来后，妇女们看见她们身体都比以前更健康、更好，都很羡慕，说："以后生娃，一定要到医院去。"③

劳动英雄和模范工作者把农村中散漫的农民逐渐组织起来，发展生产增强文教，实行民间调解，推广社会福利事业，创造出模范变工队和

---

①　马豫章：《延安市半年来的群众卫生工作》，《解放日报》1944年8月13日。

②　陈翰笙等：《解放前的中国农村》第1辑，中国展望出版社1985年版，第290页。

③　武衡主编：《抗日战争时期解放区科学技术发展史资料》，中国学术出版社1989年版，第196页。

模范村庄。他们是医疗卫生、识字教育、模范村建设和义仓创办等运动极大的推动者。如在张振财的带动下，形成了"四张"骨干，创造了模范村——城壕村。他们在生产建设和模范村建设中起到了带头作用，淳耀县的白塬村的石明德当了劳动英雄后，附近几个村子的群众就纷纷说："石明德能当状元，我们为什么就不能呢？""石明德能干好，咱也能干好。"于是就有许多群众和石明德比赛，结果这几个村子里的生产和工作就提高了一步。[①] 这样在模范村建设中就会从群众中涌现出更多努力生产富有创造性的劳动英雄和模范工作者，为陕甘宁边区社会建设增添新的社会力量及新的人才。这些劳动英雄和模范工作者，不但在生产中起带头作用，同时又在群众中起骨干作用，成为密切联系群众和团结群众的核心。他们把群众的意见向领导集中，又把领导的方针贯彻到群众中去，因为当劳动英雄的名字和某些新事物联结在一起时，当他们自己先试验时，农民就更愿意接受。这就使领导与群众更好地结合起来，发挥把领导和群众结合起来的桥梁作用。许多劳动英雄和模范工作者根据自己的工作经验，向领导提出意见，成为他们的"高级顾问"，成为他们制定、修改政策的重要参考。

如义仓经营是在劳动英雄、乡长、乡支书、村主任和党支部书记等基层干部的指导下组织起来的。仅在 1943 年到 1944 年间，在陕甘宁边区新正县、淳耀县、赤水县、新宁县、延安县、鄜县、甘泉县、盐池县、绥德县、志丹县各区、乡、村干部及劳动英雄组织的义田开垦运动中至少开垦了 4111 亩田，涉及劳力数千人。（统计数据不全，有据可循者 1119 人以及 533 户，据内田知行对《解放日报》的摘引数据[②]统计。具体数据表见附录七）可列举一下 1943 年春秋季和 1944 年春季劳动英雄和模范党员等义田开垦情况。1943 年春季淳耀县阴凉山村模范党员、

---

① 陕甘宁边区财政经济史编写组：《抗日战争时期陕甘宁边区财政经济史料摘编》第 2 编，陕西人民出版社 1981 年版，第 759 页。

② 内田知行：《抗日战争时期陕甘宁边区的义仓经营》，转引自《中国抗日根据地史国际学术讨论会论文集》，档案出版社 1985 年版，第 419—420、423—424 页。

劳动英雄陈兼伯开垦 30 亩，秋季开垦 12 亩；1944 年春季开垦 30 亩。1943 年春季淳耀县 3 区 2 乡白塬村村主任、劳动英雄石明德开垦 17 亩；赤水县 4 区 8 乡盼家川花家洞村义仓主任林天成率领 70 余人，5 头牛两天开垦 15.5 亩。1943 年秋季赤水县 3 区 1 乡蒋家山村义仓主任郑德升率 15 人，家畜 30 头，7 天开垦 47 亩；新正县 2 区 2 乡义仓主任何有财 2 天开垦 7 亩；新宁县 5 区 1 乡乡长孙仲明率 34 人，28 头牛 3 天开垦 53.4 亩；赤水县 5 区 3 乡义仓主任杨光辉率 180 个全劳动力，50 个半劳动力 3 天开垦 35 亩；赤水县 2 区 1 乡农会干部张志孝率众两天开垦 12 亩；新正县 2 区张清益率众开垦 383 亩。

　　1944 年春季延安县川口区董家屹崂村劳动英雄张步贵率 10 人开垦 30 亩；甘泉县 4 区 4 乡甄家湾村乡支书、劳动英雄甄士英率 40 人 3 天开垦 51 亩；赤水县 3 区 4 乡汾滩村劳动英雄冯云鹏率 22 人 3 天开垦 12.8 亩；新正县 2 区前掌村村主任张鸿颜率 44 人 2 天开垦 26 亩；新正县 2 区南咱子村积极分子获保元率众 4 天开垦 20.5 亩；赤水县 5 区 6 乡陈家村变工队长陈自泰开垦墓地 7 亩；新正县 2 区 8 乡前冯村劳动英雄何福全率众 3 天开垦 89 亩；绥德县王家坪村劳动英雄王得彪率众开垦 30 亩；延安县乌阳区 2 乡支书劳动英雄何海俊率 14 人开垦 6 亩；甘泉县 4 区 4 乡支书、劳动英雄甄士英率 210 余户 4 天开垦 234 亩；志丹县 3 区 3 乡劳动英雄马海旺率 5 人开垦 24 亩；鄜县交道区 2 乡劳动英雄王增荣率 180 人开垦 60 亩；淳耀县柳林区 8 乡乡长杨起有率 130 人半天开垦 10 亩；新正县 4 区 5 乡李生贵乡长率众 1 天开垦 40 亩；盐池县 4 区 4 乡劳动英雄刘占海率 71 户建义仓 13 处，开义田 310 亩；鄜县张村驿区 6 乡劳动英雄余有才率众 2 天开垦 167 亩。

　　义仓经营是在劳动英雄、乡长、乡支书、村主任和党支部书记等基层干部的指导下组织发展起来的。他们在义仓运动中发挥了巨大的带头作用和组织协调作用，这种作用是同样可以应用到其他社会建设任务上去的。

二　社会规范管理机制和社会激励机制相结合

为了发展生产，改善人民生活，中国共产党和陕甘宁边区政府颁布了一系列法规纲要条例决议。如 1939 年 12 月 10 日中国共产党陕甘宁边区第二次党代表大会通过的《关于发展边区经济改善人民生活的决议》，决议指出"边区必须根据三年来经济建设的经验与成绩，继续发展边区经济，使边区全体人民足衣足食，使边区能在抗战建国的艰苦过程中奠定克服困难与自足自给的基础……"[①] 为了奖励人民生产，1939 年 4 月陕甘宁边区政府颁布《陕甘宁边区人民生产奖励条例》及《督导民众生产运动奖励条例》。[②] 为减轻人民负担，减少了民力动员。1941 年 3 月陕甘宁边区政府颁布了《陕甘宁边区战时动员法规》，1943 年 2 月 24 日边区政府公布《陕甘宁边区简政实施纲要》，纲要指出要"爱惜民力，节制动员，不浪费一个民力，一匹民畜"[③]。这些都充分体现了中国共产党和陕甘宁边区政府站在广大民众的利益立场上，制定了一整套行之有效的关于社会建设的重要方针政策，执行符合群众利益的社会政策，开展全党全民的社会建设工作。

除了利用社会规范管理机制之外，中国共产党和陕甘宁边区政府还通过多种互动平台和有效载体，如通过《解放日报》多篇幅地报道边区人民生活的改善。《曲子回民生活日益改善》（1942 年 9 月 15 日）、《回民生活迅速上升》（1943 年 7 月 11 日）、《蒙回同胞一致承认共产党是蒙回民族救星》（1943 年 7 月 24 日），这些都是蒙回族等少数民族人民生活水平迅速上升的报道。除此之外，还有大量汉族人民生活改善的报道，如《边区人民生活日趋改善》（1941 年 9 月 22 日）、《边区人民

---

① 陕甘宁边区财政经济史编写组：《抗日战争时期陕甘宁边区财政经济史料摘编》第 9 编，陕西人民出版社 1981 年版，第 23 页。

② 陕西省档案馆等编：《陕甘宁边区政府文件选编》第 1 辑，档案出版社 1986 年版，第 206 页。

③ 中央档案馆编：《中共中央文件选集》第 13 册，中共中央党校出版社 1991 年版，第 557 页。

生活改善调查》（1941 年 10 月 30—31 日）、《华池群众生活改善》（1942 年 8 月 7 日）、《延市农家丰衣足食——康树德家业旺盛食饱衣暖，刘雨云多打粮食积谷满仓》（1943 年 6 月 16 日）、《各阶层人民生活蒸蒸日上》（1943 年 6 月 18 日）、《甘泉三区雷家沟——全村农家丰衣足食》（1943 年 7 月 25 日）、《高凤成革命前饥寒交迫，现在全家丰衣足食》（1943 年 9 月 27 日）、《艾培德生活富裕》（1943 年 9 月 14 日）、《李成志生活富裕》（1943 年 10 月 14 日）、《从旧社会到新社会——马家沟的劳动领袖陈德发》（1944 年 1 月 2 日）等文。这些通讯文章更多地着重从群众个人生活改善进行报道。还有关于陕甘宁边区乡村丰衣足食的报道，如《安塞老百姓丰衣足食过新年》（1944 年 1 月 10 日）、《从典型村的调查看出新经济发展状态》（1943 年 10 月 23 日）。可见，《解放日报》接二连三地报道陕甘宁边区各族各地人民生活改善的消息，同时，从刊登个人生活富裕到刊登乡村丰衣足食的报道，充分表明了陕甘宁边区经济呈现出一片发展和繁荣的景象，广大人民生活大大改善，基本实现了陕甘宁边区各族人民由个人到集体有饭吃，有衣穿的丰衣足食的生活，逐步过上了饱食暖衣的生活。

　　除了通过《解放日报》进行正式报道外，还通过连环画等展示人民生活的改善。如针对不识字的民众，1943 年绥德分区在生产展览会上，用二十一幅长篇连环画展示了绥德张家圪崂村人民革命前后的生活表现，陈列了张家圪崂村革命前人民所吃的糠馍，苦菜渣渣饭，黑杂面饺和所穿的百孔千疮又油又臭的破棉衣，革命后该村人民所吃的肉饺、面条、捞饭、高粱饭等和穿的羊皮袄、新棉衣。这种尖锐的对比，不仅给不识字的观众解释了连环画的中心意义，而且更强烈地说明了革命给予人民的好处。如当两个在骡马大会上卖油炸糕的河南老太婆知道了这个对比的意义后，不由得非常惊奇地说：“啥时候把咱们河南也革革命，叫咱们穷人家也换换吃喝。”[1] 可见，表现民众生活改善的方式具

---

[1]　陕甘宁边区财政经济史编写组：《抗日战争时期陕甘宁边区财政经济史料摘编》第 9 编，陕西人民出版社 1981 年版，第 91 页。

有多样性和具体性。

通过高度发挥舆论的力量和媒体的社会效益，弘扬了时代精神，引领了社会风尚，维护了社会秩序。

三　工作方式的多样性

陕甘宁边区政府颁布了一系列有关社会建设工作方式要具有弹性的文件指示。如 1940 年 2 月林伯渠、高自立颁发《关于富县工作给罗成德的函》指出，富县政府应努力争取与团结民众，不宜进行关于扩兵、募捐、罚款、没收烟民烟土、强迫戒烟及强迫放足等工作，应该帮助贫苦民众获得一切利益，设法救济没有饭吃的贫民，解决其没有土地和没有工具耕种等具体困难。[①] 1945 年 11 月李维汉关于作风问题《在学习大会上的报告》中指出："群众对干部最不满意的是太硬。"[②]

这样的指示具有灵活性，在具体的落实环节多少可以避免工作方式硬性化。基层干部可以因地制宜，与时俱进，以工作效果为目标，改进工作方式。如 1940 年华池县政府在教育工作中，一开始强制要求农民送孩子上学，遭到一些农民的极力反对，经常发生学生逃跑及隐匿现象。有人说："家产牛羊不要了都可以，不愿娃娃念书去。"还有百姓借口扩兵去一人就行了，还要念书，家内没人放牛挡牛。[③] 针对这些现象，相关干部积极调整政策，适应当地实际，放弃强迫教育政策，转变为社会教育方法。动员当地党政人员、老乡绅、"小先生"等开展教育进村活动，发明了把字写在板子上，放在田地的一端，一边耕作，一边

---

① 陕西省档案馆等编：《陕甘宁边区政府文件选编》第 2 辑，档案出版社 1987 年版，第 67 页。

② 陕西省档案馆等编：《陕甘宁边区政府文件选编》第 9 辑，档案出版社 1990 年版，第 390—391 页。

③ 陕西省档案馆等编：《陕甘宁边区政府文件选编》第 2 辑，档案出版社 1987 年版，第 253 页。

记字的新方法，① 广泛发动群众识字教育运动。通过深入宣传、耐心解释、说服教育和发明记字新方法等，避免了工作方式的硬性化，部分地解决了儿童入学问题。

在戒烟戒赌工作中，根据具体情况逐渐禁戒。如 1940 年 6 月陕甘宁边区政府回复庆阳县工作报告的便函中，关于戒烟问题，指出应注意区分烟瘾大小，体力劳动者与非体力劳动者，穷人与富人的个体差异。一般说来，烟瘾小，家富体强，饮食好，非体力劳动者，易为戒断；烟瘾大，家贫，饮食差，体弱，体力劳动者，难戒断。分析其原因是"在戒烟期间要休息，要吃得好点，而靠体力劳动生活的穷人，恰恰又不能休息，又无法吃得好点。所以穷人戒烟，应有救济的办法去帮助他戒。至于五十岁以上的老瘾客，如果戒得不好，可以戒死人的，更应审慎"②。对于赌博问题，提出区分以赌博为职业的和偶尔以赌博为娱乐的两种不同的性质，指出禁赌只是消极的办法，发展正当娱乐，才是戒赌的积极办法。③

再比如，要按照当地的具体情况组织变工扎工。能变则变，不能变则不变，可大可小，不能强迫，以适合群众需要为准。收割的时候一家男女老少都可上山，如有不需要也不愿意变工的，就可以不变。牛犋变工也要看具体情形去组织，像张家畔那样的大平滩，可以十几犋牛变工耕地，但如果只有三两垧地，不但农民不愿意，同时也不需要。锄草的时候如果老百姓愿意变，就可以组织更多的变工队。总之，变工是为了提高生产，适合群众需要，能变则变，可大可小。一切要按当地具体情况决定。坚决反对机械的方式和强迫命令的办法。④

如果这些关乎民生的社会政策过于硬性和刚性，反而不利于儿童入

---

① G. 斯坦因：《红色中国的挑战》，李凤鸣译，希望书店 1946 年版，第 139 页。

② 陕西省档案馆等编：《陕甘宁边区政府文件选编》第 2 辑，档案出版社 1987 年版，第 281 页。

③ 同上。

④ 陕西省档案馆等编：《陕甘宁边区政府文件选编》第 9 辑，档案出版社 1990 年版，第 2—3 页。

学、戒烟戒赌及变工扎工等问题的解决。这反映了边区社会建设的工作方式具有弹性及多样性，尽力做到用最好的工作方式方法帮助和满足人民的所需。

另外，边区在移民工作和减租减息政策执行上，能够针对群众思想顾虑，及时调整工作方式方法。在 1943 年警备区的移民工作中，有些干部在数目上"完成任务"，有的把"二流子"动员南下开荒；有的硬要全家移走，有的对不愿意登记移走的硬要登记，进行强迫命令；有的不要公家路费，而硬要发他路费；有些想移，因没有路费和带不动家眷等困难不能解决而不能移走……由于这些原因，引起一些群众的疑虑，如有的群众说："你不要动员我移，我不是'二流子'。"有的又说："公家发路费，下去一定是当兵。"结果影响到愿意移的也不敢移，使组织动员在有些地方起了相反的作用。① 因此，做移民工作的干部要克服粗枝大叶、强迫命令的工作方式，设法解决没路费的、带不动家眷的及刚移入后落脚等的困难，消除其心中的疑虑。有些穷苦农民不愿意移出的原因是担心死后不得归祖坟；有的怕出了门没有五亲六眷；有的妇女们又怕"坐不成娘家"。他们大多有"好出门，不如歹在家"，"人离乡贱，物离乡贵"的守旧思想等。为克服这种保守思想，绥德分区曾把马丕恩到延安翻身的故事，画成连环画到警区广为宣传，使他们了解了移走不但不会当兵，不会受人挤苦，而且能够得到政府和群众的帮助，把光景过得更好。② 用移民发展的实际例子号召移民。冯云鹏是关中赤水县的一个移民，他用自己发财的实际例子到处宣传，到处夸耀他的四条大肥牛。他说："四条牛便是我一个活的宣传队。"③ 他对移民工作非常认真，根据土地好坏适当分配给各户移民，给刚来的移民借粮管饭，教移民开荒的姿势、手势和修理农具。在他的努力下，安置了 174

---

① 中共中央西北局调查研究室编：《边区的移民工作》，转引自《抗日战争时期陕甘宁边区财政经济史料摘编》第 2 编，陕西人民出版社 1981 年版，第 655 页。

② 同上书，第 656 页。

③ 中央档案馆、陕西省档案馆：《中共中央西北局文件汇集（1943）》（一），内部资料，1994 年，第 446 页。

户共六百多名难民，建立了 14 个自然村。于是冯云鹏的方向便成了移民们努力的方向了。绥德分区则利用干部党员的关系去组织动员，西川老君店的乔如治同志组织了二十五人南下开荒。绥德田庄吴荣邦同志组织了六人南下。葭县古木区干部五天组织了五十人……这些都是干部党员组织移民的很好例子。绥德还利用当地有威信的士绅关系去组织移民，如士绅刘捷三、杜立亭组织十多户移民南下。可见，要做好移民的工作，就要深切了解移民的心理特性，采用灵活的工作方法去宣传和号召移民，利用亲戚朋友工作等各种社会关系去组织移民，消除他们心中的疑虑，亲切地帮助他们自愿南下开荒，而不是粗枝大叶地采取强迫命令的工作方式。就这样，边区的移民工作取得了良好的成绩。

在几千年的封建剥削压迫下，农民对地主往往存在"有话不敢说"、"敢怒不敢言"的心理。减租减息后，大多数获得利益的佃户要求减租，出现了"减租是对人民大众有益的，我坚决拥护减租"、"公家要减了租，就将我们几辈子好事做下了"、"公家不减租不得了，将老账老约挖去才好"和"不要说减租，把地分给我们才好呢"等拥护减租的声音。[1] 但减租减息政策推行一段时间后，受到了来自各方面的阻力。首先是某些顽固地主的拉拢软化和威胁打击，企图用自耕、出卖、分家等手段，将土地化整为零，使农民无地可租种；或将租额提高，达到明减暗不减的目的。其次是由于几千年来传统封建思想的束缚，在观念上，部分农民存在地主地多也有理的想法，觉悟程度差，不懂法令，不懂勤劳终日仍不得温饱的道理，摆脱不了传统因袭，出现如"谁不愿减呢，地是地主的，要收地怎办"[2] 及"地是人家地主的，人家不租给咱地，咱怎么能活呢"等说法。即使愿意减租，也以为减租之后是发了外财，他的心情上好像是做了亏心事、偷了人似的。所以对于减租并不是理直气壮的，这是部分农民的思想。再次是农民对减租减息持

---

[1] 陕甘宁边区财政经济史编写组：《抗日战争时期陕甘宁边区财政经济史料摘编》第 2 编，陕西人民出版社 1981 年版，第 377 页。

[2] 同上。

"变天"的思想顾虑，担心在敌我进退频繁的根据地是否能够长期坚持下去，不敢轻易实行减租。由于这些因素导致农民在减租时出现又想减又不敢减的矛盾心理。① 可见，地主对于农民的统治，是一个完整的体系，不但有其经济基础，而且有其上层建筑，即农民在思想上、道德上和习惯上都在封建束缚之下，认为地主的封建统治是当然的、合理的。②

边区政府因此调整了工作方式方法，频繁派工作组下到村里，集中力量教育发动群众，教育训练农民中的积极分子，在群众中间进行思想酝酿，引导群众商讨减租办法，消除各种思想顾虑，引导群众进行反省，解决"谁靠谁活"和"该不该交租"的问题。增加群众的力量和斗争勇气，真正发动群众开展减租运动。因此，各级干部不仅要了解到农民受益时的经济心理因素，也要全面了解到农民怕"变天思想"和怕"结仇心理"等复杂的社会心理因素，这样，才能全面深刻掌握和认真贯彻执行减租减息政策。

四　重视社会调查

陕甘宁边区充分重视社会调查在社会建设中的重要作用，把社会调查作为社会建设的重要环节。善于运用行政社会组织等各种力量参加社会调查工作，采用座谈法、个案访谈等调查方法进行了各方面调查。往往先找点试行，作为调查后全面施行的序曲。除了政治上调查土地关系、租佃关系、借贷关系、雇佣关系、阶级关系、军民关系、干群关系以及"三三制"参政问题；党建方面调查整党、支部发展问题；经济方面调查减租减息、农民负担以及合作社运输队运作、农业、物产贸易；还在社会方面进行饮食营养、妇孺卫生、日用消费、灾荒救济、边区移难民、"二流子"改造、少数民族问题和民众社会心理调查（社会

---

① 陈翰笙等编著：《解放前的中国农村》第 1 辑，中国展望出版社 1985 年版，第 291 页。
② 同上书，第 290—291 页。

教育）等。当时参与调查人员多，涉及调查范围广泛，调查报告数量多和内容翔实，堪称马克思主义面向实际重视调查研究的盛举和典范。仅列举《解放日报》在 1941 年至 1945 年期间刊载的社会建设方面的调查报告就有：1941 年 10 月 30—31 日马洪的《边区人民生活改善调查》；1942 年 8 月 14 日和 9 月 2 日陕甘宁边区防疫委员会的《延安市环境卫生调查》；1943 年 1 月 31 日江涛的《延安市老百姓的饮食调查》；1944 年 6 月 24 日冯秉姗的《韩家窑子村妇孺卫生调查》；1945 年 9 月 8 日边区政府建设厅的《绥德县刘玉厚乡人民生活上升调查》等。

这些社会调查都与具体的社会政策相配合，是社会建设的重要环节。有的虽然未必直接作用于社会建设，但却极大地影响甚至决定着社会建设的方向和成效。既反映了当时陕甘宁边区社会的真实情况，又总结了陕甘宁边区各地的社会建设经验，进而为工作改进提供了明确的方向。一方面明确典型，进行推广；另一方面找到缺失，查遗补漏，从而保证了社会政策的连贯性与先进性。以下几个实例充分说明了这一点。

为实现公平救济起见，1941 年华池县政府由区乡首先做详细的调查，把一般群众分为三等，一种是有办法者，一种是半有办法者，一种是牛羊都没有，没一点依靠者和困难的抗属。救济的人是最没办法者及抗属。救济的方式：为了真正救济到最没办法的人，做到更慎重起见，在吴旗等区以乡或村为单位，开村、乡民大会，由群众评论谁应救济，就救济谁，比较彻底地按人口多少来计。彻底调查后实行救济最高者一点七石，最少者有一升，救济款最多一百元，最少八元。①

为了准确地判定"二流子"、半"二流子"和非"二流子"的界限，深入调查了边区"二流子"的具体情况，制定了以生活来源为区分"二流子"、半"二流子"与非"二流子"的主要标准。这一方面使真"二流子"不能漏过，另一方面不冤屈好人。1944 年 5 月 1 日西北局调查研究室在《解放日报》上刊发了《边区"二流子"的改造》一文。

---

① 陕西省档案馆等编：《陕甘宁边区政府文件选编》第 4 辑，档案出版社 1988 年版，第 202 页。

为了在绥德专区顺利开展移民工作，1943年3月习仲勋带领工作人员在绥德郝家桥蹲点，对发动移民的具体对象和时间等问题进行调查。在郝家桥刘家渠选择了上、中、下二十户贫农进行调查，发现由于各自经济条件和生活水平不同，对于响应移民号召的积极性各不相同。上贫农有可能逐步发展成自耕农（中农），中贫农日子过紧一点，也还可以过得去；唯有下贫农，虽然每年要用三分之一以上的时间替别人揽活，但仍然解决不了一家全部吃粮的问题，能够认识到下南路移民是从根本上改善生活的最好出路。明确了移民的主要对象是下贫农。① 根据绥德郝家桥的移民经验，主要的应该向没有土地的雇贫农户去动员。至于移的时间，最好是春冬两季，因为在春季是开荒的时节，移来就可以进行生产，冬季则农事已毕，移到那里可以准备来年生产。②

这些社会调查研究能够和党的各项方针政策工作任务紧密结合起来，到实际中、到群众中找社会建设行动的依据和社会建设工作的办法。在社会调查中动员组织农民及其斗争，使社会调查在一定程度上成为一项政治动员和政治宣传工作。经过宣传解释，社会调查工作者及各级干部在广大民众心目中几乎是解放者，采取了充分合作的态度，积极响应他们的号召，配合各项建设，不仅顺利完成了各项社会调查工作任务，而且推动了社会建设及政治建设、文化建设、经济建设的开展。同时，许多高级干部和基层干部从社会调查中直接感受到了农村阶级关系的复杂情况和变革政治经济社会思想的迫切性，贯彻执行中共中央的路线方针政策更主动更自觉；能够更深切地体会联系本地区实际情况创造性地贯彻执行社会政策的重要性。这有力地保证了中国共产党的正确领导，推动了全党工作和陕甘宁边区社会建设事业的发展，加速了中国革命的胜利。

---

① 西北五省区编纂领导小组：《陕甘宁边区抗日民主根据地（回忆录卷）》，中共党史资料出版社1990年版，第355页。

② 中共中央西北局调查研究室编：《边区的移民工作》，转引自《抗日战争时期陕甘宁边区财政经济史料摘编》第2编，陕西人民出版社1981年版，第657页。

第四章

陕甘宁边区社会建设的成就与局限

"皖南事变"后，国民党对陕甘宁边区实行经济封锁和军事包围，致使外援断绝，"弄到几乎没有衣穿，没有油吃，没有纸，没有菜，战士没有鞋袜，工作人员在冬天没有被盖"①。边区遭遇到了极大的困难，但在中国共产党和边区政府的正确领导下，边区克服了各种困难，取得了成绩斐然的社会建设成就。当然，陕甘宁边区社会在取得显著成就的同时，也不可避免地存在其历史局限，本章就陕甘宁边区社会建设的历史作用作一客观评价。

第一节 陕甘宁边区社会建设的主要成就

中国共产党和边区政府在社会建设实践中进行了艰苦卓绝的探索，取得了显著的成就，主要表现为改善了人民生活；重构了社会结构；发展了新型的军民政民关系；提高了中国共产党和边区政府的政治影响；培养了人们互助友爱的精神及确立了新的社会风尚等方面。这些成就给全国人民指出了建设新民主主义社会的具体道路，在当时其他根据地得

---

① 《毛泽东选集》第3卷，人民出版社1991年版，第892页。

到了广泛的推广应用，赢得人民拥护的坚实基础，极大地推动了中国革命的成功，奠定了新中国社会建设的基础。

一　改善了人民生活

革命前，边区人民的生活极端贫困，广大农民没有土地，只好租种地主的土地，生产的粮食除交给地主 50% 以上之外，还须交给军阀和官僚各种捐税。有的还要给高利贷资本家支付利息。加上连年天灾或内战，弄得强者当土匪，弱者坐以待毙，绝大多数民众经常处在饥寒交迫的境地，无法生活。陕甘宁边区政府成立后，边区全体人民积极响应党和边区政府提出的"自力更生"、"组织起来"、"备战备荒"、"耕三余一"、"全面建设运动"等号召，努力发展边区经济。陕甘宁边区的农业、盐业和合作社等都得到了很大发展。如边区的耕地面积由 1940 年的 11742082 亩，扩大为 1943 年的 13387213 亩，总产量达 184 万石；据不完全统计，1943 年全边区驮盐三十六万余驮，合作社达 260 个。[①]1943 年陕甘宁边区共开垦 100 万亩荒地，多打 16 万石细粮，安置 8000户移难民，改造 4500 名"二流子"，种 15 万亩棉花，打 60 万驮盐，运输牲口比 1942 年增加十五六倍，办了许多像南区合作社一样的群众合作社；边区的部队，边作战边生产，做到了部分自给或完全自给，减轻了边区人民的负担。边区的机关和学校努力生产，自给率达 26% 到 76%。工人制造了许多日用品。凡是努力劳动的家户、机关、学校或部队，都已做到"猪羊满圈，骡马成群，瓜菜满地，粮食满囤"。[②] 包括农民、移难民、盐民和工人等在内的广大人民逐步过上了饱食暖衣的生活。

（一）农民生活逐渐丰裕

华池县温台区四乡城壕村，距离华池县城二十五里，是城壕川沟口

---

① 陕西省档案馆等编：《陕甘宁边区政府文件选编》第 8 辑，档案出版社 1988 年版，第 1—2 页。

② 中央档案馆编：《中共中央文件选集》第 14 册，中共中央党校出版社 1992 年版，第578 页。

的一个农村，革命前 1934 年城壕村有 4 户共 15 口人，牛犋 2.5 头，耕地 225 亩，收粮 52 石，负担占全部收入的 47%。可以说该村捐税繁重，土匪纵横，农村破产。新政权建立后，城壕村经济逐年发展，人民生活逐渐丰裕。1943 年城壕村全村户数发展为九户，五十口人，九个男劳动力，五个女劳动力，十四个劳动力都参加了变工队，七犋牛，种地七百七十二亩，收大斗粗粮二百五十一石，折合小米细粮一百八十八石。运盐十驮，换回五石麦，养羊二百九十只，获利约二十九石，收入共约二百二十二石。支出方面：吃粮每人每月以细粮一斗计，全村五十人，共六十石；穿衣以每人用三八布一匹半计，共七十五匹，每匹合细粮三斗六升，共合细粮二十七石；农业投资，包括农具及牲口草料等，共约二十八石；杂支十二石，公粮十石，公粮负担占全收入的 4.5%；合作社入股四石，共计支出一百四十一石。收支相抵，全年余粮八十一石，够半年消费，耕二余一的标准已经达到了。① 而家有余粮正是农民生活丰裕的标志。还有延安西区四乡人民革命前吃糠，有的连糠都吃不上。革命后，该乡人民吃三餐：早餐是粘饭或散面；午餐是捞饭或荞面馍；晚餐是稀饭；过节每家都能吃到肉、菜蔬，洋芋、白菜、蔓菁。虽布匹贵，但米价也涨了，每人都有棉衣和新衣穿，有的还有两套皮棉，用不着一件棉衣穿七八冬了。②

（二）移难民生活不断改善

1942 年马丕恩父女从米脂逃荒到延安时，除掩身破衣外，一家六口只有半碗小米，半碗黑豆，两个破被卷和一只铁锅，余无长物。经过一年劳动，1943 年已达到耕一年余二年的标准，全家生活大为改善。③

还有，1935 年蒲正盛夫妻两口赤手空拳来到延安县中区一乡郭梁

① 陕甘宁边区财政经济史编写组：《抗日战争时期陕甘宁边区财政经济史料摘编》第 9 编，陕西人民出版社 1981 年版，第 105—106 页。

② 陕西省档案馆等编：《陕甘宁边区政府文件选编》第 3 辑，档案出版社 1988 年版，第 194 页。

③ 陕甘宁边区财政经济史编写组：《抗日战争时期陕甘宁边区财政经济史料摘编》第 2 编，陕西人民出版社 1981 年版，第 653 页。

畔村，革命后分了八垧地，有三头牛，十七只羊，1939 年打了三石粮，1940 年打了四石粮。不但全家吃不完，而且有盈余。

（三）盐民生活得到了改善

革命前，盐民生活苦不堪言，如盐户纪堂说："过去花定盐局时，我们老池只有十几家人，没有一条毛驴，大家都是偷盐的，偷一天吃一天，我一家五口人一天只吃三合米。"盐户都是一贫如洗，以偷盐为生。自从陕甘宁边区政府管理后，盐田系公有，盐户有使用权，不交任何税费。各池盐户财富增加了，盐民生活改善了。老池有 121 户 392 口人，118 座房屋，81 垧地，745 只白羊，113 只黑羊，4 头骡马，47 头驴，73 头牛。苟池有 193 户 585 口人，381 座房屋，6025 垧地，2234 只白羊，821 只黑羊，20 头骆驼，23 头骡马，95 头驴，92 头牛。滥泥池有 98 户 502 口人，291 座房屋，1108 垧地，1202 只白羊，712 只黑羊，21 头骆驼，15 头骡马，52 头驴，31 头牛。莲花池有 106 户 558 口人，351 座房屋，1044 垧地，3276 只白羊，313 只黑羊，30 头骆驼，20 头骡马，78 头驴，72 头牛。老池、苟池、滥泥池和莲花池等各池共计 521 户 2037 人，1141 座房屋，8558 垧地，7457 只白羊，1959 只黑羊，71 头骆驼，62 头骡马，272 头驴，268 头牛。[1]（详见附录八）1942 年高仲和从榆林逃难来到老池，当地政府和盐局给他分了十二块盐田，当年的收入为 9500 元，开支 5000 元，余 4500 元。1943 年打 2200 驮盐，每驮 300 元，可收入 66 万元，除开支可余 40 余万元，短短两年中，高仲和已成为小康之家了。郝有福从绥远逃难来到苟池，分得十块盐田，1942 年打 1500 驮盐，可收入 38000 元，除开支外，还买有一匹马、二头牛、十九只羊，余 12200 元现金。[2]笔者列举的这几个具体盐民收入和财富增加的实例，足以说明盐民生活确实得到了改善。

---

[1]　陕西省档案馆等编：《陕甘宁边区政府文件选编》第 8 辑，档案出版社 1988 年版，第 131 页。

[2]　同上书，第 132 页。

(四) 工人生活大大改善了

在陕甘宁边区，除了农业生产增加，农民生活改善外，随着工商业的发达，不仅基本消灭了工人失业的现象，而且工人的工资也增加了，大大改善了生活。1939 年煤矿工人、制造工人、泥木工人、雇工零工和店员的工资与革命前相比增加的百分数分别为 30%、15%—20%、25%、25% 和 15%—20%。① 安定、靖边、安塞、保安、富县、固临、庆环和延安等地区工人的工资都比革命前大大增长了。(详见附录九)

这些实例充分体现了边区人民已从缺吃少穿逐渐过上了丰衣足食的生活。因此，在边区可以随处听到人民对新生活的赞誉。一个农民说："我真享革命的福，革命前借地主陈谷一斗，收新谷时要还二斗；苛捐杂税几十种，每年要十五六元。现在什么都去掉了，我收的粮食每年有余，两个孩子娶媳妇养孩子了，以前谁做这梦想。"一个雇农说："端人饭碗服人管，以前，雇农不能和雇主一起吃饭，他坐炕上，我坐地下，他吃好的我吃坏的。现在不然，有工会保障谁也不敢欺负，工资增加了几倍，以前有失业的，现在找不到人。我分得五垧地，今年又开荒七垧……"一个妇女说："过去做媳妇，须等公婆丈夫吃完饭，才能吃其残余，常被打骂，不能过问家里的事。现在，打骂取消了，妇女管理家事，衣服制得比男子还多。过去买卖婚姻，现在婚姻自由，这是我们妇女出了头的世界。"② 正如延安市长说的那样："延安新市场，天天在建筑，商人很有钱，经常有若干由绥米来的劳动者在工作。每次唱戏，几十里远的妇女穿着新衣、骑着驴来看，不带干粮，都进馆子吃饭，这是以前没有的事。"③

这些都表明了边区人民生活得到了显著改善，而人民生活的改善，是充满着积极意义的，承载着重要的政治任务，其重要性远远超出了社会建设实践本身。

---

① 陕西省档案馆等编：《陕甘宁边区政府文件选编》第 1 辑，档案出版社 1986 年版，第 140 页。

② 陕西省档案馆等编：《陕甘宁边区政府文件选编》第 3 辑，档案出版社 1988 年版，第 193 页。

③ 同上。

二　重构了社会结构

1935 年土地革命后，边区人民脱离了旧生活的桎梏，踏进了新生活的大道。如固临县临镇区觉德村原来的 12 家贫农自分得了土地以后，光景比以前好多了，每家都有饭吃、有衣穿，儿女可以免费进学校，负担减轻了 90%，中农负担减轻了 87%，富农负担减轻了 60%。[①] 负担减轻后，也引起了边区革命前后的阶级成分发生了很大变化，很多革命前是贫农和雇农的，革命后不久就上升为中农或富裕中农了，中农和富农数量不断激增。根据 1940 年春安定县四个行政村 228 户的调查，革命前中农和富农分别为 10 户和 2 户，占总户数的 5.3%，1940 年时中农和富农分别增至 126 户和 14 户，增至 61%。延川禹居区三乡 321 户，革命前中农 52 户，占总户数的 16%，1940 年中农 122 户，占总户数 38%。延安西区四乡革命前中农 10 家，1940 年中农 64 家，增加 6 倍以上。延安中区五乡的阶级成分，1940 年富农占 10.6%，中农占 49.4%，贫农占 19%，雇农占 12.5%。中农和富农占农户的 60%。[②] 这不仅说明中农和富农逐渐成为边区农村社会的主要阶级成分，而且体现了各阶级成分的上升和财产的不断增加。具体表现为以下六点：

（一）革命前的雇农变为富农了

延安中区张新庄村张生祥，革命前给人家"拦羊"和"按庄稼"，却经常没吃的和穿的，没有一个牲口，每年还要缴纳民团费等四五元（约合二石粮），支差 7 天。革命后，分得了土地，有了吃的，1937 年雇一个长工，1940 年雇两个，种地 40 多垧，打粮 29 石，交公粮 3 石 2 斗，1941 年添种麦子两垧，并添雇一个长工，一个"拦羊"的，有六口人，两个劳动力，还有 1 头牛、1 头驴、52 只羊、8 口猪。这样的例

[①]　中共湘乡市委宣传部等编：《李卓然文集》上册，湖南人民出版社 2000 年版，第 307 页。

[②]　陕甘宁边区财政经济史编写组：《抗日战争时期陕甘宁边区财政经济史料摘编》第 9 编，陕西人民出版社 1981 年版，第 40 页。

子，在边区是普遍的。再如 1940 年延安中区五乡有富农 34 户，其中 8 户为老富户，其余 26 户都是由贫农、中农和雇农上升来的新富农。而在革命前的 40 户雇农中，1940 年只剩了 8 户，其他上升了。在这些上升的农民中，成为中农的比成为富农的多，因此，延安县的中农竟占了全县总户数的 70% 以上。①

（二）革命前的贫农上升为中农或富农

延安柳林区三乡孙海生，1934 年全家十五口人，能下田者四人，有一头驴，无土地，租地 40 多垧，打粮 27 石，交租 3 石多，租 2 头牛，交租一石，除交这 4 石多租外，还要缴纳四五元民团费，支差七八天，家中没有一个吃闲饭的，光景却很可怜。革命后政府分 38 垧地和 50 只羊，当年没交一粒租子，粮也够吃了。1940 年种地五十多垧，有 4 头牛，3 头驴，雇一个长工，打粮 30 石，出公粮二石七斗。1941 年又添一个长工，一个看牛的小工，新开七垧荒地，收二石麦子，人家都叫他"新发户"。这样的例子不是个别的，延安中区五乡在革命前有 113 户贫农，1941 年只有 61 户了，其中大多数变为中农和富农了，而这 61 户中的绝大多数是在两年内从友区新搬来的移难民，很少有原来的贫农了。②

延安市南区第一乡，有 220 余户居民。该乡张达万革命前是一个贫农，家有六口人，两个劳动力，种三十余垧地，收了二十余石粮，每年除交纳租税、公粮、利息外，所剩不过五六石，因此经常吃不到一餐饱馍。革命后，他自己有六十余垧地，两头骡子，一匹马，七八十只羊，已变成"小康之家"了。③ 革命后，不仅张达万一家生活改善了，而且该乡差不多每人有一身新衣服，冬季还有棉袄和皮袄。能够经常吃上面

① 甘肃省社会科学院历史研究室编：《陕甘宁革命根据地史料选辑》第 2 辑，甘肃人民出版社 1983 年版，第 273 页。

② 同上书，第 274 页。

③ 陕甘宁边区财政经济史编写组：《抗日战争时期陕甘宁边区财政经济史料摘编》第 9 编，陕西人民出版社 1981 年版，第 40 页。

和肉。

笔者在此不必再举更多的实例，这些事例充分体现了边区大多数贫苦农民阶级地位已经上升了。

（三）革命前的中农成为富农了

延安柳林区二乡刘建昌，革命前有七八十垧地，家里有 7 口人，有牛和驴各一头，30 只羊，年收七八十石粮。后来以卖木柴为业，买进 7 头牛，但因年景不好或摊派过重，负债四千元，年出利息约千元，因此"一年赚的钱，都被饥荒或债务刮去了"。革命后分出去一些土地，还了一部分债，余下的因革命被取消了。1939 年，种地 50 垧，有 1 头骡，6 头牛，70 只羊，雇"调份子"的两个，打粮 28 石，交公粮 7 石。1940 年他的经济仍在发展，单就"调份子"的就已雇到四个了。中农上升为富农的，还有延川禹居区三乡革命前有 50 户中农，1939 年已有 10 户上升为富农了。①

这里需要说明的是，革命后的贫农，其经济发展已赶上革命前的中农了。如华池县白马区二乡四村革命前的中农边万周，有四个劳动力，50 垧耕地，3 头牛，收粮 40 石。革命后该村的贫农白有全，全家 5 口人，有 3 个劳动力，35 垧耕地；有 6 头牛，2 头驴，126 头羊，收粮 35 石，其经济发展已赶上革命前的中农了。② 而革命后的中农生活比革命前的中农要好。如华池县白马区二乡四村革命前的富农王青荣，有两个劳动力，一个雇工，50 垧耕地，收粮 34 石；有 7 头牛，80 头羊，2 头驴。革命后该村的中农白永珍，有两个劳动力，两个雇工，50 垧耕地，收粮 40 石；7 头牛，98 头羊，2 头驴，其生活和财富与革命前的富农并驾齐驱。③

---

① 甘肃省社会科学院历史研究室编：《陕甘宁革命根据地史料选辑》第 2 辑，甘肃人民出版社 1983 年版，第 274 页。

② 参见陕西省档案馆等编《陕甘宁边区政府文件选编》第 4 辑，档案出版社 1988 年版，第 271 页；《陕甘宁边区政府文件选编》第 3 辑，档案出版社 1988 年版，第 192—193 页。

③ 同上。

（四）土地革命时遭受了破坏的旧富农有的又变为新富农了

延安中区八乡张得榜，1934 年有千垧地，自己种六七十垧，租出去一些，荒地也很多，有 7 头牛，400 只羊，4 头驴，1 头骡子，家有 16 口人，4 个能下田的，羊雇人"拦"，打 90 石粮，收 8 石租子，家中连吃带杂费共用 40 石，粮食历年有盈余，土地革命起时有 200 石存粮。同年给政府纳 8 石粮，缴纳民团费等共计 120 元（约折合粮 50 石，连纳粮在内，约值其收入粮食的 58% 强），这种支出靠出卖些粮食和牛羊偿付。1935 年革命时，张得榜全家跑到城里去，家里的存粮，除留给他 10 石外，其余都分了。1936 年回到家里，政府分给 26 垧地，后来又将大家庭分开。到 1940 年，张得榜种地 14 垧，有 1 头牛，半只驴（与别人合用），24 只羊，1 只猪，雇长工一名，打粮 8 石，交公粮一石五斗，家有六口人，一个劳动力，因劳动力不够，粮食没盈余。这是由旧富农逐渐转化为新富农的。这种实例也很多，但这两种富农性质是不同的。旧富农以经营封建地租为主业，而新富农不以此为主了，政府减轻其负担，帮助其发展农业，其发展的前途是异常开阔的。[①]

（五）土地革命后崩溃了的地主变为新的富有者

以延安中区四乡张丕义为例，1934 年有 1500 垧地，6 头牛，2 头驴，1 匹马，110 只羊，500 石存粮，自己种 40 垧地，打 20 多石粮，收 70 石租子。全年给政府缴纳各种负担约计 200 元（约合 90 石粮），负担是很重的。革命时跑到城里开杂货铺。1936 年回家，政府分给 13 垧地，他用结束生意的剩余钱，买了两头牛和一头驴，打了五石粮，不够吃，政府发动群众救济他 9 石粮，到 1940 年土地补充到 30 垧，收 24 石粮，7 石荞麦，缴 6 石公粮。1941 年添了两头驴，雇了一个长工，而且经常驮炭到城里去卖，每月可赚 300 元。[②]

---

① 甘肃省社会科学院历史研究室编：《陕甘宁革命根据地史料选辑》第 2 辑，甘肃人民出版社 1983 年版，第 275 页。

② 同上书，第 276 页。

（六）"纸烟小贩"变成了"骡马大店的东家"

以延安姚店子村童冬旺为例，革命前家有三口人，一个劳动力，无土地，租8垧地种，年收5石粮，交6斗租子，缴纳公家摊派四五元，光景很穷。因此，从亲戚家借14元，贩卖纸烟，后又借到40元，贩卖土布，却赚钱不多。革命后分得了16垧地，买了半头牛（与别人合买），打10石粮，盈余有半，同时兼营商业，并开客店，到1936年已达一千元资本，1941年时不动产有19个新石窑，11间大马棚，20垧土地，一头好牛，在绥德老家买了10垧地，在延安姚店子开了两个骡马大店，雇两个工人，动产以其自报的计算，也在两万元以上。1940年交180元寒衣贷金，1941年买100元公债，交40元商业税，再无其他负担。① 在商业较为发展的市镇上，比童冬旺发展更大的商人还有很多。这就不一一列举了。

在边区，不仅过去被剥削的贫困阶级变成了富有者，而且过去的地主转化为新阶级后，也变为新的富有者。解决了新旧社会成员衣、食、住、行等各类基本的民生需求问题，真正做到了贫者不贫、富者更富，重构了一个具有弹性结构的新社会。在这个新社会里，各阶层人民充分享有各种权利，积极参与经济、政治、文化社会活动，极大地支持了边区教育识字、卫生医疗等社会事业的建设。

三 发展了新型的军民、政民关系

中国共产党正确处理了军民、政民之间的关系，实现了军民、政民间的良性互动，为社会建设注入了新鲜血液，开辟了新的方向，在思想作风和工作作风等方面起着转变及革新的先锋作用，创造了很多光辉的成绩和新的范例。② 主要体现在以下几个方面：

---

① 甘肃省社会科学院历史研究室编：《陕甘宁革命根据地史料选辑》第2辑，甘肃人民出版社1983年版，第276页。

② 卢希谦、李忠全主编：《陕甘宁边区医药卫生史稿》，陕西人民出版社1994年版，第162页。

（一）军民关系逐步走向正规化

由于八路军新四军是中国共产党领导下为中国人民利益而奋斗的人民军队，故边区军民关系一向是团结友好的。但随着革命事业的不断发展，脱离生产的党政军人员逐年增加，由 1937 年的 14000 余人，增加到 1941 年的 73117 人，增加了 4 倍多；而人民的负担也由 1937 年征粮 13895 石，人均负担 1 升（3 斤），占边区全年粮食收获量的 1.28%，增加到 1941 年征粮 20 万石，人均负担 1 斗 5 升（45 斤），占年收获量的 12.76%；[①] 加之外援的断绝和严重的自然灾害，1941—1942 年边区处于最困难时期，军民关系出现了不正常的现象。各部队初到时，与群众因为挤窑洞借工具闹纠纷；某些政府机关和人民疏忽甚至不公平对待抗属和退伍残疾军人，某些军队人员不尊重人民，甚至有爬在人民头上的行为。[②]

1941 年三五九旅在松树岭成立了一所木工厂，刚成立时吃、用、住都很困难，靠当地群众帮助，住群众的房子，用群众的家具，吃群众的菜。可是木工厂人员，没有很好地照顾群众的需要和利益，他们曾损坏了群众的一些家具，也曾"顺手牵羊"地吃了群众地里的一些辣子和大蒜。最初时群众忍耐了，他们体贴了木工厂的困难，照样在各方面给予帮助，可是久而久之，群众难以忍受了，于是木工厂的人员再借东西，他们就不借了。军民关系出现了不和谐。为此，木工厂的人员首先检讨了自己，如数赔偿了 1942 年以前损坏的东西，其次规定了借用群众家具必须经过管理员，不可随便乱借，再次是自己种蔬菜和粮食，不许拿群众一个辣子一头蒜。此外，他们还积极利用自己的木工特长，无偿帮助群众做木犁、做窗子。采取了这些办法后，当地群众不仅给木工厂上交好粮食，而且还送给他们写着"接近群众"和"团结乡民"的

---

① 胡民新等编著：《陕甘宁边区民政工作史》，西北大学出版社 1995 年版，第 63—64 页。

② 陕西省档案馆等编：《陕甘宁边区政府文件选编》第 10 辑，档案出版社 1991 年版，第 16 页。

两面红旗，以表达其谢意。① 这样松树岭的军民关系就成为一种好的典型了。1943 年 5 月 20 日刘沁在《解放日报》上发表了《拥政爱民运动中的好榜样》一文，对其进行了宣传报道。

为进一步规范军民关系，边区政府制定了相关制度。1943 年 1 月留司留政部发布了拥政爱民决定、拥政爱民十大公约和拥政爱民运动月的指令。1943 年边区政府第三次政委会通过的简政实施纲要，具体规定了拥军工作的方针，颁布了拥军决定及优抗条例，并规定每年公历 12 月下旬至 1 月中旬为普遍拥军运动月。② 这些拥政爱民条例决定公约的制定和实施，进一步规范了军民关系，极大地改善了军民关系。

边区人民义务帮助军事勤务，积极参加自卫军、运输队，赶送公粮，优待抗属近九万人，安置退伍残疾万余人。1944 年以后开始帮助抗属与退伍残疾军人建立家务。军队除生产自给减轻人民负担外，还深入帮助群众各方面生活，如 1944 年"帮助免费治病三万四千余人，药费五千四百余万元，组织农村医疗队十二次，帮助建立卫生模范村十个，帮助打扫卫生费工二千二百余个，挖井费工六百余个；帮助办学校八所，夜校三所，演剧百余次，电影百余次；帮助锄草、收秋、推磨、修水利费人工七万四千六百余个，牛工二千二百余个，帮助开荒七千七百五十亩，赠送工具七百九十二件，粮七十石，柴炭三万九千余斤，菜万斤等"③。

边区人民深刻认识到只有八路军，才能保卫自由幸福、丰衣足食的陕甘宁边区；以留司留政部为首的军队也普遍认识到"拥政爱民不是单纯的纪律要求，而是革命军队的政治要求"④。正是由于军民双方在思想上认识到拥爱运动的重要意义，在物质上精神上实行互助互让互

---

① 雷志华等编：《陕甘宁边区民政工作资料选编》，陕西人民出版社 1992 年版，第 134—135 页。

② 陕西省档案馆等编：《陕甘宁边区政府文件选编》第 10 辑，档案出版社 1991 年版，第 297 页。

③ 同上书，第 15—16 页。

④ 雷志华等编：《陕甘宁边区民政工作资料选编》，陕西人民出版社 1992 年版，第 148 页。

勉，所以边区军民关系达到了空前团结。

（二）密切政民关系

1939 年陕甘宁边区第一届参议会决议要求"更进一步密切政府与民众的关系，尊重群众利益，倾听群众意见，加强乡政府的工作，因为乡政府是政府的基本组织，是群众首先接近的政府"①。1941 年 11 月林伯渠主席在边区第二届参议会上作的政府工作报告指出，要更加提高政府工作效率，必须改善工作作风和方式。克服一切都粗枝大叶、不求甚解，不能实事求是的主观主义恶习；要克服"为民之上"，不能与民众打成一片，出以简单的行政方式、强迫命令，而不耐心地进行说服解释工作的官僚主义残余。切实纠正一切假公济私、耍私情和仗势欺人、脱离群众的官僚主义作风，更加发扬廉洁奉公和实事求是的民主作风。②

在这种思想指导下，群众认为政府是自己的政府，所以政府提出的号召任务都能很好地响应配合，政府与群众的关系就容易密切。具体做到了以下两点：

第一，边区政府工作者善于向群众学习，形成了良好的政民互动方式，不断加强巩固政府与群众的亲密关系。大多数干部秉承"先向群众学习九分，然后教一分"③ 的信念。但有些干部不善于向群众学习，对群众的心理感情和风俗人情不熟悉。如老百姓一般习惯于弯弯转转、忸忸怩怩地处理一些事情，一些干部不懂得这一点。1945 年 6 月 19 日李景林在边区作风座谈会上的发言中讲了一个典型例子，有个老百姓打官司说："政府处理问题真是莫名其妙，打官司你多讲道理了，或顶了两句，法官就生气了。法官问一句你讲一句慢慢来，你给他捻毛线，一句话不要多讲，他问几个钟头你给他捻上几个钟头，少讲话反而官司能

---

① 西北五省区编纂领导小组：《陕甘宁边区抗日民主根据地》文献卷下，中共党史资料出版社 1990 年版，第 46 页。

② 陕西省档案馆等编：《陕甘宁边区政府文件选编》第 4 辑，档案出版社 1988 年版，第 276 页。

③ 孙照海选编：《陕甘宁边区见闻史料汇编》第 3 册，国家图书馆出版社 2010 年版，第 222 页。

赢，他看你不多讲话老实；你把一肚子的牢骚都一气说出来，他说你不好。"[1] 这说明群众善于向干部学习，摸着了干部的心理，抓着了干部的缺点，想办法来对付。而干部没有向群众学习，不懂群众的心理感情和风俗人情，而是凭印象处理问题，这种工作作风会产生营私舞弊的问题，甚至处理问题不公平，造成干群关系脱节。再如 1945 年边区政府垦区区长黄正如，社会经验很差，参加革命十几年，但对老百姓们的人情风俗一点也不熟悉。他感觉自己是从好心出发的，对工作忠心耿耿，一片赤诚，但老百姓却看不惯，上告他好几次。因此，各级干部和工作人员只有善于向群众学习，才能及时改正工作中的保守观念、脱离群众和不善于学习等不良现象，才能形成良好的政民互动方式，政府与群众的亲密关系才能不断加强和巩固。

第二，注意了解群众的习俗要求和生活习惯，才能密切政民关系。如 1940 年 1 月安定县工作团了解到抗属的中心要求是解决穿衣困难。另外一个要求是提出过年节吃油馍、豆腐和豆芽等，尤其是有小孩子的抗属，把平常的吃粮及穿衣放在次要地位，把过年节的要求看得很重。为此，安定县工作团从超过的公粮内抽出一些来解决最困难群众的穿衣问题及普遍发动群众进行过年节的慰劳抗属运动。[2] 再譬如，根据陕北的农村环境，了解到农村妇女依然停留在传统的生活形态里，将经济独立、男女平等的理论搬到农村，会引起夫妻反目，姑媳失和等民间怨恨，进而破坏家庭，妨碍生产。于是，妇运同志下乡工作时，尊重民间传统感情，不再把农村少妇拖出来，或挑拨婆媳、夫妻间的是非了，而只是教她们纺线、赚钱及养胖娃娃。[3] 可见，只有了解了群众的习俗要求和群众的生活习惯，深入群众、关心群众，改善群众生活，提高群众

---

① 陕西省档案馆等编：《陕甘宁边区政府文件选编》第 9 辑，档案出版社 1990 年版，第395 页。

② 陕西省档案馆等编：《陕甘宁边区政府文件选编》第 2 辑，档案出版社 1987 年版，第33—34 页。

③ 孙照海选编：《陕甘宁边区见闻史料汇编》第 1 册，国家图书馆出版社 2010 年版，第99 页。

的文化知识水平，才能顺利地开展社会工作，密切政民关系。

除此之外，边区还正确处理了干部之间及人民之间的关系。为团结干部，严格纠正了干部之间待遇不统一的现象。如1941年华池县政府在总结七、八月份工作时指出，华池县白马区级干部比乡级干部穿布好，温台以乡上粮食有节省为借口，不给乡级干部发衣服，吴旗区级比乡级办公费多。① 干部之间这种待遇不统一，影响了干部之间的相互团结。为此，华池县政府严格纠正了这一不正常现象，紧密团结了区乡干部。抗战胜利后，土地纠纷迭出不穷，双方均不能耕种，使土地荒芜，阻碍农业发展，影响农民之间的团结。为彻底解决土地纠纷，调剂土地，1946年在边区第三届参议会第一次大会通过了政法组第十七案《重行彻底登记土地》和第二十三案《实行调剂土地》两个提案，解决了农民之间的土地纠纷，实现了农民之间的团结。

可见，陕甘宁边区社会建设就是军政民互动的过程，这就是改善军民政民关系的过程，也是加强和改进党的建设的过程。说明中国共产党在局部执政时期就具备了协调军民、干部之间及民民关系的执政能力。

四　提高了党和边区政府的政治影响

在边区社会建设中，党和边区政府解决了与人民群众生活直接相关的包括柴、米、油、盐和冷暖安危等现实利益问题，切实维护了人民群众的根本利益，既赢得了广大人民的衷心拥护与支持，获得了广泛的社会认同，也提高了党和边区政府的政治影响，赢得了政治认同。下面以移难民和"二流子"生活改善后对党和边区政府的极力拥护为例。

安塞县四区二乡西营村高凤成，民国初年带了老婆和两个小孩逃到安塞。住在五区瑶沟，给高凤珠揽工，一直揽了七年没有休息过，可生活过得真是饥寒交迫；为了找一条出路，给别人按了两年庄稼，分了几

---

① 陕西省档案馆等编：《陕甘宁边区政府文件选编》第4辑，档案出版社1988年版，第197页。

石粮食，准备自己租地种，可正要开始种地，就遇上了 1928 年的大饥荒，租地种的计划就破产了。1929 年搬到兔儿川，不久搬到西营，又揽了五六年工，生活仍是没办法，大利息借人家的钱，一年赶不上一年的吃穿。1935 年土地革命救了他，分了 8 垧川地，8 垧台地，15 垧山地，还分了十几只羊和好些粮食，加上 1935 年给地主按庄稼，没给地主分粮，打下了他发展的基础。1936 年买了一头牛，拴了半犋牛的庄稼，以后就一年比一年好，打的粮食也吃不完，有了 40 多只羊。1939 年大大发展起来了，拴了一犋好牛，种了 40 垧地，雇了一个长工，又买了 4 头大犍牛，自己赶上去驮盐贩卖东西，1939 年光驮盐就赚下九千元，驮盐牛发展到五头，1943 年他有五十几只羊，两头大犍牛，一匹马，喂了三头猪和很多鸡，家中用具什么都有。现在家中六口人，每年要换两次新衣，过去是"没穿、没戴、没铺、没盖"，现在啥都有，每逢过年节，要杀一口肥猪，一个正月都吃好的，平常每月吃五次肉，六次馍或面条，每逢过节也都是吃好的，日常吃捞饭，每顿菜要放一两多油，这是一般的吃法，除此而外，五十多岁的高凤成，每天还要做一些好的吃，平均三天吃两次好面及鸡蛋、肉等。高凤成全家过着丰衣足食的生活，但他并没有忘记这种生活是谁给的，他自己这样说："我吃米忘不了种谷人，我到死也不会忘记共产党给我的好处。"①河南难民李继伦一家在 1942 年灾荒后，一贫如洗，过着"两条腿插在一个裤筒里"的日子。1943 年正月底他到达志丹后，政府就借给他粮食家具，开会欢迎请吃饭，他感叹地说："在家里有地无吃穿，到边区无地还饱暖"，这叫作"一样的中国，两样的生活"。"共产党就是为咱们老百姓的，真是一点儿不错呀！"②

"二流子"改造后，那些摆脱了饥寒贫困走向丰衣足食的"二流子"，对边区表现了无限的感激。延川刘兴胜转变以后对乡长说："今

---

① 陕甘宁边区财政经济史编写组：《抗日战争时期陕甘宁边区财政经济史料摘编》第 9 编，陕西人民出版社 1981 年版，第 79—80 页。

② 同上书，第 433 页。

年亏得乡长帮助我们，若不是，我们一家人现在还是挨饿受冻，哪里还能像今天一样吃干的穿新的？盼望乡长以后经常来督促我们的生产，我们一家人，永远也忘不了政府的好处。"鄜县转变了的"二流子"关有才说："新政权改造了我"，并且到处向人宣传："边区政府为人民把心操尽了，教人民过好日子，我明年要多开些荒。"①

这些事例充分体现了社会建设不仅是改善人民生活的重要途径，也是提高中国共产党和边区政府政治影响和获取政治认同的重要方法。

五　培养了人们互助友爱的精神

在边区互助合作运动中，培养了人们互助友爱的精神。边区基本是落后的小农经济，小农经济是分散的个体生产，每家农户有一两个劳动力，有着简单原始的生产工具，在分散、狭小的土地上孤立地劳动。这种个体生产既无法真正合理地利用土地，也不利于应用新的农业科学技术，造成了生产力极其低下，导致了农民陷于穷苦，并且促成了农民散漫、孤陋、愚昧等不良习性，便于封建阶级的剥削和统治。

为调剂边区劳动力，打破农民不肯接受新农作法的陈旧保守观念和散漫、孤陋等不良习性，组织农民共同发展边区经济社会，养成农民的互助劳动习惯，1939年3月陕甘宁边区政府制定了《陕甘宁边区劳动互助社暂行组织规程》。根据该规程，边区政府建立了互助合作社，互助合作社是在私有财产基础上各阶层人民联合经营的包容经济、文化、卫生、公益等事业的新民主主义社会组织，② 它把分散的全体劳动力和半劳动力及站在生产战线之外的劳动力，组织到生产中学习新的生产技术和交换生产经验，不仅是一种新的农业生产方法，也是群众自己组织

---

① 中国人民大学中共党史系资料室：《中共党史教学参考资料（本系专业课用）》抗日战争时期下册，1981年编印，第192页。

② 陕西省档案馆等编：《陕甘宁边区政府文件选编》第8辑，档案出版社1988年版，第279页。

起来又给群众办事的团体。为形成真正普遍的群众劳动热潮，边区一方面竭力开展积极分子和劳动英雄运动来使互助社的领导人地方化，充分发挥他们在生产中的劳动模范带头作用及在劳动互助中排难解纷的核心作用，另一方面通过模范互助组和模范村的作用以及官方推动的组与组之间、村与村之间的竞赛来推动劳动互助运动。

当然，对于实际主义的农民，必须用实利而不是空话去宣传，从群众利益出发，努力倡办与群众生活有关的社会公益福利事业，使群众认识互助合作的利益而自愿组织起来。绥米民丰区创办文教合作社，解决了民丰区姬家沟和七里庙两个村子的孩子上学问题；绥米小型合作社低利或无利贷粮给真正贫苦务实的农民或因婚丧疾病而急需者；[①] 卫生合作社力争和人民群众真正结合，群众称其为"救命合作社"；部分互助合作社也是边区乡村的扫盲班、文教组、读报组健康卫生组，发挥文化教育卫生的作用；还有集消费、信贷和运输于一体的综合性合作社。1942 年至 1944 年，边区出现了绥德安锦城合作社，张丕元合作社，延市肖洪启合作社，延安曹玉科合作社，靖边田保霖合作社，富县安长庚合作社，吴镇陈丕秀合作社，华池侯生裕合作社，曲子李建堂合作社，安塞樊彦旺合作社，新正张清益合作社，淳耀贾恒寿合作社，盐池靳体元合作社等先进合作社。它们都实行了南区合作社的方向，组织人民生产，贯彻民办公助，依靠群众发展，为群众谋利益。[②] 据统计，1942 年南区合作社为全区人民节省与谋利达五千万元以上，南区有些群众把合作社叫作"救命恩人"了。[③] 南区合作社就是在民办公助下真正为群众谋利益而发展起来的模范，它的业务有二十几种，都是给群众谋利益的。群众要穿布，布贵买不到，合作社就组织妇纺，创办织布工厂。群

---

① 杨德寿主编：《中国供销合作社史料选编》第 2 辑，中国财政经济出版社 1990 年版，第845 页。

② 陕西省档案馆等编：《陕甘宁边区政府文件选编》第 8 辑，档案出版社 1988 年版，第279—280 页。

③ 李灯台：《社会主义市场经济的源头——陕甘宁边区的商业》，陕西人民教育出版社 1994 年版，第 214 页。

众要运盐，单行不方便，合作社就组织运输队，大家合伙运盐。群众吃的用的，合作社廉价出售；土产剩物，合作社收集推销；有余钱，存到合作社生利，扩大生产；要钱用到合作社低利借贷，不受熬煎；移难民要生产，合作社帮助；抗工属有困难，合作社解决；人、牲口有病，合作社医治；变工、扎正，合作社帮助；鳏寡孤独在合作社存款，以备养老；贫寒子弟在合作社储蓄，以备娶妻；灾祸临头，合作社救济；婚丧大事，合作社帮忙；邻里纠纷，合作社调解；书信对联，合作社代笔；为防荒旱，举办义仓；为增生产，开办农场；为公众利益，植树造林；为牲畜繁殖，分牛分羊；为提高文化，办黑板报；为普及教育，办民办小学；政府农贷合作社代放，政府税收合作社代收；包运公盐，节省民力，包缴公粮，公私两便；举凡衣食住行、经济、文化、卫生保健、社会公益，合作社都替群众打算、都为群众服务，把合作社和群众利益真正结合起来了。[①] 可见，互助合作社不仅是边区经济政治文化社会生活的中心，而且也是经济政治文化领域急剧变化的媒介。[②]

因此，好的互助合作社一般带有社会公益性质，不仅解决了群众的各种困难，同时也改造了农业生产方式和农村生产关系，推动了边区农民逐渐走向集体化道路，有力地防止了贫富分化现象的出现，保护了各阶层生活状况的普遍改善与上升，创造了一种集体精神，在一定程度上克服了农民的个人主义和家族主义，培养和刺激了人们互助友爱的精神。1944 年米脂县在劳动互助变工运动中发扬了互助精神，规定给病人代耕不还工，逐渐地改造了群众的思想意识，出现了"不能个人主义"的口号，团结了群众，获得了良好影响。

当然，也有延安河庄区合作社、安塞旧城合作社、甘泉二区合作社、田庄合作社和乌镇合作社等落后合作社。它们吃了或保守或一味赚

---

① 陕西省档案馆等编：《陕甘宁边区政府文件选编》第 8 辑，档案出版社 1988 年版，第 279 页。

② 南开大学历史系编：《中国抗日根据地史国际学术讨论会论文集》，档案出版社 1985 年版，第 342 页。

钱或官僚主义的亏。① 为进一步明确合作社干部努力的方向，1944 年 7 月召开陕甘宁边区合作社联席会，要求合作社干部必须真心为群众服务，决不可脱离群众。具体做到了以下方面：不投机，不操纵，遵守法令；不贪污，不浪费，廉洁奉公；眼睛向下，联系群众，勤俭朴素，为民服务；调查研究，精通业务，努力学习，会写会算；有成绩，不骄傲，继续进步；有毛病，不灰心，力求改正。② 这极大地改进了干部的工作方法，确立了把能否为群众谋利益作为衡量合作社好坏的根本尺度。

六 确立了新的社会风尚

边区政府一方面开展反巫神运动，加强医药卫生教育工作，破除迷信活动，改革社会恶俗；另一方面提倡简素，确立了新的社会风尚。

由于边区文化教育落后及医药卫生缺乏，产生了大量巫神。为消灭巫神，各地开展反巫神运动与巫神坦白运动，推行崔岳瑞运动，加强医药卫生工作。③ 1944 年 7 月延安县经过反巫神大会后，139 个巫神纷纷坦白，反省交代自己好逸恶劳、骗人诈财的罪恶事实，许多人幡然悔悟，决心重新做人。他们还制定了公约："我们约定，再不巫神；遭关斩杀，都是骗人；讲求卫生，破除迷信；各样嗜好，都要改正；参加生产，闹好家务；互相监督，教育别人；违反此约，甘受处分。"④ 当了 34 年巫神的延安县南区三乡新庄村聂志秀在党和政府的感召下，终于觉悟了，他说："我骗了一辈子人了，再也不骗了，从此转变当好人参加生产，咱的三山刀拿来打把镢头。"从 1943 年冬天起，他就拾了 30

① 陕西省档案馆等编：《陕甘宁边区政府文件选编》第 8 辑，档案出版社 1988 年版，第 280 页。

② 同上书，第 282 页。

③ 卢希谦等编：《陕甘宁边区医药卫生史稿》，陕西人民出版社 1994 年版，第 300 页。

④ 胡民新等编著：《陕甘宁边区民政工作史》，西北大学出版社 1995 年版，第 305 页。

多袋粪，1944年积极投入春耕热潮，把这些粪全部送到田里。① 这样就打破了巫医的政治权力，向农民传播了科学知识，改变了农民的思想，增长了他们的知识，创造了新的农民文化，提高了生产效率。

为改善人民卫生状况和增强人民健康，1944年边区开展了健康卫生运动，这场运动不仅加强了卫生教育工作，而且引起了人们思想观念的改变。以伍家窑子的麻老婆为例。在接受卫生教育前，麻老婆家里很脏，猪娃躺在炉灶里，柴草乱堆，碗里盛着剩饭；碗筷不洗，装盐、辣子的钵钵里，盖满了灰尘；炕上尘土很厚。麻老婆个人卫生也很差，红红的眼睛，蓬乱着头发，还用那拌了猪食、落满糠屑的手揉她的眼睛，使她的重砂眼越发重了。② 她除没有卫生习惯外，还总拿"老百姓不比公家人，活计多，没办法"、"老天爷叫你害病也没办法呀"等话来答复，把人的疾病、死亡看作天意。她家在全村是被公认最脏的一家，许多人都不愿到她家去串门和吃她家的饭。在卫生组给她治砂眼病时给她讲些卫生常识，用清水洗，不要用脏手去擦。给她看胃病时，向她说明经常吃剩饭菜、冷东西对胃不好，不把碗筷洗干净，而不干净的东西里有病菌，所以就发生了呕吐和泻肚。在这种循序渐进的教育下，她对卫生的认识有了转变，养成了讲卫生的习惯，衣服经常洗得干干净净，窑里窑外打扫得整整齐齐的，钵钵、罐罐都用高粱秆做的盖子盖上了，家具上也没有灰尘了，为了不用手揉眼，衣服上戴了一条白布手帕来擦眼，成为全村的卫生模范。③ 后由徐福静写成《伍家窑子的卫生模范——麻老婆》一文，于1944年6月24日刊登在《解放日报》上。

另外，边区群众长期形成的铺张浪费的婚丧礼俗，使有人因埋葬一个老人而倾家荡产的，也有人因娶一个儿媳而债台高筑的，极大地浪费了财力、人力。要改革极奢侈的婚丧礼俗，提倡简素，牵涉到人民群众

---

① 胡民新等编著：《陕甘宁边区民政工作史》，西北大学出版社1995年版，第305页。

② 武衡主编：《抗日战争时期解放区科学技术发展史资料》第7辑，中国学术出版社1988年版，第393页。

③ 同上书，第394页。

的思想认识和社会心理等各方面因素，关系到家家户户。因此，不能操之过急，更不能采取强迫命令的方式，而是要逐步改革，因地制宜，因势利导，才能奏效。比如1945年赤水县五区六乡赵家村程治礼的弟弟结婚，准备了一个八十斤重的猪、烧酒四十斤、推了二石五斗麦子的面。六乡干部姚宗怀便以亲戚的身份劝程治礼节省些，程治礼便计划只留三十斤猪肉，买十五斤烧酒，推一石五斗麦子的面，合计共可节省三万七千元法洋，可买三石多麦子。程治礼算了这笔细账后说："这一下算的把我大惊一下，不这样节省，照原先那样把大事一过，我非受罪不行。"又如赤水县三区二乡东庄子梁秉轩的妈死了，准备在埋的时候杀两个大猪，磨五六石麦子，经备荒的宣传动员后，"他准备下葬时少请客人"。① 这样就逐步形成了减少铺张浪费，提倡简素的社会风尚。

第二节　陕甘宁边区社会建设的历史局限

总的来说，陕甘宁边区社会建设在很大程度上改善了边区人民的生活，密切了党政军民之间的关系，推进了中国革命的胜利。在肯定边区社会建设取得成就的同时，毋庸讳言，边区社会建设也存在一些不足和需要反思的地方。第一，建设水平较低。社会建设理念未能完全落实，有关社会政策的规定和实际执行之间存在一定距离。边区总体经济政治文化水平低，加之处于战争时期等客观因素的影响，投入社会建设的人力和物力是有限的，社会建设思想不够系统，社会建设涉及的内容有限，社会建设实践程度不够深入，实践的范围只在局部地区。第二，政策凸显两面性。边区处于新旧双重社会规则并存的过渡时期，这一时代特征决定了其社会建设政策具有进步性和让步性的两面性。第三，工作方式存在偏向。有些工作方式差，引起人民对政府的不满情绪，阻碍了

---

① 陕西省档案馆等编：《陕甘宁边区政府文件选编》第9辑，档案出版社1990年版，第239页。

一些制定十分详尽的社会政策的付诸实施，未能获得预期的社会成效。第四，关注群体较为偏狭。陕甘宁边区社会建设更多地关注农民生活，对其他群体关注较少。下面就这些问题逐一进行论述。

一　建设水平较低

边区人民在党和边区政府极力帮助下，努力发展经济、政治、文化建设，使边区从艰苦穷困农村不断走向富裕的境地，逐步创造了教育、医疗卫生等各方面都独具一格的新民主主义社会雏形。但由于边区总体经济政治文化水平低，加之处于战争时期等客观因素的影响，各项工作主要是围绕抗日战争而开展的，社会建设和社会管理的任务并没有明确提出，投入社会建设的人力和物力是有限的，致使社会建设在许多方面很不成熟，从宏观上表现为共享性的社会建设理念未能完全落实，有关社会政策的规定和实际执行之间存在一定距离。社会建设思想不够系统，社会建设涉及的内容有限，社会建设与经济建设、政治建设、文化建设边界不够清晰，具有模糊性。社会建设实践程度不够深入，实践的范围只在局部地区。从微观上表现为：在民生方面工作还很薄弱，一些地方仍然满足不了人民生活的需要，边区农村中，还有三分之一左右的贫农和雇农。在富县、保安、华池等县份部分人民的生活还很差。绥德分区的人民，还没有脱离整天喝稀粥的生活等；① 自然灾害与疾病时刻威胁着人民的生命和健康，医生与药品极度缺乏，尤其是儿童死亡人数很多；敬老慈幼社会工作还未深入到农村中去；吃烟、娼妓、缠足等社会恶俗及各种封建迷信思想仍然根深蒂固。另外，边区社会建设的组织机构主要包括陕甘宁边区民政厅、各县政府设置的民政科民政股、各乡政府设立的优待救济委员会和卫生保育委员等委员会等，为边区社会建设提供了有力的组织保障。同时，值得注意的是，这些组织的设立具有

① 陕甘宁边区财政经济史编写组：《抗日战争时期陕甘宁边区财政经济史料摘编》第9编，陕西人民出版社1981年版，第50页。

临时应对性的嫌疑。当发现问题时就建立机构组织，之后这些组织又形同虚设，逐渐松懈下来。一些组织规程及暂行办法制定的条文过于烦琐，且不断修订，导致执行人员不得要领，从而使社会建设工作的成效大打折扣。这些都反映了边区社会建设处于较低层次。

边区社会建设之所以处于较低层次，其具体原因如下：第一，群众的落后性、顽固性及反复性对社会建设的阻碍。边区农民群体在经济与文化上有相当浓厚的保守性。闭塞、散漫、自私自利、不讲卫生、迷信、赌钱和缠足等在当时社会十分显著。要克服这些困难，获得信任，需要工作人员极大的耐心和有效的策略。而消除疑虑，推进信任，无疑是一个互动的过程，自然具有曲折性。如1941年安定县人民群众对运盐工作怨声四起，怪话百出，有人说："公家要盐，咱到张家畔去驮一驮，或在市上买一驮给公家好了。""公家要钱，出二百元给公家成不成？何必要我们跑一趟远路？"这种呼声最普遍。这种言论主要是把这次驮盐认为是一个负担。还有人说："这次去驮盐，不是为了人民，而是叫人民送死。""公家说话总有理，叫人民死也得死。"说这类话的人也不少。之所以有这么多难听的呼声，主要是由于农民的落后意识在作怪。① 除了群众的落后性，还有群众的顽固性对社会建设的阻碍。这在防旱备荒工作中表现得比较充分。通过防旱备荒的宣传动员工作，大多数群众认识到灾荒的严重威胁，开始积极备荒了。但也有个别群众对灾荒不重视或麻木的表现。如赤水县五区二乡茅家河滩村群众王有余，在村民备荒动员会上说："天要人的命，人还能救得下吗？"当大家讨论如何对付年馑办法时，他说："到哪里说哪里话，准备顶啥事？"又说："天旱十八年，受罪七八天（意思是说人饿到七八天便会死去）。"这时会场的人都向他做斗争。有的说："饿死也不容易的，得先饿瘦，然后发肿，最后又瘦，这才能死下。"王有余说："难道不会用些毒药吃了，图个快？"于是更引起大家的愤怒，一致向他开火斗争，政府工作人员

---

① 陕西省档案馆等编：《陕甘宁边区政府文件选编》第4辑，档案出版社1988年版，第71—72页。

便把他叫去批评教育了一番，由他在会上向大家承认错误完事。① 这说明了个别群众存在的顽固性，政府工作需要极大的耐心和有效的策略，才能完成防旱备荒的工作任务。群众的反复性在社会建设中也屡见不鲜，尤其是在解放战争时期，调整土地问题上表现得最为典型。1948年2月28日绥德县老区黄家川调整土地时，中农黄朋亮"欢迎"了土地又后悔，农会允许他撤销，第二天他受他侄子的鼓励又"欢迎"出来，第三天又撤销。直到最后他想到旧社会所受的苦处，想到他"欢迎"了少量土地，而他的侄子外甥都能得到土地，才又决心"欢迎"出来。② 这可以看出老百姓的心理是很复杂的，表现出来的就是对其土地"欢迎"的反复性。

　　第二，个别基层干部的落后意识和不正确观念对社会建设的阻碍。在教育群众改进群众落后性的同时，也要适当教育个别基层干部的落后意识和不正确的观念，克服他们在各种社会工作中的官僚主义、形式主义、教条主义、本位主义等工作作风问题。实现中国共产党和民众的良性互动，从而为社会建设注入新鲜血液。个别基层干部落后性的原因是由于他是农民出身，农民落后性的方面在他身上是可以找到的。所以，基层干部身上有农民的落后性一面，③ 这是不足为奇的。如1940年靖边县实行赈济时，有些区乡的干部观念落后，本来家庭条件很好，还要求赈济。如青杨区青年主任刘甫国，政府文书李文焕，区委宣传科长陈世芳，工会主任王锦健。这些干部本来不应赈济，但他们都争填灾难表要求救济。结果经县的赈济委员会审查未予赈济。因此，在具体实践过程中倘若遇到公共利益分配，要注意防止干部利益膨胀，适当教育个别基层干部的落后意识和不正确的观念，真正推进社会建设的顺利开展。

---

　　① 陕西省档案馆等编：《陕甘宁边区政府文件选编》第9辑，档案出版社1990年版，第230—231页。
　　② 中央档案馆编：《中共中央文件选集》第17册，中共中央党校出版社1992年版，第126页。
　　③ 陕西省档案馆等编：《陕甘宁边区政府文件选编》第9辑，档案出版社1990年版，第384页。

第三，政府宣传解释工作不到位影响了社会建设的推进。1945年华池县政府由于宣传解释工作不够深刻，造成部分群众种棉上的疑虑情绪，有些群众抱着观望或应付的态度。下面列举部分群众对种棉的观望或应付态度的一般例子。如华池县元城二乡三村高俊现存心观望而推说不会打卡，不下种棉籽。三乡一村陶生福说："干部叫群众种，不种不行，所以种一点看，今年若能成一亩，明年我要种它十亩。"温台区四乡冯满屯，五乡贾德，各在未耕的槎地里种了一亩棉花；悦乐区六乡龙没牙推说忙着种糜子，顾不上种棉籽。在五月初还把政府发了的一斗棉籽在家放着，后经解释，才及时种下。七乡南泥蒌岘王铁匠认为公家为了卖棉籽不愿种，区干部给他解释说："你懂得种棉花的办法，所以我们希望不只是你种一亩，并还要你教别人种呢。"他又说："我早上刚喝了米汤，请再不要给我灌了，你们一定要我种，我就给你们五斤棉籽的钱算了，我也不种，请将棉籽拿去。"后经再三说服，他才下种了。①这说明了政府工作人员在宣传解释工作和及时了解群众的困难、要求及情绪等方面不够，影响了种棉工作的推进。因此，要推进社会建设工作，就必须了解研究群众落后方面的东西，从落后出发改造落后，改进群众的落后性，使其变成进步性，发展群众中进步和合理的方面，设法教育群众、提高群众、争取群众和联系群众，从而依靠群众的力量推动政策的执行，而不仅仅是依靠边区政府自身的力量。

因此，在边区社会建设中，需要既照顾进步，又照顾落后，因地制宜，与时俱进，本着实事求是的精神，才能推进社会建设逐步呈现不断跃进的姿态。

二　政策凸显两面性

总体来说，陕甘宁边区传统的社会习俗没有完全破除，新的社会规

---

①　陕西省档案馆等编：《陕甘宁边区政府文件选编》第9辑，档案出版社1990年版，第202页。

则也没有完全确立，社会处于新旧双重因素并存、斗争、更替、融合的过渡时期，形成了错综复杂的社会建设环境和局面。时代特征决定了陕甘宁边区新旧双重社会规则并存和社会政策具有进步性和让步性的两面性。

（一）减租减息政策体现两面性

抗战时期，中国的土地问题，一方面有着"富者田连阡陌，贫者足无立锥"的现象，另一方面又横着一个"中国的土地是属于日寇抑或属于中国人民"的问题。因此，中国共产党将土地革命时期耕者有其田的政策，改为减租减息的政策。[①]

减租减息政策既是一项改善民生的社会分配政策，使农民的地权和财权得到了保障，从而使农民能过着起码的像人样的生活，[②] 提高了农民能多得剩余的信心，保全并增加了农民未曾有的过丰衣足食幸福生活的决心，极大地提高了农民的生产愿望，鼓励了农民的生产热情，变工队合作社等合理的生产方式组织起来了，农民愿意为给予他们幸福生活的新社会而斗争，必然会产生自觉拥军拥政和抗日的爱国主义热潮，[③] 从而使占全国人口百分之八九十的农民成为自觉而积极的民族战士，这对抗战的胜利是有真正意义的。

同时，减租减息政策也是一个对地主资本家有让步的政策，在顾及人民大众利益的情况下，边区政府也通过实行交租交息政策，保障了地主的地权和财权。如靖边县地主谷金章在土地斗争中全家逃跑了，1939年回籍，因其土地已全数分给群众，要求政府给他分配一些土地。为此，1939年11月4日陕甘宁边区政府颁发了一份《关于新来之难民应

---

① 陈翰笙等编著：《解放前的中国农村》第 1 辑，中国展望出版社 1985 年版，第 490—491 页。

② 中央档案馆、陕西省档案馆：《中共中央西北局文件汇集（1943）》（二），内部资料，1994 年，第 481 页。

③ 孙照海选编：《陕甘宁边区见闻史料汇编》第 1 册，国家图书馆出版社 2010 年版，第 226 页。

予分配给土地给靖边县的指令》，批准了谷金章的这一请求。[①]

减租减息政策是针对边区社会的新变化而制定的，适应了边区经济社会的客观现实，一方面保护了农民的佃权，改善了农民的生活；另一方面保护了地主的地权，使地主生活也有保障。这样使农民和地主都能生活下去，调节了他们的关系。既体现了其民生性的一面，又体现了其调解性和改良性的一面。

（二）边区婚姻政策凸显两面性

在妇女权益保护方面同样不能超脱时代局限性，以陕甘宁边区家庭婚姻政策内容的修正为例。1939 年到 1944 年边区政府先后颁布《陕甘宁边区婚姻条例》和《修正陕甘宁边区婚姻暂行条例》。这些条例的颁布实施过程，就是积极推动陕甘宁边区家庭婚姻制度破旧立新的过程，使人们逐渐抛弃了以前的包办婚姻、买卖婚姻等愚昧陋习和陈腐观念，逐步克服了歧视女性和盲目服从长辈等传统家庭习俗，[②] 确立了新的家庭婚姻观念。在边区颁布的婚姻法规中，一方面具有鲜明的反封建色彩，非常强调男女婚姻要自由平等，实行一夫一妻制，禁止纳妾，禁止包办强迫及买卖婚姻，禁止童养媳和童养婿，规定适婚年龄以男子满 20 岁，女子满 18 岁为原则等，这些反封建婚姻的内容，适应了边区正在不断生长的新思想的需要，表现出了陕甘宁边区家庭婚姻政策进步性的一面。但在执行环节，发现社会因循的习俗与政策的冲突过多，从而破坏了政策、法令的权威性与严肃性。因此在后来制定的《修正陕甘宁边区婚姻暂行条例》中进行了政策微调。以结婚年龄为例，因社会早婚习俗没有消除，使该法令在群众中很难实施生效。因此，在 1944 年《修正陕甘宁边区婚姻暂行条例》中，对结婚年龄修改为男子须满 18 岁，女子须满 16 岁以上。[③] 这表现出了边区社会政策让步性的一面。

---

① 陕西省档案馆等编：《陕甘宁边区政府文件选编》第 1 辑，档案出版社 1986 年版，第 415—416 页。

② G. 斯坦因：《红色中国的挑战》，李凤鸣译，希望书店 1946 年版，第 127 页。

③ 胡民新等编著：《陕甘宁边区民政工作史》，西北大学出版社 1995 年版，第 247—248 页。

陕甘宁边区家庭婚姻政策内容体现出其进步性和让步性的两面性。

　　总之，在中国共产党的正确指导下，陕甘宁边区开展的一系列社会建设实践，呈现出一系列基本特征。这些特征适应了边区社会建设的实际需要，促进了边区经济社会的健康发展。探讨陕甘宁边区社会建设的这些基本特征，不仅进一步加强了陕甘宁边区社会建设的基础性研究，而且对于坚持为人民服务的社会建设原则和正确方向具有重要的启发意义和积极的现实意义。

三　工作方式存在偏向

　　1939 年关中分区在放足运动中严格地处分了 18 名落后顽固，经再三宣传始终不愿放足者，如宁县一受罚者被罚了 12 双袜子，11 人做苦役。新正县各区送专署受法者五名，赤水县一受罚者在群众大会上被戴了一个纸帽子游街。这一方面严厉打击了顽固保守不放足的观念及破坏放足的分子。[1] 另一方面体现了放足工作方式过左。

　　1940 年富县县政府干部对新地区建立模范的统一战线政权了解与认识得不够，因此对于统一战线"三三制"的政权组织工作进行得不够，没有把乡间公正的、较进步的、有威望的分子组织团结在县政府周围。同时，在执行工作中没有很好地拉拢与争取他们，说话态度及执行工作方式方法生硬，引起了他们的恐慌、苦恼和害怕，使其中一部分人向洛川方面逃跑，加重了顽固分子的反动力量及对政府的仇视心理。[2] 可见，工作方式不仅关系着工作效力，而且有着极其重要的政治意义。

　　当改造"二流子"的改造工作演变为群众性运动时，其在工作方式上发生了偏向。一是过左偏向。如奖劳动英雄予以红条条挂在胸前，

---

　　① 陕西省档案馆等编：《陕甘宁边区政府文件选编》第 1 辑，档案出版社 1986 年版，第 422 页。
　　② 陕西省档案馆等编：《陕甘宁边区政府文件选编》第 2 辑，档案出版社 1987 年版，第 364 页。

罚"二流子"予以白条条挂于胸前。他们彼此各挂红条条与白条条在一起开会，在"二流子"说来就难免有些面红耳赤难堪的窘相了；未先进行多方劝导硬在家门上挂"二流子"牌、戴高帽子游街拘押、罚苦役等处罚办法。[①] 之后，党承认并纠正了这些错误偏向，指出这些"过甚的方式以少采用或不采用为宜"[②]。二是在确定"二流子"对象时发生扩大化的偏向。1943 年延安市西区侯家沟李秀珍，种六垧地，不做坏事，也无不良嗜好，每年出二三斗公粮，因为原来是延安城里人，没受苦习惯，种地打不下粮，生活过不了，去年将牛卖了，侯家沟都是好受苦人，大家便"推举"他是"二流子"，这就把"二流子"的界限定得太宽了，而且是强凑数。[③] 为此应深入调查每个"二流子"的具体情况，以生产关系即生活来源作为区分"二流子"、半"二流子"与非"二流子"的主要标准。完全无正当职业而靠不良行为（如偷人、嫁汉，招赌博、贩卖违禁品、拐骗、做巫神、当师婆、胡挖乱抓，只要能作为生活手段，汉奸特务也干……）维持生活者为"二流子"；有正当职业，又兼靠不良行为为生活手段者为半"二流子"；完全靠正当职业为生活手段但染有不良嗜好或不良习气者（如本人有不良嗜好，但不靠卖违禁品为生活，耍赌博但不靠招赌生活，积极生产但又大吃大喝等），应算作有不良嗜好或有"二流子"习气的公民。这样一方面防止了确定"二流子"对象时发生扩大化偏向，另一方面可以使真正的"二流子"承认并改正自己的错误。

在边区社会建设中，之所以会出现有些工作方式差，致使不能与民众打成一片，使用简单的行政方式，形成强迫命令官僚主义，其深层次的主要原因就在于陕甘宁边区有关社会建设工作方法的理论不够明晰。

---

① 中国人民大学中共党史系资料室：《中共党史教学参考资料（本系专业课用）》抗日战争时期下册，1981 年编印，第 199 页。

② 同上书，第 201 页。

③ 同上书，第 193 页。

因此，在社会建设中，必须制定其明确的理论，指导工作方法，才能真正扫清官僚主义、教条主义、主观主义残余，发扬廉洁奉公的工作作风，贯彻落实实事求是的思想路线。

四　关注群体较为偏狭

在中国，大部分地区都是农村，绝大多数人民都是农民。改造农村，改善农民生活，是抗战建国中最重要的一件大事。[①] 而中国共产党的政权，基本上是农民的政权。中国共产党政权的活动的根本目的，是为人民大众，但主要是为农民服务。因此，中国共产党的施政方针、政策制度、方式，就应该适合农村与农民的特点。我们说领导关系，上下左右关系，归根结底是同人民的关系，主要是同农民的关系。因之，我们的作风，领导方法，归根结底是同人民，主要是同农民的关系问题。[②] 正因为如此，边区政府非常重视农村社会建设。1942 年 2 月中央颁布的《关于如何执行土地政策决定的指示》指出，政府每年应以70%—80% 的建设费投于农村，作为对农民的低利贷款，以发展各根据地基本的农业经济。以 20%—30% 投于商业。因为发展农业生产，不但是保障农民切身利益和改善民生的基本政策，而且是扩大政府税收最大最可靠的来源。[③]为首先发展农业生产，保证军队和干部给养，进一步改善民生和培养民力，1943 年 2 月边区政府公布了《陕甘宁边区简政实施纲要》。[④] 为改造农村和改善农民生活，1944 年边区开展了"十

---

① 中国延安干部学院编：《延安时期资料选编（社会建设卷）》试用本，2010 年，第290 页。
② 陕西省档案馆等编：《陕甘宁边区政府文件选编》第 9 辑，档案出版社 1990 年版，第387 页。
③ 中央档案馆编：《中共中央文件选集》第 13 册，中共中央党校出版社 1991 年版，第299 页。
④ 同上书，第540 页。

一运动"。① 从这些指示纲要和运动可以明显地看出，一方面体现了党和边区政府非常重视农村建设，非常关注农民群体的基本生活，另一方面也表现出对社会其他群体生活的关注较少。

---

① 中国延安干部学院编：《延安时期资料选编（社会建设卷）》试用本，2010 年，第 290 页。

第五章

陕甘宁边区社会建设的基本经验

抗战时期，中国共产党和边区政府在倾力于陕甘宁边区经济政治军事建设的同时，也十分注重推动边区的社会建设。通过努力，初步解决了广大民众的基本生活需要，把群众从贫穷饥饿、受剥削、不识字等疾苦中逐渐解放出来，使其物质上逐步富足、政治上崇尚民主、精神上追求自由，因而堪称当时全国社会建设的标杆。这些成就奠定了新中国的社会建设事业的重要基础，蕴含了前人在这些方面的宝贵经验。因此，探究陕甘宁边区社会建设的历史，分析总结中国共产党在局部执政时期克服困难，不断摸索、发现和积累的社会建设经验，可为当代中国社会建设提供一个鲜活的参考。

第一节　陕甘宁边区社会建设的基本经验

陕甘宁边区社会建设取得了显著成就，在社会建设的过程中积累了丰富而宝贵的社会建设经验，主要包括以下七个方面：思想重视是开展社会建设的首要前提；人民群众的真切拥护是推动社会建设的力量源泉；党的正确领导是实施社会建设的政治保障；妥善处理党群关系是开展社会建设的路线保障；完善机制是开展社会建设的体制保障；设置专门机构是开展社会建设的组织保障；协调经济政治社会之间的关系是推进社会建设的内在要求。

一　思想重视是开展社会建设的首要前提

抗战时期，中国共产党和边区各级领导不仅重视革命，而且更加重视革命成功后的建设，1944 年 4 月任弼时在边区高干会上指出："一切只能够破坏而不善于建设的政党，都是不能够获得最后成功，而必然是要失败的。我们共产党人如果只晓得用战争和暴力来推翻旧的制度和统治，而不善于建设新的丰衣足食的幸福快乐的社会，那我们也是不会胜利的，而且也一定要失败的。"① 因而对于和群众生活密切相关的社会建设，党和边区政府思想上非常重视，甚至提高到是否对人民负责和党性的政治战略高度来认识。这种思想上的重视在实践过程中得到了充分践行，体现在减租工作、防旱备荒工作和防疫治病工作等方面。

1943 年高干会结束后，边区各地开始了减租运动。以葭县为例，葭县县长特别强调减租工作的重要意义，指出减租是为了生产和发动群众，如果哪个同志不认真执行减租，就是党性不强，减租工作是测验党性的标志之一。②

面对边区严重的旱情，1945 年 5 月西北局颁布了《关于防旱备荒的紧急指示》，该指示提出要把防旱备荒工作提高到关系全边区一百五十余万军民生命的高度来认识，把认识灾荒提高到乃是一个对人民负责的政治问题的高度来对待，指出如果对这个问题采取等待、观望和侥幸的态度，漠不关心，甚至熟视无睹，就是不关心群众的痛痒，就是没有群众观点，或者群众观点不足，就是漠视人民利益，就是对人民不负责

---

① 陕甘宁边区财政经济史编写组：《抗日战争时期陕甘宁边区财政经济史料摘编》第 1 编，陕西人民出版社 1981 年版，第 6—7 页。

② 中央档案馆、陕西省档案馆：《中共中央西北局文件汇集（1943）》（二），内部资料，1994 年，第 310 页。

任的态度，犯了严重的政治上的错误，会招致无法补偿的损失。[①]同年5月《解放日报》发表了《紧急动员起来，防旱备荒》的社论，对这一思想进行了强化。7月《解放日报》刊载题为《天灾考验着两种政治制度》的通讯，指出各级党政军机关及全体共产党员要把认识灾荒作为一个对人民负责的问题，一个政治问题来看待。[②] 在这种认识的指导下，边区各地党委和工作人员采取真正关心人民利益的态度，高度发扬对人民负责，与人民共艰苦的精神，放手发动群众，开展起有力的群众备荒运动。做到了真正关心解决人民的饥寒痛苦，提高了人民拥护政府的热情及政府的政治影响。与之形成鲜明对照的是国民党统治区采取不顾生民倒悬，吮吸人民的最后一滴脂血的残暴政策，带来了大后方人民无穷的灾殃，引起了大后方社会的绝大危机。[③] 这是陕甘宁边区和国民党统治区对待灾荒不同态度导致的不同社会政治后果。

1948年7月在胡匪侵扰期间，伤寒、霍乱、麻疹、痢疾、天花、疟疾、回归热等各种传染病潜滋暗长，严重地威胁着边区人民的生命安全。西北局7月12日颁布了关于扑灭时疫的紧急指示，根据这一指示精神，边区政府林伯渠主席要求各级政府以扑灭病疫为边区当前急务。这一指示得到了延属专署、绥德专署、米脂县府、垦区区府以及边区各县区干部的全力积极响应，如华池白马区六乡指导员吕文佐亲自用药医治患病群众；米脂河岔区区长常迎吕救济患病群众粮食，龙镇区八乡乡长李树明，帮助患病群众锄草；十里铺区青年主任杜兴乎，亲自护理患病群众；安塞招安保健药社医生郭连玉，根据病疫的流行随时到各区防治；子长医生白志耀和郭文光，不分昼夜与远近热心出诊；华池元城区二乡指导员杨步宽深入宣传卫生并帮助群众打扫窑院。这些干部本着对人民高度负责的精神，坚决执行西北局及边区政府的反官僚主义的指

---

① 陕甘宁边区财政经济史编写组：《抗日战争时期陕甘宁边区财政经济史料摘编》第9编，陕西人民出版社1981年版，第375—378页。
② 同上书，第258页。
③ 同上书，第389页。

示，为扑灭病疫抢救人命而主动采取各种具体有效的措施，逐渐减轻或消灭了疫情，赢得了边区政府林伯渠主席的赞誉，赞誉他们是对人民、对上级高度负责的优秀干部，赞誉他们具有深入实际亲自动手，关怀与解除群众疾苦的优良作风。① 当然，也有某些轻灾地区，由于官僚主义作风，致使由轻微发展到重灾区。这充分说明了是否具有对人民高度负责的精神是防疫治病工作成败的关键，也是测量和考验干部是否对党忠诚和对人民负责的试金石。

以上体现了党和边区政府思想上高度重视减租、防旱备荒和防疫治病等关系人民切身利益的社会工作，这是开展社会建设的首要前提。

二　人民群众的真切拥护是推动社会建设的力量源泉

历史唯物主义认为，人民群众是社会变革的决定性力量和主体力量。在陕甘宁边区社会建设中，人民群众是社会建设的主要依靠力量，边区政府和干部是社会建设的领导力量。他们在社会建设中发挥着不同的作用，边区政府善于利用群众的主动性补充政府的被动性，积极发扬群众的创造性，充分认识到广大民众是推动社会建设的力量源泉。1941年林伯渠在边区第一届政府工作报告中直接表述这一思想认识。他指出，边区工作人员早懂得了"人民中蕴藏着无限力量。我们不是怕没有力量，而是怕没有方法去动员这些力量"这一真理。② 而只有当群众认识到党领导的社会建设与自己的利益紧密相关时，一切办法和一切创造才会不断生长，自然能够甘心忍受艰苦的生活支持党的各项政策。以边区人民支持卫生工作和安置救济难民为例。为实现毛泽东提出的每个乡都有医务所都有医生的任务，就要相信群众和依靠群众力量，坚持执

---

① 陕西省档案馆等编：《陕甘宁边区政府文件选编》第 12 辑，档案出版社 1991 年版，第 352 页。

② 陕甘宁边区财政经济史编写组：《抗日战争时期陕甘宁边区财政经济史料摘编》第 9 编，陕西人民出版社 1981 年版，第 454 页。

行民办公助的方针，发动群众，把卫生运动变为群众运动。这方面的范例如 1941 年刘建章同志首创医药合作社，1944 年延安市成立大众卫生合作社，边区特等劳动英雄张清益在新正雷庄乡创办接生训练班，子长西一区群众集股开设中药铺，延安市西区在枣园成立接生训练班，侯家沟的群众在"战卫"部帮助下成立产妇室等。①

为安置和救济难民，除了充分发挥各级政府的领导作用外，还必须广泛发动群众和依靠群众，做好安置区的群众工作，如发动安置区老户为新来难民调剂窑洞或帮助开挖新窑，借给种子、农具、耕畜以及必需的生活用粮。于是在边区涌现出了赤水县的冯云鹏等大批英雄模范人物。1943 年冯云鹏安置了一百七十四户共六百多名难民，建立了十四个自然村。②

因此，广大民众是推动社会建设的力量源泉，他们的真切拥护是开展社会建设的关键所在。

三　党的正确领导是实施社会建设的政治保证

在局部执政下，党的正确领导是实施陕甘宁边区社会建设的政治保证，具体体现为中国共产党坚持为人民谋利益的群众路线；注意增添党内新鲜血液；善于听取来自各方的批评意见，及时纠正错误，具有不断自我修正的极大包容性和创新精神。

（一）坚持为人民谋利益的群众路线

以毛泽东为核心的党中央始终把广大民众的根本利益作为社会建设的指导思想和根本原则，作为社会建设工作的最高要求，作为各项大政方针及落实政策的出发点和落脚点，作为党政一切工作成败的关键。毛

---

① 武衡主编：《抗日战争时期解放区科学技术发展史资料》第 6 辑，中国学术出版社 1988 年版，第 52—53 页。

② 陕甘宁边区财政经济史编写组：《抗日战争时期陕甘宁边区财政经济史料摘编》第 1 编，陕西人民出版社 1981 年版，第 239 页。

泽东说："适当地了解群众的需要，把群众需要放在第一位，是我们在一切方面成功的原因。忽视了这一点，就常常失败。"① 在边区社会建设中，农村支部坚持群众路线，关心群众的需要、疾苦，能够面向群众，依靠群众。提出要经常想办法为群众谋利益，对水利、卫生、文化、农林、赈济及修桥补路等一切有关农民的公益事业都积极参加。②

以边区卫生建设为例，党和边区政府非常关心人民的健康，提出要把人民群众的根本利益作为卫生工作的出发点和落脚点。认识到是否有群众观点，决策是否能为广大群众谋利益，是卫生工作成败的关键。坚持为广大人民群众服务的大政方针。1943 年傅连暲同志在中央总卫生处工作总结中指出："卫生工作也要有群众观念及群众路线，卫生工作如果脱离了群众，一定是做不好的。"③1944 年 6 月西北局办公厅在延安召集医药卫生机构负责人大会，会议要求医务工作者要有群众观点，真正为群众看病，解决群众困难，推进群众医药卫生工作。同年 11 月李富春同志在边区医药卫生座谈会上指出，边区的医生是革命的医生，应为工农兵群众服务，应成为卫生方面的人民的救星，批评了某些医务干部中存在的超人民的观点。④ 1945 年 4 月，毛泽东同志在《论联合政府》报告中，进一步号召应积极地预防和医治人民的疾病，推广人民的医药卫生事业。要求医生必须具有为人民服务的精神，从事艰苦的工作。⑤ 1945 年 7 月边区政府民政厅厅长刘景范同志在《备荒中要进一步开展卫生防疫工作》一文中指出，要克服个别医务工作同志头脑中看不起群众的观点。组织更多的医疗队、助产班和工作组更广泛地到农村

---

① G. 斯坦因：《红色中国的挑战》，李凤鸣译，希望书店 1946 年版，第 104 页。
② 中央档案馆、陕西省档案馆：《中共中央西北局文件汇集（1942）》，内部资料，1994 年，第 338 页。
③ 傅连暲：《中央总卫生处工作总结》，《解放日报》1944 年 3 月 1 日。
④ 卢希谦等编：《陕甘宁边区医药卫生史稿》，陕西人民出版社 1994 年版，第 183 页。
⑤ 同上书，第 183 页。

中去，选派医疗队、手术队下乡，到人民群众最需要的地方去，为群众排忧解难，防病治病。① 在为群众服务的卫生工作方针的指导下，广大医务工作者面向工农兵群众，在极端艰苦的条件下，忘我工作，无私奉献，出色地完成了防病治病、救死扶伤的光荣任务，提高了人民的健康水平，改变了边区的卫生面貌，产生了良好的社会影响，其意义超出了医疗实践本身，使医疗卫生工作发挥了联系党和人民群众的桥梁作用，拓宽了党联系群众的渠道。更重要的是，这种为群众服务的精神和指导思想，是我们永远应该秉承的。

（二）注意增添党内新鲜血液

根据 1945 年 4 月西北局组织部关于机关支部工作调查整理的材料，可以得知，陕甘宁边区党员占边区人口总数的 2.79%，这对于地广人稀的边区农村环境来说，党员的数量是不够的，必须再发展党员。为防止发展党员时出现拉夫主义、突击式的偏向，西北局组织部制定了入党的三个条件，必须符合好劳动、能公道和能工作三个条件，才能入党。同时，规定了热心工作、主张公道、积极生产和努力学习为好党员的四条标准。② 按照这个标准，培养出了更多积极分子，吸收经济社会建设中涌现的劳动英雄和正派人士入党，有效整合了边区建设的社会力量，使边区党组织中不断涌进新的力量，增添了党内新鲜血液，成为广大人民群众真正拥护的政党。

（三）善于听取批评意见，及时纠正错误

中国共产党善于听取来自各方的批评意见，及时纠正错误，既体现了党坚持一切从实际出发，实事求是的工作原则，又体现了党在特殊历史条件下根据实际，善于调整政策和不断自我修正的极大包容性和创新精神。以处理灾民抢粮事件和采纳美军延安观察组的建议为例。1941年志丹、安塞个别区乡灾民发生抢劫公粮或群众骚乱事件，当地某些党

---

① 卢希谦等编：《陕甘宁边区医药卫生史稿》，陕西人民出版社 1994 年版，第 184—185 页。

② 中央档案馆、陕西省档案馆：《中共中央西北局文件汇集（1945）》，内部资料，1994 年，第 224—226 页。

政干部在事前毫无所知，到事件发生时表现慌乱。针对此事件，1941年7月中共西北中央局发布了《关于救济灾民的指示》，指出这证明"我们的工作仍极不深入，关心群众生活仍极其不够，党政干部与群众间有了相当的距离，这一事实值得我们严重注意和自我批评，即应纠正一切不良现象"①。通过承认并改正错误，既能不断改进党的工作，又能团结群众。

再比如，1944年美军延安观察组成员 G. 斯坦因等人参观延安的中国医科大学时，看到几十个学生在礼堂中利用休息时间纺线。参观完毕以后，院长请求他们提出批评建议。他们几个同伴说，医学学生迫切需要，学习时间只有三年，不应该做生产工作。很快这一建议被采纳了，医科大学的先生学生都不做纺线或农事了。② 这件事情在美军延安观察组成员——美国记者福尔曼出版的《北行漫记》中也有记载。这足以说明中国共产党善于听取来自各方包括国外友人的批评意见，并及时纠正错误，显示了极大的包容性品质。

纠正这些偏向和错误的背后，说明中国共产党能够坚持深入群众，关心群众的群众路线，具有善于发现错误、敢于承认错误和勇于改正错误的优秀品质。正是这种品质激励了广大民众信从他们。这或许正是中国共产党真正伟大之处和实现成功转型根本原因所在。这不仅表明了党在局部执政时期善于通过加强自身的建设来推动社会建设，而且体现了党的正确领导是实施社会建设的政治保证。

四　妥善处理党群关系是开展社会建设的路线保障

边区各级干部及工作人员一般都具有廉洁奉公、艰苦奋斗和全心全意为人民服务的品质和精神。他们和老百姓食宿劳作都在一起，穿草鞋

---

①　西北五省区编纂领导小组：《陕甘宁边区抗日民主根据地》文献卷下，中共党史资料出版社1990年版，第187页。

②　G. 斯坦因：《红色中国的挑战》，李凤鸣译，希望书店1946年版，第152页。

粗布衣，盖薄被，尤其是在边区经济已改善的情况下，仍然每天吃一斤四两小米，每月发一元或二三元的津贴，还经常不能按时发。为减轻人民和公家负担，他们也同样从事种粮、种菜、打柴、养鸡、羊、织毛衣等生产劳动。如边区政府办公厅总务处同志精于业务，对工作负责，任劳任怨，艰苦作风堪称模范。在劳动英雄刘纪札的领导下，1944年除每月供给一千斤肉外，还赚了九十多石米，当生意不好时，就到处钻，想办法，找不下办法，急得饭也吃不下。这种把政府看成大家庭，急公好义的精神，成为总务工作的模范。①

为完成各项工作任务，边区的区乡干部一般也是很能吃苦的，耐心地进行开会及沿门挨户的宣传。如1941年华池县悦乐二乡为完成运盐工作任务，召开动员大会时，干部一天不吃饭，一直开到晚上才回去，在向群众宣传中虽然碰到个别群众侧面叫骂等许多钉子，但是干部仍然耐心地说服教育，完成了部分运盐任务。②

但是，也有一些区乡干部没有了解掌握农村的具体问题，只满足于数目上的概念。如一个区长能够说出他那个区里有18个"二流子"，但却不能详细说出每个"二流子"的生产计划和转变过程等具体情况。③ 经过整风后，乡村干部的工作作风开始逐渐转变，农村的面貌也一天一天在改变。他们不是只忙于动员工作，而是经常活动在田垄间和山沟里了解一些具体情况，和老百姓讨论农贷、牛瘟、制纺车、合股买牲口等切切实实的问题。这些乡村干部基本是农民出身，有实际经验，领导生产是他们朝闻夕见的事情，能更好地为老百姓做事情、谋利益。如安塞县西河口的群众，就把过去的三个行政村代表主任选为新成立的民办社主任、运输队长和采买。④

---

① 陕西省档案馆等编：《陕甘宁边区政府文件选编》第9辑，档案出版社1990年版，第399页。
② 陕西省档案馆等编：《陕甘宁边区政府文件选编》第4辑，档案出版社1988年版，第192页。
③ 《林伯渠文集》编辑组：《林伯渠文集》，华艺出版社1996年版，第328页。
④ 同上书，第329页。

可见，边区各级干部绝大部分是不知疲倦的人民的忠仆，具有高度的工作热忱及吃苦耐劳克服困难的信心和勇气。其内部始终盛行着一种认真的理想主义的呼声，希望以个人的贡献和牺牲，建成强壮的新中国的呼声。① 这种呼声进一步促进了边区官民关系走向更加融洽。

除妥善处理干群关系外，边区也正确处理了党群关系。第一，在农村社会建设工作中，注意扩大农村支部与广大农民群众的联系。在每个党员的周围，通过生产职业、亲戚、朋友、邻居等社会关系，同非党员的农民建立联系，积蓄群众力量，更好地宣传组织领导群众进行生产社会建设。有一个支部提出了"每个党员必须交三五个朋友"的口号，有力地动员了群众参加社会建设，使农村支部真正成为与广大农民有联系的党的堡垒。而党员和非党员建立良好的社会关系是肃清党员思想及生活中脱离群众错误观点的重要方式之一。② 因此，培养为广大农民真正拥护的群众领袖是农村支部的一项重要工作。一个真正的农民领袖必须要长期地为广大农民利益奋斗，从每一个细小的事件上帮助农民，经过一切实际行动在群众中建立信仰，能急公好义、扶危济困，成为社会一般人士所公认的好人，在社会建设中发挥重大作用。③ 第二，提出农村支部应经常想办法为群众谋利益的要求。1942 年中央调查研究局第四分局调查了西北农村保甲机构及党的支部工作问题，指出陕甘宁边区农村支部应经常想办法为群众谋利益，积极参加水利、卫生、文化、农林、赈济以至修桥补路等有关农民的公益事业。批评了一些党员对此采取漠不关心的错误态度。应充分发挥基层党组织为群众谋利益的作用，使其真正成为联系广大民众领导社会建设的核心堡垒。

---

① 孙照海选编：《陕甘宁边区见闻史料汇编》第 1 册，国家图书馆出版社 2010 年版，第 31 页。

② 中央档案馆、陕西省档案馆：《中共中央西北局文件汇集（1942）》，内部资料，1994 年，第 339 页。

③ 同上书，第 339—340 页。

五　完善机制是开展社会建设的体制保障

（一）正式调控机制与非正式调节机制相结合的建设体制

陕甘宁边区逐步形成了边区政府正式调控机制与非正式调节机制，政府资源与民间资源相结合的社会建设体制。以边区卫生建设为例。为改变卫生落后的状况，加强卫生建设，边区逐步健全了卫生组织，为边区的卫生工作提供了组织保障。1939 年 7 月陕甘宁边区政府制定了《陕甘宁边区卫生行政系统大纲》、《陕甘宁边区卫生委员会组织条例》及《陕甘宁边区政府民政厅卫生处组织条例》；1939 年 7 月成立了陕甘宁边区保健药社，8 月颁布《陕甘宁边区保健药社暂行条例》和《陕甘宁边区保健药社章程》。1940 年 3 月对此章程作了修改，这就使边区的医药卫生工作逐步有章可循。[1] 1942 年边区民政厅成立边区防疫委员会，统一管理全边区防疫工作，下设总务股、防疫统计股、环境卫生股、宣传教育股、医务治疗股五股。[2]

1940 年延安市健全了卫生组织。建立了延安市区卫生委员会，行政村卫生小组等。同年 5 月初，延安市党政军民开展防疫卫生工作，设立了卫生防疫周，推动防疫卫生工作，1942 年陕甘宁边区防疫委员会命令延安市公安局在各通衢大道，设置八处公共饮水站，供给来往行人喝开水。[3] 规定自 1942 年 8 月 15 日起至月底，发动延安市各界举行防疫清洁大扫除运动。举行卫生展览会及卫生宣传教育等工作，开始兴起卫生运动的热潮，出现了许多卫生模范工作者，发现和培养了豆家湾、北区阎家塔等八个卫生模范村，王恩甫等许多卫生模范家庭。1944 年 3 月延安市政府成立了延安市总卫生委员会，安塞新乐乡政府成立了卫生

---

① 卢希谦、李忠全编：《陕甘宁边区医药卫生史稿》，陕西人民出版社 1994 年版，第 6 页。

② 陕西省档案馆等编：《陕甘宁边区政府文件选编》第 6 辑，档案出版社 1988 年版，第 180 页。

③ 同上书，第 504 页。

委员会，进一步把医疗卫生单位组织到各区乡政府领导下，使群众卫生工作与行政工作紧密结合起来。①

除了逐步形成正式调控机制和利用政府资源进行卫生建设外，边区政府还利用了非正式调节机制和民间资源。边区卫生文教工作者等各界人士针对各地具体情况，利用小报杂志专栏、古庙会、秧歌、读报识字组、黑板报、妇女冬学教育、展览会、村民公约等各种形式，动员县区乡干部、小学教员及学生、劳动英雄和其他有威望的积极分子等一切力量，领导和宣传卫生工作，如不喝生水、不吃剩饭菜，人畜隔居，开大窗，挖厕所，勤洒扫、勤洗手脸洗澡、洗衣、晒被等，扑灭老鼠、苍蝇、臭虫、虱子、跳蚤，讲究妇婴卫生，剪脐带要消毒，产妇不坐灰土，有病请医生不请巫神等。②边区卫生处发行《边区卫生》小报，《解放日报》发刊《卫生》专栏，总卫生部刊行《国防卫生》杂志，进行防疫卫生宣传教育。边区卫生处还利用农村古庙会，通过秧歌戏剧等文艺活动形式为群众宣传卫生常识。比如延安清凉山四月八日庙会，子长三月十八日娘娘庙会，分别以秧歌形式编写了"卫生歌"、"勤婆姨"、"怎样养娃娃"等节目，宣传妇婴卫生、饮食卫生及反巫神斗争，改变群众不讲卫生的习惯。学校组织学生到群众家里宣传反对巫神破除迷信等，帮助群众打扫卫生。在大众黑板上写出卫生模范家庭与不卫生的家庭，大大推动了群众卫生工作。③除此之外，实行文艺工作与卫生工作相结合的方法。文工团和民众剧团等下乡剧团作卫生宣传时，卫生署派医生助产人员携带药品器材随同出发，协助配合工作。卫生工作还和生产教育等工作结合起来，如延安市西区卫生委员会，在裴庄各变工队中进行卫生竞赛。1944 年 5 月，举办了延安市卫生展览会，宣传医疗成

---

① 甘肃省社会科学院历史研究室：《陕甘宁革命根据地史料选辑》第 5 辑，甘肃人民出版社 1986 年版，第 285 页。

② 武衡主编：《抗日战争时期解放区科学技术发展史资料》第 6 辑，中国学术出版社 1988 年版，第 52 页。

③ 陕西省档案馆等编：《陕甘宁边区政府文件选编》第 9 辑，档案出版社 1990 年版，第 62 页。

果、妇幼卫生和反巫神斗争等。通过这次卫生展览会及其后巡回展出，极大提高了群众的医药卫生知识水平。可见，利用非正式调节机制和民间资源，有利于加强卫生宣传教育，是自觉地同群众的愚昧迷信和不卫生习惯作斗争的一种有效方法。

总结陕甘宁边区正式调控机制和非正式调节机制相结合的社会建设体制机制的历史经验，充分显示了边区利用政府资源和民间资源等多种资源进行社会建设。

(二) 建立和完善利益协调机制

抗战时期，中国社会是一个两头小中间大的社会，无产阶级和地主大资产阶级都只占少数，最广大的人民是农民、城市小资产阶级以及其他的中间阶级。任何政党的政策如果不顾及这些阶级的利益，如果这些阶级的人们不得其所，如果这些阶级的人们没有说话的权利，要想把国事弄好是不可能的。[①] 基于这种社会结构，党和边区政府积极建立统一战线政策，从各阶层各群体政治经济文化社会等利益出发，合理调整他们的关系。政治上坚决执行"三三制"，团结各阶层人民，扩大了陕甘宁边区各级政府的政治基础，提高了边区政府和党中央的号召力，调动了各阶层阶级的参政议政的积极性，协调了各阶级阶层各群体之间的关系，整合了各种政治力量和社会力量，为陕甘宁边区的社会建设创造了稳定有序的政治环境；经济上实施减租减息政策协调了地主和农民的利益关系，执行劳资两利政策调节了资本家和工人的利益关系；文化教育上展开广泛的统一战线，团结具有不同文化选择和思想倾向的教育界各层人士。既注意社会各阶层各群体之间利益的一致性，又照顾他们各自利益的特殊性。通过持续不断地协调各种社会利益关系，有效化解了社会利益矛盾，促进了社会的公平正义，凝聚了社会力量，整合了社会资源，维护了各阶层人民群众的切身利益，激发了他们的凝聚力和创造力，使边区社会建设得到了一切积极因素的大力支持。

---

① 《毛泽东选集》第3卷，人民出版社1991年版，第808页。

六　设置专门组织机构是开展社会建设的组织保障

陕甘宁边区设置的社会建设组织机构部门，为社会建设提供了重要的组织保障。边区社会建设在当时主要由各级行政机构尤其是民政厅负责掌管。这些组织机构在社会建设中能够有效统领协调整合社会资源，克服分散局面，保证社会建设的可控性。

中央苏区社会建设工作基本上就是其民政工作，当时民政工作机构是中央苏区内务部，关于中央苏区内务部的组织机构和职能，1931年第一次全苏大会人民委员会通过的《内务部的暂行组织纲要》规定内务人民委员会部下设市政、行政、卫生、交通、社会保证、邮电6个管理局。为诊治灾区群众的疾病与指导群众卫生工作，1932年2月，内务部决定设立看护学校。1934年1月中央内务部设立优待红军家属局，处理有关事务。1935年苏维埃中央政府西北办事处成立，西北办事处内务部代替了中华苏维埃中央内务部的职权，直接领导西北几个省苏维埃政府的内务部工作。主要掌管内务、优红、抚恤等事务。[①]

抗战爆发后，1937年9月在西北办事处的基础上成立了陕甘宁边区政府。1937年10月在中华苏维埃西北办事处内务部的基础上成立了陕甘宁边区政府民政厅。1939年4月边区政府公布了《陕甘宁边区政府组织条例》，该条例第二条专设了秘书处、民政厅、财政厅、教育厅、建设厅、保安司令部、保安处和审计处等机关，第十一条规定了民政厅掌理的事项：关于为任免县市行政人员提出意见；负责土地、警察、卫生等行政事项；筹办选举事项；户口调查统计；赈灾、抚恤、保育及其他社会救济事项；婚姻登记及礼俗宗教；调解劳资及佃业争议纠纷；禁烟禁毒事项和人民团体登记事项等。[②] 边区建设厅掌管移民事

---

① 胡民新等：《陕甘宁边区民政工作史》，西北大学出版社1995年版，第1—4页。
② 陕西省档案馆等编：《陕甘宁边区政府文件选编》第1辑，档案出版社1986年版，第214页。

项；边区教育厅管理文化教育事项。

1940 年边区民政厅制定了《陕甘宁边区政府民政厅组织规程》，规定民政厅内设秘书室、第一科、第二科、第三科、第四科、视察研究室。附设选举委员会、抚恤委员会、边区卫生处、边区通讯站、抗属工业社、干部招待所等。① 规定第三科掌管赈灾备荒、社会救济、优待抚恤、婚姻制度、社团登记、禁烟禁毒及改革风尚等有关社会建设的事项。② 1942 年 2 月在边区民政厅组织规程中增加了动员委员会内设机构，附设机构及第三科掌管的关于社会建设的工作内容没有变化。③ 同年，边区政府制定了《县政府组织暂行条例》，规定了县政府各科室职权，其中和社会建设相关的科室和内容是第一科掌理选举、抗战动员、干部管理、土地行政、劳资、租佃、卫生行政、儿童保育、户籍区划、优抗救济、破除迷信、改革陋习及其他民政事项；第三科掌理教育行政、学校教育、社会教育、民教馆、图书馆、公园、古迹、编修杂志及其他文化建设事项。④ 粮食科主要负责粮食调剂事项。同时，边区政府也颁布了《陕甘宁边区各乡市政府组织条例》，指出乡市政府为工作需要，设立优待救济委员会、文化促进委员会、经济建设委员会、锄奸委员会、卫生保育委员会和人民仲裁委员会等委员会，办理相关民政事务。⑤

1942 年 6 月边区政府制定了《陕甘宁边区县务委员会暂行组织条例》，第六条规定县务委员会设秘书室、民政股、财政股、教育股、建设股、保安股、裁判员及保安大队等，分管各项行政及司法事项。其中民政股掌理选举、抗战动员、干部行政、土地行政、劳资、租佃、户籍、区划、人民团体登记、婚姻、优抗救济、卫生、通讯、民事调解以

---

① 雷志华等编：《陕甘宁边区民政工作资料选编》，陕西人民出版社 1992 年版，第 332 页。

② 同上书，第 333 页。

③ 同上书，第 340 页。

④ 陕西省档案馆等编：《陕甘宁边区政府文件选编》第 5 辑，档案出版社 1988 年版，第 11 页。

⑤ 同上书，第 15 页。

及改革陋习等事项；教育股掌理学校教育、干部教育、社会教育、民教馆、图书馆、公园及其他文化建设事项。①

1949 年 4 月边区参议会常驻议员会和政府委员会联席会议通过了《陕甘宁边区政府暂行组织规程》，第八条规定边区政府下设民政厅、教育厅、财政厅、工商厅、农业厅、公营企业厅、交通厅、公安厅、西北农民银行、秘书处、边区财政经济委员会、边区人民监察委员会、边区少数民族事务委员会等。第十一条规定民政厅掌管地方政权组织建设事项；行政区划事项；市政建设事项；选举事项；户籍人口调查登记事项；干部管理、培养、保健、考核、奖惩统一筹划及提请任免或任免事项；动员参军归队事项；战勤动员及调剂事项；烈、军、工属、荣退军人之优待抚恤及拥军事项；有关土地改革、减租减息及土地清丈登记确定产权，调解土地、房屋、债务纠纷、租赁关系等事项；社会救济事项；关于卫生行政事宜及民众医药卫生之指导管理事项；关于婚姻制度及礼俗改革事项；关于儿童保育事项；关于实施禁政事项；关于人民团体登记事项；关于宗教信仰事项；其他有关民政等事项。②

从这些相关的组织条例可以看出，边区社会建设主要由陕甘宁边区民政厅、各县政府设置的民政科民政股、各乡政府设立的优待救济委员会和卫生保育委员会等组织机构负责，另外，陕甘宁边区建设厅和陕甘宁边区教育厅也有兼及。这些组织机构掌理边区社会建设方方面面的内容，为边区社会建设提供了有力的组织保障。值得注意的是，边区社会组织机构涉及的更多内容是有关社会保障建设，这一方面反映了边区社会建设的基本特点是保障人民的基本生存和生活问题，同时也反映了边区社会建设处于较低阶段，带有鲜明的时代烙印。

当前，随着经济社会的发展，社会建设已经进入关键时期，社会建

---

① 陕西省档案馆等编：《陕甘宁边区政府文件选编》第 6 辑，档案出版社 1988 年版，第 242 页。

② 陕西省档案馆等编：《陕甘宁边区政府文件选编》第 13 辑，档案出版社 1991 年版，第 243—244 页。

设的内容更加丰富，任务更加艰巨。因此，加强社会组织机构建设，既能够规范和约束社会建设主体的不当行为，又能为社会成员积极参与社会建设提供平台。

七　协调经济政治社会之间的关系是推进社会建设的内在要求

在考察边区社会建设问题时，不仅要关注社会建设本身的特殊性，还要将其放在整个边区建设体系中，充分考虑到社会建设和经济建设、政治建设、文化建设之间的密切关系，坚持它们的协调推进。一般地说，经济建设为社会建设提供物质基础，政治建设为社会建设提供政治保障，而社会建设能够更加合理地配置社会资源，更加公平地分配社会产品，为其他建设营造和谐的社会环境。因此，要正确处理社会建设和经济建设的关系、社会建设和政治建设的关系。

首先，正确处理社会建设和经济建设的关系。党和边区政府遵守经济发展是社会建设的物质基础和基本途径这一准则，深刻认识到经济建设就是为了使边区由半自给自足迅速走向完全自给自足，保障抗战军队的供给，进一步改善人民生活。[①] 强调"只有发展经济，发展生产，使人民丰衣足食，然后政府才能富足，更有力量去进行其他建设事业；也只有在人民更加丰衣足食的基础之上，才能更加提高人民的政治觉悟和文化程度，更加发扬人民拥戴这个政权和参加其他建设事业的积极性"[②]。提倡自己动手生产创造一切，号召开展大生产运动、春耕运动、开荒运动、秋收运动，举办工农业展览会、奖励劳动英雄、组建劳动互助社和犁牛合作社，实行优待移难民政策。鼓励全民生产，包括政府人员、部队、学生都挖地、种菜、打柴、纺毛、缝衣、做生意，打破劳心

---

　　① 陕甘宁边区财政经济史编写组：《抗日战争时期陕甘宁边区财政经济史料摘编》第9编，陕西人民出版社1981年版，第24页。

　　② 陕甘宁边区财政经济史编写组：《抗日战争时期陕甘宁边区财政经济史料摘编》第1编，陕西人民出版社1981年版，第3页。

者和劳力者的界限，"工农商学兵聚之于一身"。这样，大大激发和调动了边区全体人民的劳动积极性，老幼妇孺都参加生产；工人自动增加工时，提前完成生产计划。促进了边区经济的发展，使人民能够有充足的粮食和更好的物质生活，奠定了开展社会建设的物质基础。

另一方面，对照于南京国民政府主席蒋介石的信条，"胜利要倚靠九分的精神力量，只倚靠一分的物质力量"。中国共产党重视的是在一定物质基础上的精神力量。同样强调忠于职守与自我牺牲的精神在社会建设中的作用。因此，边区社会建设的成果是中国共产党和边区民众在物质与精神两方面积极努力的结果，是其力量和品质的体现。

其次，正确处理了社会建设和政治建设的关系。新民主主义政治使边区从经济落后地区变为经济发展地区，从文化落后地区变为文化先进地区，使边区人民具有更高的政治觉悟，具备了社会建设必需的政治资源，为社会建设的顺利进行创造了政治条件。"三三制"使各阶层都有选举权，团结了各阶层人民，真正实现了民主自由政治，民主成为党和人民群众联系的纽带，也为检验社会建设各项方针政策提供了政治实践机会。1943 年 9 月 30 日安明在《解放日报》上发表了题为《乡选中民主民生怎样联系》一文，该文论述了乡选中民主民生的关系，指出两者的密切联系，表现在一方面是人民从解决自己切身利益的斗争中，提高到政治斗争，进一步争取民主，取消妨害群众利益的政权机构、保甲制度或工作人员，实行人民自己选举出来并按照人民意志管理的新民主主义政权。另一方面是从民主的斗争中，人民运用自己的权力，来争取应得的利益和保障自己既得的利益。改造乡政权的民主运动，可以解释成以民主选举为形式，以民生为其基本内容，也可以说民主是民生的一部分。因此，民主民生是不可分的。民主运动中凡是与人民切身利害有关的要求都属于民生内容。减租减息、保障佃权和增加工资等，是农民工人的生活要求。公粮征收负担、贷款分配、田赋土地查报、水利工程负担、摊募粮款、宗祠公产保管收支、后勤民力负担、地方治安和公益事业等是各阶层所关心的切身生活问题。①因此，民主民生相结合的过程在一定意义上就是社会建设的过程，就是加强和改进党的建设的过程。

正是正确处理了社会建设和经济建设、政治建设的关系，才协调推进了边区的社会发展。新中国成立后中国共产党关于社会建设目标的演变路径，经历了由突出经济建设，到社会全面进步协调发展，再到富强、民主、文明、和谐四位一体的目标。这一方面体现了中国共产党对社会建设认识的不断深化，另一方面也体现了现代化发展进程中经济政治文化社会之间的高度依赖关系。经济建设是社会发展的核心和关键，社会全面发展是经济发展和带动下的全面发展；与此同时，经济发展本身也包含一系列对社会、政治和文化诸方面的深层次要求。要注意社会发展的全面性、整体性及协调性。这就要求我们，在改革开放的今天，要全面推进社会发展，必须增强经济、政治、文化和社会建设之间的协调性。

第二节 陕甘宁边区社会建设的现实启示

陕甘宁边区在社会建设过程中积累了丰富经验。当前，我国正在进行社会建设，虽然两者在社会建设的形式、主要内容和基本特征等方面都有较大差异，但在指导思想上都是党为人民谋利益的社会建设理念的体现，在本质上都是党的民生政策的体现。因此，陕甘宁边区社会建设中的基本经验，也能为当前我国社会建设提供有益的现实启示。主要包括：第一，实施社会建设必须密切党群关系；第二，开展社会建设必须创新社会管理体制；第三，推进社会建设必须促进社会和谐。

---

① 豫皖苏鲁边区党史办公室等编：《淮北抗日根据地史料选辑》第 2 辑第 2 册，内部资料，1985 年，第 19—20 页。

一 实施社会建设必须密切党群关系

在新时期新阶段，中国特色社会主义社会建设扎实展开，全面实现了城乡免费义务教育、全面建立了城乡基本养老保险制度，基本形成了新型社会救助体系，基本实现了全民医保，初步建立了城乡基本医疗卫生制度，加快推进了保障性住房建设。总之，人民生活水平、收入水平和社会保障水平等显著提高，人民基本上过上了学有所教、劳有所得、病有所医、老有所养、住有所居的生活，大大开创了社会建设的新格局。同时，必须看到，我国当前社会矛盾处于多发期，面临的社会建设的任务更加艰巨，关系群众切身利益的社会问题更加多样复杂，如教育、就业、医疗、住房、社会保障、收入分配等一系列问题。面对这些问题，更加需要中国共产党坚定不移地坚持以马克思主义为社会建设的指导思想，以最广大人民群众的根本利益和要求为社会建设的目的，妥善处理党群干群关系。而妥善处理党群干群关系是关系到巩固党的执政地位的重大问题。目前提拔使用干部基本比较规范，以政绩、水平、作风、实干等作为基本标准。但仍然存在重视资历、背景、关系等，这严重破坏了党群关系，败坏了党风。而要打破这种做法，密切官民党群关系，就要全面加强党的思想建设、组织建设、作风建设、反腐倡廉建设和制度建设。优化党的执政方式，通过办好党建网站和注重分析网络舆情等现代技术手段推进党的建设，改进党的工作方式。改善党的领导，充分发挥党对社会建设的领导核心作用，增强党的凝聚力和创造力。着力解决好与人民群众最直接密切相关的现实利益问题，保证改革发展的成果惠及全体人民。要获得广大人民群众的衷心拥护，就要全面贯彻"以人为本"为核心思想的科学发展观。继续秉承善于自我修正的宝贵的精神，倾听不同的心声，采纳不同的建议，不断修改和完善社会政策，从而满足人民群众各方面的利益要求。提高党的执政水平，不断推进党群关系走向和谐。具体要做到以下五个方面：

一是加强制度建设，首先可通过加强干部人事改革制度，促进干部选拔任用工作逐步走上程序化、科学化和制度化，不断走向有利于为人民服务的方向发展。

二是完善监督机制。这就要不仅充分发挥各级纪检、监察部门等专职机构的监督作用，而且要发挥党内各级组织之间及广大党员之间的互相监督作用，把党内监督和群众监督结合起来，形成一整套监督体系，从制度上杜绝腐败现象的出现，密切党群关系。

三是加强作风建设。继续发扬理论联系实际、密切联系群众、批评和自我批评的三大作风。坚决反对形式主义、官僚主义的歪风邪气，切实抓好党风廉政建设和反腐败斗争。只有党群一心，人民对党和政府才有认同感，党和政府才有感召力和公信力，党才有群众基础，这是密切党群关系的前提，也是巩固执政党合法地位的关键，更是社会和谐的基础。

四是充分发挥基层党组织的作用。我国当前正处于社会快速转型和经济体制转轨过程中，社会尤其是乡村利益主体多元化，严重削弱了原有的农村中国共产党基层政权和基层党组织的社会控制力，加之村民自治制度本身处于不完善阶段，进一步减弱了基层政权和基层党组织的权威。在农村社会建设中，各种宗法家族势力、地痞恶霸等恶势力及变相宗教组织开始抬头。这需要增强基层党组织和基层政权的权威和控制力，整合各种社会力量，消除这些不良势力。陕甘宁边区充分发挥基层党组织为群众谋利益的经验，今天依然值得参照借鉴。

五是全面开展群众路线教育实践活动。在这里要特别强调当前开展群众路线教育实践活动对密切党群关系的重要意义。党的群众路线教育实践活动就是要把"为民务实清廉"这一价值理念植根于全体党员和干部的思想和行动中。所谓"为民"，就是坚持人民至上、以人为本的根本原则，把人民放在心上，深入群众"听民声、解民忧"，一定要做"顺民心、惠民生"的事情，反对做"逆民意、损民利"的行为，真正做到情为民所系、权为民所用、利为民所谋。所谓"务实"，就是要求真务实，真抓实干，发扬理论联系实际的作风。克服背离实事求是的"浮躁"、"浮夸"和"浮名"的错误思想和工作作风，真正为群众办实事、做好事、解难事。所谓"清廉"，就是要严格执行廉政原则，主动接受监督。广大党员尤其是领导干部，必须要做到不贪不奢不攀比，耐住清贫抵住诱惑，挡住干扰，经住考验，严格自律，谨防"积小恶成大恶"、慎欲谨防"权力、金钱、美女"，严防享乐主义、拜金主义、极端个人主义等抬头，永葆清廉的可贵品质，做一个廉洁自律的好党员、好干部。这就需要加强对政府工作人员的监管，同时建立电话、短信、微信等多种公众监督平台，鼓励群众进行监督。

二　开展社会建设必须创新社会管理体制

胡锦涛同志在十七大政治报告中指出，社会建设与人民幸福安康息息相关。必须在经济发展的基础上，更加注重社会建设，着力保障和改善民生，推进社会体制改革，扩大公共服务，完善社会管理。可以说，创新社会管理体制是社会建设的根本保障。

随着我国社会主义市场经济体制改革的不断深入及引起的经济社会结构的深刻变化，引发了诸多的社会矛盾和社会冲突，如贫富收入差距、教育资源分配不公、住房、医疗、就业、城乡差距、土地征用、房屋拆迁、劳资纠纷和社会治安、农民工的社会支持、留守儿童缺失亲情关怀等一系列深层次社会问题，原有的社会管理体制很难有效应付这些严峻的挑战。表现为在社会管理理念上重政府的管理，轻社会的管理；在社会管理手段方式上重硬性，多采取行政手段和强制方式解决社会问题和社会矛盾，轻柔性调控方式。在社会管理目标上重管理，轻服务意识。① 这客观要求我国社会管理体制要改革创新，政府需要转变实现社会管理职能方式，以便及时、有效地化解社会冲突，解决各种新的及突

---

① 郎友兴等：《社会管理体制创新研究论纲》，《浙江社会科学》2011 年第 4 期。

发的社会问题。

创新社会管理体制首先要坚持以人为本的社会管理理念。以人为本既是科学发展观的本质和核心，又是社会管理必须坚持的首要原则，要不断创新社会管理方式方法，完善社会系统功能，促进社会良性运行和协调发展，促进社会公平正义，努力构建使全体人民"学有所教、劳有所得、病有所医、老有所养、住有所居"的和谐社会。

其次，社会管理主体从国家一元转向政府、社会组织、社区组织、公众等多元主体共同管理。创新社会管理体制涉及面广、触及问题多，是一项复杂的社会工程，需要政府和社会各界力量同心协力、齐抓共管，坚持多元管理。而要坚持多元管理，就要充分发挥各种社会力量，不断培育发展各类社会组织，整合社会资源，完善社会管理结构体系，形成"党委领导、政府负责、社会协同、公众参与"的社会管理格局，健全能够有效地协调社会各方利益、整合社会关系、协同社会行动的运作机制。进行协商决策、合作管理、透明化管理、法治化管理的治理活动。①

最后，加强社会管理可以使用多种方式相互配套。对于目前与人民群众密切相关的教育、住房、医疗、就业和收入分配等社会问题，针对不同社会问题，可运用通过政府颁布法规法令等硬性控制管理手段，依法管理。还可采用经济协调和思想政治宣传教育等软性调节方式，构建科学的利益协调机制、矛盾调节机制、诉求表达机制和权益保障机制等维护人民群众权益的机制体系，发挥多种社会管理方式和社会建设机制的整合作用，取得标本兼治的良好社会效果，从而确保全体社会既能够充满活力，又能够和谐有序。

三　推进社会建设必须促进社会和谐

改革开放三十多年来，我国已进入了改革发展的关键时期，经济体

---

① 郎友兴等：《社会管理体制创新研究论纲》，《浙江社会科学》2011 年第 4 期。

制、社会结构、利益格局、思想观念等方面继续发生深刻变化。就经济社会结构发生的变化而言，出现了民营企业家、技术人员、外资雇员、管理人员、个体户和自由职业者等新的阶层和群体。各社会阶层不同社会成员之间的利益格局发生了重大变化，表现为利益主体多元化、利益关系和利益诉求多样化、利益差别扩大化、利益矛盾复杂化。虽然各阶层之间的矛盾属于人民内部的矛盾，但如果协调不当，在一定条件下有可能走向对抗，会严重危害社会秩序，干扰中国现代化的发展。如党和政府面临着农村居民养老问题、农民工工资低下问题和拖欠问题及农民工子女上学问题；城镇居民住房难住房贵问题，大学毕业生就业难问题等一系列的重大社会问题。这些社会问题不仅与人民群众的切身利益紧密相关，而且关系到党的执政基础的巩固问题。

　　可见，当前中国共产党面临的一项重要课题就是加强社会建设。而要解决好社会建设领域存在的各种复杂问题，促进社会和谐，就需要全党全社会的共同努力，真正按照党委领导、政府负责、社会协同、公众参与的要求，充分发挥广大民众的智慧和力量，充分调动人民群众的积极性和创造性，突出人民群众在社会建设中的重要作用。贯彻实行"尊重劳动，尊重知识，尊重人才，尊重创造"的方针，凝聚社会力量，激发社会活力。提高社会建设水平，开创社会建设的新局面。因此，中国共产党只有做到思想上时刻关注人民群众的这些切身利益并切实解决这些社会问题，把不断改善人民生活和继续增进人民福祉放在更加突出的地位，甚至作为一项迫切而重大的政治任务来认识和落实，才能巩固党的执政基础，才能维护社会稳定，调动积极因素，化解消极因素，全力维护改革发展稳定的大局，才能真正促进社会和谐，真正做到既保障新阶层的合法利益，又保护原有的工人和农民阶级的基本利益，协调好新旧阶层之间以及各阶层内部的利益关系，进一步推动科学发展。

　　为此，2006 年 11 月中国共产党的十六届六中全会以构建社会主义和谐社会为主要议题，颁布了构建社会主义和谐社会的纲领性文献——《关于构建社会主义和谐社会若干重大问题的决定》。具体就要做到：

一是坚持以经济建设为中心。根据马克思历史唯物主义原理，生产力的发展水平决定着人们利益的实现程度。因此，在协调各阶层利益关系时，首先要发展生产力、发展经济，满足人民物质需要，给人民群众以切切实实的物质利益，这是解决各种阶层之间矛盾的前提基础。二是坚持公平正义。公平正义是协调各种社会利益关系的基本要求，是保证社会利益流向平衡的基础，是实现社会各阶层和不同社会成员关系和谐的前提，是实现社会协调发展和良性运行的保证。这就要逐步建立以权利公平、机会公平和规则公平为主要内容的社会公平保障体系，保证社会各阶层和不同社会成员平等参与和平等发展的权利。破除他们在教育资源分配、就业机会等方面由于城乡差别及贫富差别而造成的壁垒。以减少社会成员在竞争结果上的差别，减少由此产生的心理失衡，消除社会的不和谐因素。三是努力缩小贫富差距，坚持走共同富裕道路。改革开放三十多年来，我国坚持"效率优先，兼顾公平"原则。贫富收入差距呈现出了不断拉大的趋势，引起了消费能力悬殊，两极分化，农民冲击党政机关问题、仇富仇官心理，严重影响了社会生产力的进一步发展和社会秩序。为扭转这一不合理的趋势，着力解决国民收入分配差距较大问题，首先要缩小收入分配差距，深化收入分配制度改革。调整收入分配格局，加大再分配调节力度。其次是尊重弱势群体生存发展的基本权利，建立健全社会利益平衡和补偿机制，保障全体社会成员共享改革发展的成果，不断走向共同富裕。从而协调好各种利益关系。最后是规范收入分配秩序，保护合法收入，增加低收入群体收入，持续扩大中等群体收入，调节过高收入，取缔非法收入。只有做到以上这些甚至更多方面，才能建成合规律性和合目的性相统一的和谐社会，实现社会建设的目标。

结　语

㐅㐅㐅㐅㐅㐅㐅㐅㐅㐅㐅㐅㐅㐅㐅㐅㐅

　　抗战时期中国共产党很重视各根据地的社会建设，其中陕甘宁边区社会建设是其中最为生动的一幅画卷。本书以陕甘宁边区社会建设的基本状况为代表作以概述和分析，深入探讨陕甘宁边区社会建设的主要内容及基本特征，论证了陕甘宁边区社会建设的主要成就及其不足，总结了陕甘宁边区社会建设的基本经验与现实启示。以收以一窥万之效。当然，这可能会挂一漏万，失之偏颇。笔者尽力在前人研究的基础上，较为系统、连贯地再现陕甘宁边区社会建设的全貌，以期从整体上动态把握陕甘宁边区的社会建设。

　　为解决边区人民的各种困难，中国共产党和陕甘宁边区政府指导人民开展各项社会建设，边区人民极力响应党的号召，积极参与，形成了政府为人民群众着想和人民群众为政府着想的上下关怀与体谅的良好互动局面。使他们凝成一股力量，为构建和谐边区社会奠定了基础、树立了典范。事实上，中国共产党和边区政府在解决社会问题，进行社会建设中既在宏观层面重视社会政策的制定与调控，又注重在微观层面上采用合作和竞争等多种互动方式，调动、激励大众的积极性与创造性。而农民、工人、学生、士兵、干部等党内外一切社会力量在与政策制定者的互动中加深了对中国共产党与边区政府的信赖，使得政策的药力可以渗透到社会机体的细枝末节，从而推动了贫困饥饿、文盲、医药卫生、救济等社会问题的解决。

今天，我们已进入了中国特色社会主义建设的新时期，加强当代中国社会建设是应对极为复杂激烈的国内外环境和解决我国目前突出社会问题的有效路径。为此，中共十六届四中全会把社会建设提到了与经济建设、政治建设和文化建设相并列的高度，把社会建设作为中国现代化建设总体布局的重要组成部分，形成了四位一体的社会主义现代化建设新格局。

诚然，当代中国社会建设在形式、内容及特征等方面都与陕甘宁边区有很大差异。但是，陕甘宁边区社会建设的基本经验及教训，对今天开展社会建设仍有重要启示和借鉴意义，笔者对此作了一些研究思考，希望对其进一步研究起到抛砖引玉的作用。由于笔者研究功力不够，才疏学浅，文中定有不足之处，恳请专家批评指正。

附 录

附录一：（参见陕甘宁边区财政经济史编写组：《抗日战争时期陕甘宁边区财政经济史料摘编》第 9 编，陕西人民出版社 1981 年版，第 10 页。）

数目 类别 / 阶级		豪绅	地主	富农	中农	贫农	雇农	总计
户数	数目	1	4	5	9	18	10	47
	%	10.64		10.64	19.15	38.3	21.28	100
人口	数目	4	20	47	81	140	48	340
	%	7		13.8	23.8	41.2	14.1	100
劳动力		—	2	11	18	30	15	76

数目 阶级 类别			豪绅	地主	富农	中农	贫农	雇农	总计
	亩　数		50	750	494	291	167	—	1752
	%			45.7	28.2	16.6	9.5	—	100
土地占有经营情况	自耕	亩数	—	40	159	276	141.5	—	—
		收入	—	28	111.3	170.6	84.6	—	—
	租出	亩数	—	580	160	15	26	—	—
		租额		174	41.5	0.75	0.8	—	—
	租入	亩数	—	—	—	40	234	28	—
		租额	—	—	—	8	8.85	2.2	—
	伙种	亩数	50	32	175	—	10	50	—
		伙额	12	8	32	—	3	12	
牲畜	牛		1	2	9	9	2	—	23
	驴		1	1	7	9	2	—	20
	马		1	—	—	—	—	—	1
	骡		1	—	—	—	—	—	1
	羊		—	—	160	140		—	300
高利贷	放	数目	—	—	260	—	—	—	260
		利额	—	—	78	—	—	—	78
	负	数目	—	—	—	—	1510	32.5	1542.5
		利额	—	—	—	—	545925	11719.5	557644

附录二：（参见陕甘宁边区财政经济史编写组：《抗日战争时期陕甘宁边区财政经济史料摘编》第 2 编，陕西人民出版社 1981 年版，第 27 页。）

延安柳林区四乡

1936 年和 1942 年农户各阶层及其牛犋变化表

数目 \ 阶级类别	1936 年					1942 年				
	雇农	贫农	中农	富农	合计	雇农	贫农	中农	富农	合计
户　　数	14	48	44	2	108	1	15	94	15	125
人　　数	42	18	231	10	301	4	64	430	85	583
牛犋（户计） 无牛的	14	19	3	—	36	1	9	3	—	13
半犋的	—	15	11	—	26	—	6	24	—	30
一犋的	—	—	29	2	31	—	—	60	9	69
两犋的	—	—	1	—	1	—	—	7	—	13
共有牛头数	—	40	78	3	121	—	7	194	50	251
每户平均耕地亩	—	28	54	25.5	3771	9	38	114.5	109	12977

附录三：（参见陕西省档案馆、陕西省社会科学院合编：《陕甘宁边区政府文件选编》第 9 辑，档案出版社 1990 年版，第 329 页。）

阶层	户数	人口	耕地（垧）	粮食收获（细石）	公粮（石）	公粮占收获量%
富农	6	55	351	83.8	10.35	12.4
中农	36	162	804	170.95	11.9	7
贫农	26	104	240	89.05	2.75	3.1
合计	68	321	1398	343.8	24.97	7.3

附录四：（陕甘宁边区政府对边区第一届参议会的工作报告（1939 年 1 月），参见陕西省档案馆、陕西省社会科学院：《陕甘宁边区政府文件选编》第 1 辑，档案出版社 1986 年版，第 143 页。）

小学教育发展状况表

未成边区以前	120 校	学生不详
1937 年春季	320 校	学生 5000
1937 年秋季	545 校	学生 10306
1938 年春季	706 校	学生 14207
1938 年秋季	773 校	学生 16725

附录五：（参见陕西省档案馆、陕西省社会科学院：《陕甘宁边区政府文件选编》第 1 辑，档案出版社 1986 年版，第 141 页。）

（下表以元为单位）

区别	革命前的负担	革命后的负担
善兴区	8200	3971
怀兴区	2850	942
太和区	7640	3437
底庙区	7430	2502
交林区	8430	3721
总计	34550	14573

附录六：（参见陕甘宁边区财政经济史编写组：《抗日战争时期陕甘宁边区财政经济史料摘编》第 9 编，陕西人民出版社 1981 年版，第 60 页。）

个人历年负担情况列表

姓　名	年　代	收　入	副业收入	人　口		负担数
				大　人	娃　娃	
王玉堂	1940	2.5 石	1.5 石	2	1	无
	1941	3 石	1 石	2	1	1.2 斗
	1942	3 石	2.5 石	2	1	1.4 斗
	1943	3 石	3 石	2	1	1.4 斗
	1944	3 石	4 石	22	1	2 斗
贺树德	1940	3 石	无	3	2	5 斗
	1941	3 石	1.2 石	3	2	1.5 斗
	1942	4 石	无	3	2	1.8 斗
	1943	4.5 石	无	4	1	2 斗
	1944	6 石	无	4	1	2.5 斗
王生秀	1940	12 石	—	3	2	4 斗
	1941	13.5 石	—	3	2	7 斗
	1942	15.5 石	—	3	2	1 石
	1943	11.6 石	—	3	3	1 石
	1944	10 石	—	3	3	9 斗

附录七：（参见内田知行《抗日战争时期陕甘宁边区的义仓经营》，转引自南开大学历史系编《中国抗日根据地史国际学术讨论会论文集》，档案出版社 1985 年版，第 423—424 页。）

1944 年春季的义田开垦事例（村、乡级）

地　名	指导者	参加劳动力、畜力	面积、工作日数	[JR] 出处
村　级				
延安县川口区董家吃捞村	张步贵（劳动英雄）	1 个变工队（10 个人）	10 垧①	1944. 3. 9
赤水县（淳耀县）2 区 4 乡阴凉山村	陈兼伯（劳动英雄）	43 户	30 亩	1944. 3. 16
甘泉县 4 区 4 乡甄家湾村	甄士英（乡支书、劳动英雄）	40 个人	17 垧，3 天	1944. 3. 20

地 名	指导者	参加劳动力、畜力	面积、工作日数	[JR]出处
赤水县3区4乡汾滩村	冯云鹏（县政府干部、劳动英雄）	22个人	12.8亩，3天	1944.4.6
新正县2区要×村	—	43个人	—	1944.4.6
新正县2区后掌村	—	10个人	50亩，3天	1944.4.6
新正县2区前掌村	张鸿颜（村主任）	44个人	26亩，2天	1944.4.6
新正县2区南咱子村	获保元（积极分子）	—	20.5亩，4天	1944.4.6
赤水县5区5乡后头村		16个人	30亩，7天	1944.5.8
赤水县5区6乡陈家村	陈自泰（变工队长）	—	7亩②	1944.5.8
赤水县5区6乡吕家村	—	—	坟地8处至9处	1944.5.8
新正县2区8乡前冯×村	何福且（劳动英雄）		89亩，3天	1944.5.8
盐池县4区4乡1行政村	—	39户③	—	1944.6.2
盐池4区4乡4行政村	—	20户④	—	1944.6.2
绥德县王家坪村	王德彪（劳动英雄）	—	10坰	1944.12.24

地 名	指导者	参加劳动力、畜力	面积、工作日数	[JR]出处
乡级		—		
志丹县1区3乡	牛风明	—	70坰⑤	1944.2.6
延安县乌阳区2乡	何海俊（乡支书、党干部、劳动英雄）	义仓小组（14个人）	2坰	1944.2.19
甘泉县4区4乡	甄士英（乡支书、劳动英雄）	210余户	78坰⑥，4天	1944.3.20
赤水县3区4乡	—	—	79亩	1944.4.6
志丹县3区3乡	马海旺（乡仲裁员、劳动英雄）	义田挖梢队（5个人）	8坰	1944.4.10
鹿县交道区2乡	王增荣（劳动英雄）	180个人	60亩	1944.4.22
淳耀县柳林区8乡	杨起有（乡长）	130个人	10亩，半天	1944.5.8
赤水县5区4乡	—	150户	86亩，2天	1944.5.8
赤水县5区6乡	—	—	174亩，7天	1944.5.8
新正县2区8乡	—	—	180亩，8天	1944.5.8
新宁县4区5乡	李生贵（乡长）	—	40亩，1天	1944.5.8

地　名	指导者	参加劳动力、畜力	面积、工作日数	[JR] 出处
盐池县 4 区 4 乡	刘占海（劳动英雄）	71 户	义仓 13 处，310 亩	1944. 6. 2
鹿县张村驿区 6 乡	余有才（劳动英雄）	—	167 亩⑦，2 天	1944. 6. 5

①据推测，实际上其中有 5 垧是张步贵一人开垦的。（JR1944.4.11）

②这 7 亩是墓地整理后改造的。

③全村户数 50 户。

④全村户数 22 户。

⑤这是计划数字。

⑥计划数。

⑦据说义仓有 4 处。

[备考] 陕西省的 1 垧 = 3 亩。

附录八：（参见 1944 年 3 月《陕甘宁边区的产盐工作》，转引自陕西省档案馆、陕西省社会科学院《陕甘宁边区政府文件选编》第 8 辑，档案出版社 1988 年版，第 131 页。）

各池盐户财富统计

统计项目 〳 池名	户数	人口	房屋	土地（垧）	白羊	黑羊	骆驼	骡马	驴	牛
老池	121	392	118	81	745	113	—	4	47	73
荀池	193	585	381	6025	2234	821	20	23	95	92
滥泥池	98	502	291	1108	1202	712	21	15	52	31
莲花池	106	558	351	1044	3276	313	30	20	78	72
共计	521	2037	1141	8558	7457	1959	71	62	272	268

（注：这里 1 垧 = 5 亩）

附录九：（参见 1939 年 1 月《陕甘宁边区政府对边区第一届参议会的工作报告》，转引自陕西省档案馆、陕西省社会科学院《陕甘宁边区政府文件选编》第 1 辑，档案出版社 1986 年版，第 140 页。）

参考文献

文献资料

1. 陕西省档案馆、陕西省社会科学院：《陕甘宁边区政府文件选编》，档案出版社 1986 年版。

2. 陕甘宁边区财政经济史编写组、陕西省档案馆：《抗日战争时期陕甘宁边区财政经济史料摘编》，陕西人民出版社 1981 年版。

3. 延安地区民政局编、雷志华、李忠全：《陕甘宁边区民政工作资料选编》，陕西人民出版社 1992 年版。

4. 中央档案馆、陕西省档案馆：《中共中央西北局文件汇集》，内部资料，1994 年。

5. 西北五省区编纂领导小组、中央档案馆：《陕甘宁边区抗日民主根据地》文献卷上、下，中共党史资料出版社 1990 年版。

6. 中央档案馆编：《中共中央文件选集》，中共中央党史出版社 1985—1988 年版。

7. 甘肃社会科学院历史研究室编：《陕甘宁革命根据地史料选辑》，甘肃人民出版社 1986 年版。

8. 陕甘宁革命根据地工商税收史编写组、陕西省档案馆合编：《陕甘宁革命根据地工商税收史料选编》，陕西人民出版社 1989 年版。

9. 中央档案馆、陕西省档案馆合编：《陕西革命历史文件汇集》，人民出版社 1992 年版。

10. 中央档案馆、陕西省档案馆合编：《中共陕甘宁边区党委文件汇集》，人民出版社 1994 年版。

11. 《毛泽东选集》第 1—4 卷，人民出版社 1991 年版。

12. 《毛泽东文集》第 1 卷，人民出版社 1993 年版。

报刊资料

13. 《红色中华报》、《新中华报》、《解放日报》等。

论著

14. 雷云峰：《陕甘宁边区史》，西安地图出版社 1993 年版。

15. 宋金寿：《陕甘宁边区政权建设史》，陕西人民出版社 1990 年版。

16. 胡新民、李忠全：《陕甘宁边区民政工作史》，西北大学出版社 1995 版。

17. 刘宪曾：《陕甘宁边区教育史》，陕西人民出版社 1994 年版。

18. 黄正林：《陕甘宁边区社会经济史》，人民出版社 2006 年版。

19. 黄正林：《陕甘宁边区乡村的经济与社会》，人民出版社 2006 年版。

20. 李智勇：《陕甘宁边区政权形态与社会发展》，中国社会科学出版社 2001 年版。

21. 严艳：《陕甘宁边区经济发展与产业布局研究（1937—1950）》，中国社会科学出版社 2007 年版。

22. 卫生志编纂委员会办公室编、卢希谦、李忠全：《陕甘宁边区医药卫生史稿》，陕西人民出版社 1994 年版。

23. 朱汉国：《中国社会通史》，山西教育出版社 1996 年版。

24. 乔志强：《中国近代社会史》，人民出版社 1992 年版。

25. 严昌洪：《中国近代社会变迁史》，浙江人民出版社 1992 年版。

26. 张闻天：《神府县兴县农村调查》，人民出版社 1986 年版。

27. 李维汉：《回忆与研究》，中共党史资料出版社 1986 年版。

28. 谢觉哉：《谢觉哉日记》，人民出版社 1984 年版。

29. 中央档案馆等编：《林伯渠日记》，中共中央党校出版社 1981 年版。

30. 蔡树藩等：《绥德、米脂土地问题初步研究》，人民出版社 1979 年版。

31. ［美］费正清：《剑桥中华民国史》，中国社会科学出版社 1998 年版。

32. ［美］斯诺：《西行漫记》，三联书店 1979 年版。

33. ［美］塞尔登：《革命中的中国：延安道路》，社会科学文献出版社
    2002 年版。

34. ［澳］古德曼：《中国革命中的太行山抗日根据地社会变迁》，田酉
    如译，中央文献出版社 2003 年版。

期刊论文

35. 黄正林：《论抗战时期陕甘宁边区的社会变迁》，《抗日战争研究》
    2001 年第 3 期。

36. 黄正林：《1937—1945 年陕甘宁边区的乡村社会改造》，《抗日战争
    研究》2006 年第 2 期。

37. 黄正林：《抗日战争时期陕甘宁边区的经济政策与经济立法》，《近
    代史研究》2001 年第 1 期。

38. 黄正林：《20 世纪 80 年代以来国内陕甘宁边区史研究综述》，《抗
    日战争研究》2008 年第 1 期。

39. 杨志文：《陕甘宁边区社会保障政策初探》，《中共党史研究》1997
    年 6 月。

40. 柴观珍、魏翔：《陕甘宁边区社会保障建设及启示》，《世纪桥》
    2008 年第 20 期。

41. 胡国胜、董娟：《论抗日战争时期陕甘宁边区政府的社会保障建

设》，《河南广播电视大学学报》2009 年第 4 期。

42. 刘迪香：《抗日战争时期陕甘宁边区政府安置移民难民工作的概况》，《湖南城市学院学报》1985 年第 3 期。

43. 马雅红：《抗日战争时期陕甘宁边区"难民乡"问题初探》，《西北大学学报（哲学社会科学版）》2004 年第 6 期。

44. 杨伟宏：《抗战时期陕甘宁边区移民难民问题探析》，《延安大学学报（社会科学版）》2005 年第 6 期。

45. 高冬梅：《陕甘宁边区难民救济问题初探》，《河北师范大学学报》2002 年第 2 期。

46. 马举魁、徐长玉：《陕甘宁边区的移民工作及其效应分析》，《党史文苑》2010 年第 2 期。

47. 张志红：《初探抗战时期陕甘宁边区移难民的源流》，《殷都学刊》2002 年第 1 期。

48. 严艳、吴宏岐：《陕甘宁边区移民的来源与安置》，《中国历史地理论丛》2005 年第 2 期。

49. 白学锋：《论陕甘宁边区的移民问题》，《固原师范高等专科学校学报》2000 年第 5 期。

50. 孙业礼：《论抗战时期移民与陕甘宁边区的经济发展》，《西北大学学报（哲学社会科学版）》1988 年第 2 期。

51. 陈兆坤：《抗日战争时期陕甘宁边区的移民运动》，《历史教学》1987 年第 11 期。

52. 王同起：《抗日战争时期难民的迁徙与安置》，《历史教学》2002 年第 12 期。

53. 杨东：《陕甘宁边区乡村民众的防灾备荒措施研究》，《中国延安干部学院学报》2010 年第 3 期。

54. 王信芳、王志军：《抗战时期陕甘宁边区的义仓建设》，《信阳农业高等专科学校学报》2007 年第 2 期。

55. 陈松友、韩晓春：《抗战时期陕甘宁边区的社会救济》，《社会科学战线》2011 年第 8 期。

56. 关保英：《陕甘宁边区抗灾赈济法制研究》，《西南民族大学学报（人文社会科学版）》2010 年第 11 期。

57. 常云平、关孜言：《陕甘宁边区的社会救助政策探析》，《重庆师范大学学报（哲学社会科学版）》2011 年第 2 期。

58. 郭健：《延安时期社会保障拾零》，《中国社会保障》2011 年第 7 期。

59. 张丹：《抗日战争时期陕甘宁边区的社会保障》，《江西社会科学》2000 年第 11 期。

60. 郭倩、王蓉、张义：《根据地政权的农村社会保障政策评述：基于伦理的视角》，《山东农业大学学报（社会科学版）》2009 年第 2 期。

61. 孙卫芳：《抗战时期陕甘宁边区雇工权益的保障》，《求索》2009 年第 4 期。

62. 王强：《抗战时期陕甘宁边区雇工权益的保障》，《党的文献》2009 年第 6 期。

63. 梁严冰、岳珑：《抗日战争时期陕甘宁边区政府的赈灾救灾》，《西北大学学报》2009 年第 4 期。

64. 张雪梅、熊同罡：《20 世纪 40 年代陕甘宁边区的灾荒及救治》，《理论学刊》2008 年第 11 期。

65. 王晓荣、朱雪萍：《抗战时期陕甘宁边区的民生实践与社会和谐》，《学术论坛》2008 年第 10 期。

66. 魏彩苹：《试论抗战时期陕甘宁边区改善民生的举措》，《齐齐哈尔师范高等专科学校学报》2010 年第 6 期。

67. 雷甲平：《抗日战争时期陕甘宁边区的主要社会问题及其治理》，《抗日战争研究》2009 年第 1 期。

68. 黄正林、文月琴：《抗战时期陕甘宁边区对乡村社会问题的治理》，《河北大学学报（哲学社会科学版）》2005 年第 3 期。

69. 付建成、肖育雷：《论抗战时期陕甘宁边区乡村治理的特点》，《中国延安干部学院学报》2009 年第 1 期。

70. 牛淑萍：《陕甘宁边区的"二流子"改造运动》，《党史文汇》1999年第 2 期。

71. 朱蓉蓉：《论陕甘宁边区的"二流子"改造运动》，《社会科学战线》2008 年第 12 期。

72. 董增刚：《陕甘宁边区对"二流子"的改造》，《党史研究资料》2004 年第 4 期。

73. 雷小倩：《陕甘宁边区"二流子"改造及其影响》，《延安大学学报（社会科学版）》2011 年第 4 期。

74. 张可荣：《抗战时期陕甘宁边区的"二流子"改造运动》，《长沙水利电力师范学院社会科学学报》1995 年第 3 期。

75. 成国银：《大生产运动中"二流子"的改造工作》，《党史博采》1994 年第 7 期。

76. 王建华：《乡村社会改造中"公民塑造"的路径研究——以陕甘宁边区发展劳动英雄与改造"二流子"为考察对象》，《江苏社会科学》2008 年第 4 期。

77. 阎颖：《中共社会动员的成功经验——论陕甘宁边区"二流子"改造运动》，《湖北社会科学》2007 年第 2 期。

78. 孙安刚：《抗战时期陕甘宁边区国民素质的改造略述》，《甘肃社会科学》2008 年第 5 期。

79. 雷小倩、杜方远：《抗战时期陕甘宁边区匪乱及其治理》，《理论界》2011 年第 2 期。

80. 赵文：《试述抗战时期陕甘宁边区的土匪问题》，《宁夏大学学报（社会科学版）》1999 年第 3 期。

81. 段延辉、刘立：《试论陕甘宁边区时期的陕北匪患》，《延安大学学报（社会科学版）》2011 年第 2 期。

82. 袁文伟：《陕甘宁边区的匪患治理与社会整合》，《甘肃社会科学》2009 年第 2 期。

83. 齐雯：《抗战时期陕甘宁边区的禁毒斗争及其历史启示》，《宁夏社会科学》2005 年 4 期。

84. 齐雯：《抗日根据地禁毒立法问题研究》，《抗日战争研究》2005 年第 1 期。

85. 赵胜：《陕甘宁边区禁毒评介》，《法学杂志》1994 年第 4 期。

86. 田利军：《论华北抗日根据地的禁毒斗争》，《四川师范大学学报（社会科学版）》1997 年第 2 期。

87. 齐雯：《陕甘宁边区禁毒运动初探》，《甘肃社会科学》1999 年第 4 期。

88. 孙仁和：《抗战时期陕甘宁边区禁烟戒毒述略》，《中国延安干部学院学报》2009 年第 3 期。

89. 钱自强：《陕甘宁边区禁毒运动中民众的作用》，《史志研究》2003 年第 3 期。

90. 陈子平：《陕甘宁边区禁毒运动中群众的作用》，《陕西档案》2008 年第 5 期。

91. 王吉德：《陕甘宁边区政府禁毒斗争的特点和启示》，《陕西档案》2006 年第 3 期。

92. 张若筠：《陕甘宁边区政府查禁烟毒档案史料简介》，《陕西档案》2005 年第 3 期。

93. 张孝芳：《抗战时期陕甘宁边区的社会教育运动与乡村社会变迁》，《山东社会科学》2008 年 8 期。

94. 李耀萍：《抗战时期陕甘宁边区教育的建设和成就》，《人文杂志》1995 年 6 期。

95. 张天华：《抗日战争时期陕甘宁边区教育的特点》，《西华大学学报（哲学社会科学版）》1987 年第 2 期。

96. 张秦英、刘汉华：《陕甘宁边区社会教育的特点》，《西北大学学报（哲学社会科学版）》1985 年第 3 期。

97. 刘椿：《抗日战争时期陕甘宁边区的扫盲工作》，《湖北大学学报》1990 年第 6 期。

98. 刘椿：《抗战时期陕甘宁边区的国民教育》，《史学集刊》2006 年第

1 期。

99. 杨洪：《陕甘宁边区的文化教育建设及历史作用》，《西北大学学报》2006 年第 9 期。

100. 张孝芳：《抗战时期中共群众动员的组织机制分析：以陕甘宁边区的社会教育运动为例》，《党史研究与教学》2008 年第 5 期。

101. 刘庆礼：《略论抗战时期陕甘宁边区的社会教育》，《传承》2010 年第 1 期。

102. 刘苗、王静：《抗战时期陕甘宁边区民众教育的发展：以延安〈解放日报〉为主体资料》，《延安职业技术学院学报》2011 年第 3 期。

103. 张鹏飞、陈遇春：《陕甘宁边区的社会教育基本经验和当代价值：基于建设学习型社会的视角》，《新西部（下旬·理论版)》2011 年第 6 期。

104. 谢飞：《抗战时期陕甘宁边区社会教育与和谐社会建设》，《内蒙古农业大学学报（社会科学版)》2010 年第 3 期。

105. 赵燕：《试论抗战时期陕甘宁边区的社会教育及其对构建农村和谐社会的启示》，《漯河职业技术学院学报》2010 年第 1 期。

106. 陈松友、杜君：《抗战时期陕甘宁边区的疫病防治工作》，《中共党史研究》2011 年第 6 期。

107. 赵铁锁、任春峰：《党在局部执政时期的社会管理探析：以"示范区"抗战时期陕甘宁边区为例》，《中国特色社会主义研究》2011 年第 4 期。

108. 张帆、杨洪：《陕甘宁边区社团发展述论》，《牡丹江大学学报》2010 年第 2 期。

109. 张帆、杨洪：《抗战时期中共社团管理政策述评：以陕甘宁边区为考察对象》，《黑龙江教育学院学报》2010 年第 2 期。

110. 宋炜：《中国共产党解决抗日根据地社会矛盾的利益调节机制——以陕甘宁边区为个案》，《广西社会科学》2006 年第 12 期。

111. 任春峰：《陕甘宁边区阶层利益矛盾调节的启示》，《上海党史与党建》2008 年第 11 期。

112. 杜维泽、郝学智：《从"鱼大水小"到"鱼水情深"：陕甘宁边区军民关系建设》，《九江学院学报（哲学社会科学版）》2010 年第 2 期。

113. 王群燕：《延安时期的双拥运动与和谐社会建设》，《学校党建与思想教育》2009 年第 S1 期。

114. 熊杰：《从陕甘宁边区民主政权的和谐建设看构建社会主义和谐社会》，《云南行政学院学报》2006 年第 2 期。

115. 宋炜：《论抗战时期陕甘宁边区和谐社会的构建》，《理论导刊》2005 年第 9 期。

116. 张秀丽：《陕甘宁边区构建和谐社会的实践与历史经验》，《党史文苑》2006 年第 12 期。

117. 邓联庆：《中国共产党在陕甘宁边区构建新民主主义和谐社会的成功实践》，《前沿》2007 年第 2 期。

118. 白学锋、罗凯、吴友拴：《抗战时期陕甘宁边区政府初步构建和谐社会的尝试》，《卫生职业教育》2010 年第 2 期。

119. 王子丽、吴赋光：《延安时期陕甘宁边区和谐治理的实效及启示》，《内江师范学院学报》2010 年第 1 期。

120. 李耀萍：《解读陕甘宁边区和谐社会践行科学发展观》，《西安财经学院学报》2011 年第 2 期。

121. 李耀萍：《陕甘宁边区和谐社会的观察与思考》，《西北大学学报（哲学社会科学版）》2007 年第 1 期。

122. 张珍华：《抗战时期中国共产党营造的延安和谐社会》，《毛泽东思想研究》2005 年第 6 期。

123. 雷小倩、邹腊敏：《延安时期中国共产党构建和谐边区的历史经验与启示》，《延安大学学报（社会科学版）》2007 年第 3 期。

124. 朱雪平：《延安时期中共构建和谐边区的历史经验及其现实启示》，《榆林学院学报》2008 年第 5 期。

125. 赵小青：《和谐社会的雏形：论抗战时期陕甘宁边区的社会形态》，

《黑河学刊》2010 年第 8 期。

126. 李金龙、张娟、王宝元：《社会和谐：改革开放纵深发展的量尺——以抗战时期陕甘宁边区建设为例》，《武汉大学学报（哲学社会科学版）》2008 年第 6 期。

127. 黄正林：《抗日战争时期陕甘宁边区的社会生活》，《中共党史研究》2008 年第 6 期。

128. 黎见春：《抗战时期陕甘宁边区展览会与边区社会发展》，《抗日战争研究》2009 年第 3 期。

129. 李晓华：《试论陕甘宁边区的富民政策》，《长白学刊》2000 年第 6 期。

130. 陈丽芳：《延安时期毛泽东"组织起来"思想探析》，《北京党史》2011 年第 4 期。

131. 李志松：《抗日战争时期陕甘宁边区的新乡村建设》，《榆林学院学报》2010 年第 3 期。

132. 刘建华、汪新栋：《抗战时期陕甘宁边区创建模范村的经验及启示》，《农业考古》2007 年第 6 期。

133. 姜秀华、王来法：《毛泽东对抗日根据地社会建设的探索及其现实意义》，《中共宁波市委党校学报》2011 年第 2 期。

134. 文茂琼：《川陕革命根据地社会建设研究》，《党史文苑（下半月学术版）》2010 年第 12 期。

135. 景天魁：《社会建设的科学构思和周密布局》，《江苏社会科学》2008 年第 1 期。

136. 陆学艺：《关于社会建设的理论和实践》，《国家行政学院学报》2008 年第 2 期。

137. 贾建芳：《深入研究构建社会主义和谐社会的重大问题》，《北京社会科学》2006 年第 5 期。

138. 何怀远：《和谐社会建设中的"社会"概念和"社会建设理念"》，《南京政治学院学报》2006 年第 3 期。

139. 卜宪群：《关于中国古代社会建设问题的一点思考》，《社会科学管理与评论》2005 年第 2 期。

140. 孙显元：《总体社会、主体社会和社会建设》，《安徽师范大学学报》2006 年第 2 期。

141. 徐家良、于爱国：《改革开放以来中国社会建设的主要内容研究》，《北京行政学院学报》2009 年第 3 期。

142. 李培林、苏国勋等：《和谐社会构建与西方社会学社会建设理论》，《社会》2005 年第 6 期。

143. 应星：《国外社会建设理论述评》，《高校理论战线》2005 年第 11 期。

144. 刘少杰、王建民：《现代社会的建构与反思——西方社会建设理论的来龙去脉》，《学习与探索》2006 年第 3 期。

145. 周晓虹：《现代社会的批判与重建——社会学的诞生与西方社会建设理论的缘起》，《南京社会科学》2009 年第 1 期。

146. 唐铁汉、李军鹏：《西方社会建设的基本理论及其演变》，《新视野》2006 年第 1 期。

147. 夏学銮：《我国历史上的社会建设理论研究》，《学习与实践》2007 年第 7 期。

148. 王利华：《"三才"理论：中国古代社会建设的思想纲领》，《天津社会科学》2008 年第 6 期。

149. 杨奎：《马克思和恩格斯关于社会建设与社会管理的科学探索》，《马克思主义研究》2006 年第 4 期。

150. 袁方：《列宁论社会主义社会建设和管理》，《东岳论丛》2005 年第 6 期。

151. 陈辉：《毛泽东论社会主义社会建设和管理》，《东岳论丛》2005 年第 6 期。

152. 周振国：《中国共产党对社会主义社会建设理论的探索》，《毛泽东思想研究》2005 年第 6 期。

153. 韦继辉：《邓小平论社会主义社会建设和管理》，《东岳论丛》2005 年第 6 期。

154. 卢卫红：《江泽民论社会主义社会建设和管理》，《东岳论丛》2005
年第 6 期。

155. 张永光、谭桂娟：《论胡锦涛关于社会建设理论研究的方法论》，
《南昌大学学报（人文社会科学版）》2010 年第 4 期。

156. 蔡孝恒、张亮：《胡锦涛以改善民生为重点的社会建设思想述论》，
《探索》2008 年第 2 期。

157. 王扬：《中国共产党社会主义社会建设思想的形成和发展》，《中央
社会主义学院学报》2007 年第 3 期。

158. 孙玉健：《列宁的国家观与社会管理思想的有机统一》，《湖北社会
科学》2006 年第 1 期。

硕士论文

159. 赵文博：《抗日战争时期陕甘宁革命根据地的社会建设》，硕士学
位论文，哈尔滨工业大学，2008 年。

160. 王瑛：《抗日战争时期陕甘宁边区社会建设研究》，硕士学位论文，
吉林大学，2011 年。

161. 高朋涛：《陕甘宁边区社会建设研究（1937—1950）》，硕士学位论
文，西北大学，2009 年。

162. 裴巧燕：《抗日战争时期陕甘宁边区构建和谐社会研究》，硕士学
位论文，延安大学，2008 年。

163. 王世禹：《论延安时期中国共产党的社会建设思想》，硕士学位论
文，华东师范大学，2011 年。

164. 黄玲：《1942—1945 年陕甘宁边区模范村建设研究》，硕士学位论
文，西北大学，2010 年。

165. 崔生飞：《抗战时期陕甘宁边区社会边缘化群体改造研究》，硕士
学位论文，兰州大学，2009 年。

166. 崔炜：《抗战时期陕甘宁边区移民问题研究》，硕士学位论文，延

安大学，2008 年。

167. 冯圣兵：《陕甘宁边区灾荒研究（1937—1947）》，硕士学位论文，华中师范大学，2001 年。

168. 王宗运：《抗战时期陕甘宁边区土匪问题研究》，硕士学位论文，延安大学，2008 年。

169. 温金童：《抗战时期陕甘宁边区的卫生工作》，硕士学位论文，河北大学，2006 年。

170. 王斐：《抗战时陕甘宁边区的医药卫生科技》，硕士学位论文，延安大学，2009 年。

171. 王天丹：《抗日战争时期陕甘宁边区医疗工作研究》，硕士学位论文，西北大学，2008 年。

172. 杭志勇：《抗战时期陕甘宁边区社会保障研究》，硕士学位论文，兰州大学，2010 年。

173. 郭伟峰：《陕甘宁边区乡村社会保障研究》，硕士学位论文，延安大学，2009 年。

174. 张红莲：《陕甘宁边区及华北抗日根据地优抚工作研究》，硕士学位论文，河南大学，2008 年。

175. 孟亚伟：《抗战时期陕甘宁边区调节社会利益矛盾研究》，硕士学位论文，延安大学，2008 年。

176. 宋炜：《陕甘宁边区农村经济利益关系的调整与启示》，硕士学位论文，西北大学，2007 年。

177. 索海峰：《抗战时期陕甘宁边区政府解决多元化纠纷研究》，硕士学位论文，西北大学，2010 年。

178. 邓玲珍：《抗战时期中国共产党与陕甘宁边区的社会变迁》，硕士学位论文，华中师范大学，2008 年。

179. 谢飞：《抗战时期陕甘宁边区社会教育研究》，硕士学位论文，兰州大学，2010 年。

180. 张道东：《抗战时期陕甘宁边区教育研究：以教育与社会互动关系

为视角》，硕士学位论文，云南师范大学，2008 年。

181. 谷加恩：《抗战时期陕甘宁边区农民生计问题研究》，硕士学位论
文，广西师范大学，2006 年。

182. 肖育雷：《陕甘宁边区乡村治理模式研究（1937—1945）》，硕士学
位论文，西北大学，2007 年。

博士论文

183. 李会先：《抗战时期陕甘宁边区民众动员研究》，博士学位论文，
首都师范大学，2008 年。

184. 王彩霞：《抗战时期陕甘宁边区劳模运动研究》，博士学位论文，
中国社会科学院研究生院，2010 年。

185. 尚微：《抗日战争时期陕甘宁边区国民教育研究》，博士学位论文，
北京大学，2005 年。

186. 李智勇：《陕甘宁边区政权形态与社会发展（1937—1945）》，博士
学位论文，华中师范大学，2001 年。

187. 潘嘉：《中国共产党社会建设思想研究》，博士学位论文，中共中
央党校，2009 年。

188. 谢开贤：《中华苏维埃共和国的社会建设研究》，博士学位论文，
湖南师范大学，2012 年。

后 记

　　自二十世纪二三十年代以来，面对形势复杂矛盾交错的半殖民地半封建的近代中国社会，包括中国共产党在内的各种政治力量、政府机构、高等学校及民间学术团体与个人都进行过大量的社会调查，以期实现了解中国社会、改造中国社会的目的。风云际会数十年后，历史选择了中国共产党，中国共产党最终完成了对中国社会的改造。了解当时中国共产党在社会建设方面到底做了什么以及怎么做的，既是历史唯物主义精神的内在要求，也契合当前党和政府在新社会形势下对社会建设问题的关注，有助于为当下党和政府开展社会建设工作提供有益借鉴。而在目前可查及的文献中，系统的理论研究不是很多，有关期刊论文及硕士论文，篇幅有限，对当时社会建设的指导思想、实践模式以及基本特征等方面尚未给予应有的关注。有必要在这些方面做进一步系统而深入的研究。因此，我的博士论文定题为《陕甘宁边区社会建设研究》。

　　博士论文的顺利完成，首先感谢恩师阎树群教授！在我整个博士学习阶段和写作过程中，从确立主题到内容架构再到后期的修改完善，甚至到遣词造句、参考文献和标点符号的修正，阎教授都给予了悉心指导，倾注了大量心血。在此，谨向阎教授表示衷心的感谢。感谢马启民教授、王继教授、陈答才教授和王晓荣教授等。在学位课和方向课的课堂讲授和课后辅导中，老师们孜孜不倦，谆谆教导，给予学生大量指导与帮助。在论文开题和答辩中，老师们为论文的选题与逻辑结构提供了鞭辟入里而又十分中肯的意见与建议。另外，还要感谢袁祖社教授和门忠民教授在论文预答辩和正式答辩中给予的宝贵意见。

本书正是在博士论文的基础上修改完善而成的。在本书行将付梓之际，感谢西北政法大学为本书的出版提供的经费支持，感谢西北政法大学哲学与社会发展学院张周志院长的大力支持，感谢中国社会科学出版社的编辑在本书的编辑和出版过程中付出的辛勤劳动。